O QUE OS FILÓSOFOS
PENSAM

O QUE OS FILÓSOFOS PENSAM

Editado por Julian Baggini
e Jeremy Stangroom

Tradução: Ivo Storniolo

DIRETORES EDITORIAIS:
  Carlos Silva
  Ferdinando Mancílio

EDITORES:
  Avelino Grassi
  Roberto Girola

TRADUÇÃO:
  Ivo STORNIOLO

REVISÃO:
  Elizabeth dos Santos Reis
  Leila C. Dinis Fernandes

DIAGRAMAÇÃO:
  Juliano de Sousa Cervelin

CAPA:
  Marco Antônio Santos Reis

Título original: *What Philosophers Think*
Continuum – London / New York
© Julian Baggini e Jeremy Stangroom 2003
ISBN 0-8264-6180-8

Editora Idéias & Letras
Rua Pe. Claro Monteiro, 342 – Centro
12570-000 Aparecida-SP
Tel. (12) 3104-2000 – Fax (12) 3104-2036
Televendas: 0800 16 00 04
vendas@ideiaseletras.com.br
http//www.redemptor.com.br

Dados Internacionais de Catalogação na Publicação (CIP)
(Câmara Brasileira do Livro, SP, Brasil)

O que os filósofos pensam / editado por Julian Baggini e Jeremy Strangroom; [tradução Ivo Storniolo]. – Aparecida, SP: Idéias & Letras, 2005.

Título original: What philosophers think.
ISBN 85-98239-33-X

1. Filosofia moderna 2. Filosofia moderna – Século 20
3. Filósofos – Entrevistas I. Baggini, Julian. II. Stangroom, Jeremy.

05-1848   CDD-190.904

Índices para catálogo sistemático:

1. Filósofos: Entrevistas 190.904

Agradecimentos especiais a Ophelia Benson pelo enorme auxílio na edição das entrevistas. Agradecimentos também a Tristan Palmer e Rowan Wilson na Continuum; e a Sophie Cox e Katherine Savage por sua diligência e paciência.

Introdução

O que os filósofos pensam

Se quisermos conhecer o que os filósofos pensam, poderíamos supor que o melhor a fazer seria ler alguns livros deles. Todavia, há uma razão muito boa para que esta coleção de entrevistas possa estar mais bem equipada para satisfazer nossa curiosidade. Em poucas palavras, em seus livros publicados, os filósofos não tendem a contar-nos exatamente o que eles pensam a respeito de uma série de questões. Em geral, eles apenas nos contam que possuem argumentos originais e persuasivos para crer a respeito de uma série geralmente limitada de tópicos. Tal contraste, juntamente com seu significado, requer uma pequena explicação.

Para os iniciantes, precisamos ser claros a respeito de como a filosofia trabalha. Freqüentemente se pensa que a filosofia trata de idéias ou de teorias. Isso é verdade apenas do mesmo modo que o jogo de azar e o trabalho tratam de dinheiro. O dinheiro é o que é negociado no jogo de azar e no trabalho, mas não podemos compreender o que o negócio e o trabalho são, e as diferenças que existem entre eles, caso saibamos apenas que ambos envolvem trocas de dinheiro. Da mesma forma, as idéias são a moeda corrente da filosofia, mas também são a moeda corrente da ciência e da religião. O que faz a diferença é o modo como a moeda corrente é negociada.

O que regula o fluxo das idéias na filosofia é a argumentação racional. O que exatamente torna racional um argumento já é, em si mesmo, uma questão filosófica, mas em geral é o fato de que quaisquer conclusões alcançadas são baseadas sobre uma combinação de boa evidência, bom raciocínio e princípios básicos de lógica auto-evidentes. (A "evidência" sobre a qual a filosofia se baseia não são em geral os dados especiais da ciência, e sim o tipo de evidência que se encontra disponível a todos. São fatos que se estabeleceram pela experiência cotidiana ou pela ciência comum. Desse modo, não existe uma evidência básica especial para a filosofia.)

Portanto, quando os filósofos "vão ao mercado" e publicam, o que eles apresentam ao público não são todas as suas idéias. Eles apenas negociam aquilo que acreditam ter motivos evidentes e bem fundamentados para afirmar. Não apresentam "o que eles pensam", mas aquilo que têm boas razões para crer. Isso é o que confere valor ao trabalho filosófico. Se os filósofos escrevessem sobre o que pensaram teríamos então uma abundância de idéias e, ao mesmo tempo, nada que nos ajudasse a dizer quais delas estariam certas e quais erradas.

Esse é um ponto em que grande número de filósofos "amadores" (ou seja, filósofos que trabalham independentes de um ambiente acadêmico) costuma errar. Com muita freqüência eles se precipitam em pôr todas as suas idéias no papel e falham em provê-las com bons argumentos ou oferecem justificativas superficiais e inadequadas. E então ficam surpresos que nenhum editor sério esteja interessado em aceitar seu trabalho. Os filósofos acadêmicos têm em seu favor o fato de que seu trabalho é rigorosamente examinado e criticado por seus colegas. Os filósofos independentes freqüentemente têm de contar com sua própria auto-avaliação, e é muito difícil ter capacidade para uma boa autocrítica. Esta, mais do que qualquer falta de habilidade ou discriminação, é provavelmente a principal razão pela qual tão pouca filosofia decente é produzida fora do ambiente acadêmico.

Todavia, embora essa filtragem das idéias tenha função importante, ela nos priva de certo material interessante. O filtro aplica transversalmente o mesmo quadro a todos os filósofos, sem levar em conta suas aptidões particulares. Dessa forma, até os melhores filósofos de cada geração tendem a publicar apenas as idéias para as quais têm argumentos "cuidadosamente padronizados". É verdade que os editores irão cortar da elite uma pequena porção e alguns *superstars* da filosofia publicam uma obra que não se encontra fundamentada por padrões de argumento geralmente esperados, para grande desapontamento de seus semelhantes menos conhecidos. Isso, porém, é exceção. Em geral, até os filósofos de ponta aderem à regra que declara: "não nos conte o que você pensa; conte-nos aquilo que você pode prover com argumentos fortes e racionais para sustentar".

Em geral isso é uma coisa boa. Mas há diversas razões pelas quais, ao menos às vezes, podemos querer assumir uma visão levemente mais ampla e ver o que os filósofos pensam sobre coisas para as quais não têm necessariamente sólidos argumentos filosóficos.

Uma das razões é a de que pode haver uma pequena dúvida de que os filósofos, como seres humanos individuais, transfiram algo de si mesmos para seu trabalho profissional. A idéia de que a filosofia é feita em um domínio impessoal e puramente racional é um mito que confunde as aspirações da filosofia com sua atualidade. Leiam qualquer autobiografia escrita por um filósofo e, em última análise, torna-se evidente que seu pensamento é em parte modelado por suas personalidades. Por exemplo, Quine, quando era ainda uma criança desajeitada, gostava da "redução do não-familiar para o familiar", ao passo que o jovem Feyerabend admitia que o mundo era um lugar mágico e misterioso. É implausível supor que as filosofias maduras desses pensadores estejam de acordo com essas tendências cognitivas basicamente pré-reflexivas.

Em suas obras publicadas, os filósofos aplicam grande controle sobre o que escrevem. Isso freqüentemente tem o efeito de suprimir suas personalidades, a ponto de pouco ou nada delas transparecer. Em um ambiente de entrevista, o filósofo tem menos controle e, como resultado, mais de sua personalidade se manifesta. Isso não é algo que possa ser atribuído a frases particulares ou a sentenças, nem é em geral devido a publicar abertamente referências autobiográficas. É mais pelo fato de que o eu, de modos diversos e sutis, se manifesta em uma entrevista, enquanto não o pode fazer em uma monografia.

Por exemplo: nas entrevistas com Peter Vardy e Russell Stannard, podemos perceber um sentido muito maior do papel que a fé religiosa desempenha no pensamento e na vida deles do que quando lemos seus próprios escritos. Em seus livros, Vardy e Stannard apresentam e debatem argumentos a favor e contra a crença religiosa e, embora você saiba de que lado eles se posicionam, é difícil determinar exatamente quão significativos são esses argumentos para eles. Nas entrevistas a verdade é muito mais transparente: os argumentos que eles apresentam não são o que importa para sua fé. Eles vivem por suas convicções religiosas, e os argumentos a favor ou contra a existência de Deus, por exemplo, não alteram essas convicções. Seria agradável se suas crenças encontrassem suporte racional, mas, caso contrário, não há nenhum problema.

Isso é um achado muito interessante porque ele conta algo a você, de nenhum modo evidente nos textos padrões da filosofia da religião, a respeito do modo como vida e pensamento interagem para muitos que acreditam. Faz com que a pessoa reconsidere a verdadeira função dos argumentos em favor da existência de Deus e, sem dúvida, problematiza a amplamente espalhada crença de que esses argumentos podem ou deveriam realmente informar o que as pessoas acreditam a respeito de Deus.

Esse exemplo também mostra algo sobre como as entrevistas são um modo verdadeiramente útil de entrar na metafilosofia – o estudo da natureza e dos métodos da filosofia. A estrutura metafilosófica dentro da qual um pensador opera raramente torna explícita. Em uma entrevista, contudo, partes dessa estrutura podem tornar-se conhecidas. Muitas das entrevistas neste livro confinam com temas metafilosóficos. Hilary Putnam, por exemplo, fala sobre o papel do julgamento na filosofia e da necessidade de reconhecer que toda peça de uma determinada filosofia é feita por uma pessoa, um ser humano individual. A entrevista com John Searle explora muitos meios pelos quais as justificativas racionais são forçadas e a partir de quais princípios um filósofo deve trabalhar a fim de evitar o "absurdo". Em uma entrevista, um pensador pode recuar em relação a sua própria obra e contar-nos algo sobre como ele a realiza, ao passo que em sua obra publicada ele em geral está exatamente interessado em prosseguir em sua realização.

As entrevistas também possibilitam aos filósofos explorar algumas conexões em sua obra. Por exemplo, Janet Radcliffe Richards faz algumas observações interessantes a respeito das continuidades entre sua obra mais antiga sobre o feminismo e sua mais recente obra sobre o darwinismo e a bioética. Essas ligações não são evidentes por si mesmas; todavia, uma vez explicitadas, iluminam algumas importantes facetas da abordagem de Radcliffe Richards sobre a filosofia (manifestando dessa forma alguns pontos metafilosóficos).

Com freqüência também podemos ver o que é realmente fundamental para um filósofo. Na entrevista com Peter Singer, por exemplo, torna-se logo evidente que ele não está de fato interessado em questões teóricas de ética que não tenham relação direta com a moralidade prática. Isso nos mostra que as convicções fundamentais de Singer a respeito da ética são: que a teoria não tem um interesse em si mesma e que a orientação prática é a meta da filosofia moral.

Em suma, as entrevistas podem mostrar um quadro mais amplo. Elas nos possibilitam recuar em relação aos detalhados argumentos dos filósofos em suas obras publicadas e ver as diversas crenças subjacentes, as convicções e tomadas de posição que estabelecem o costumeiro contexto invisível para seu trabalho filosófico. Elas também nos permitem ver como os próprios filósofos vêem sua obra publicada adequar-se com seus compromissos mais amplos. Como Peter Vardy diz em sua entrevista: "Uma pessoa não é filósofo durante a vida inteira, pois a pessoa tem de arriscar sua vida". Como filósofos, os entrevistados neste livro devem contrabalançar argumentos e avaliar quais são os mais fortes. Como pessoas, eles freqüentemente têm de ceder de um lado ou de outro, tenham ou não argumentos filosóficos satisfatórios que os ajudem a decidir. Pode ser importante ver quais opções eles privilegiam.

O que é um filósofo?

O título deste livro pode ser considerado enganoso, uma vez que vários dos entrevistados não são filósofos profissionais. Alan Sokal e Russell Stannard são ambos físicos, Edward O. Wilson um naturalista, Richard Dawkins um zoólogo e Don Cupitt em primeiro lugar um teólogo. Todavia, o domínio intelectual não é tão claro como a nomenclatura acadêmica padrão poderia sugerir. A filosofia é um assunto que ultrapassa fronteiras, e os filósofos profissionais não detêm o monopólio do assunto. Em cada entrevista com um "não-filósofo" aqui, a questão principal é trabalhar aquilo que os pensadores fizeram e que é, em primeiro lugar, filosófico por natureza. Todos eles andaram vagueando dentro da filosofia, por acaso ou intencionalmente, e assim, ainda que temporariamente, tornaram-se filósofos. É por esse motivo que não vemos incongruência entre o título do livro e seu conteúdo.

Todavia, isso leva à questão do que exatamente torna alguma coisa filosofia, opondo-se à teologia, à sociologia ou à teoria cultural, por exemplo. A questão é demasiado ampla para ser adequadamente respondida aqui. Mas podemos acenar para uma resposta, salientando por que nossos não-filósofos terminaram fazendo filosofia. No caso de Sokal a resposta é simples: Sokal parodia e critica certas formas de filosofia e assim se torna uma espécie de "penetra" filosófico. As idéias de Richard Dawkins necessariamente levantam questões filosóficas sobre coisas como determinismo, reducionismo e cientificismo. O projeto *Consilience* de Wilson é totalmente filosófico pelo fato de que se baseia sobre reivindicações a respeito da natureza e da finalidade do conhecimento. Stannard entra em território filosófico quando se põe a examinar se a existência de Deus poderia ser estabelecida usando técnicas científicas padronizadas. Isso leva alguém a questões a respeito da natureza da crença religiosa e de como esta pode ou poderia ser justificada. Cupitt aventura-se na filosofia porque seus escritos sobre religião giram em torno de questões a respeito do que significa crer em Deus, e se os objetos de crença devem ou não ser coisas que existam independentemente das mentes humanas.

Em todos esses casos, os pensadores foram impelidos para

questões gerais a respeito da natureza e da justificação do conhecimento, da crença, da existência e de conceitos-chave como livre-arbítrio, determinismo, Deus e verdade. Essas questões filosóficas são marca registrada porque tratam de questões gerais e fundamentais sobre coisas que não pensamos que possam ser entendidas apenas pela pesquisa científica e empírica. O fato de que pensadores de fora da filosofia sejam freqüentemente impelidos para tais questões mostra como a filosofia é em algum sentido a disciplina intelectual fundamental. Ela trata desses assuntos teóricos que são deixados sem solução pelos métodos particulares das ciências naturais e sociais, mas sobre os quais essas próprias ciências repousam. Ao considerar isso, podemos compreender como não é surpresa ver "não-filósofos" de tempos em tempos fazendo eles próprios um pouco de filosofia.

A ordenação dos tópicos

A ordenação dos tópicos discutidos no livro é parcialmente resultado de um acidente histórico: eles foram temas abordados em cada edição do *The Philosophers' Magazine*, que forneceu as *raisons d'être* originais das entrevistas. Todavia, ver quais tópicos foram escolhidos para ser incluídos revela algo sobre os interesses e preocupações da filosofia acadêmica contemporânea; o *The Philosophers' Magazine* reflete apenas o que está acontecendo no mundo acadêmico.

Sem dúvida, não é por coincidência que três das entrevistas apresentam temas darwinianos. O interesse filosófico por Darwin cresceu grandemente nos anos 90, estimulado pelo trabalho do programa Darwin@LSE na London School of

Economics' Centre for the Philosophy of the Natural and Social Sciences. O programa foi dirigido por Helena Cronin, uma de nossas entrevistadas, e foi um evento da Darwin@LSE que forneceu a ocasião para Peter Singer apresentar a conferência que produziu o foco para sua entrevista.

Esse interesse por Darwin é de fato parte de uma corrente mais ampla na filosofia anglo-americana: o crescimento do naturalismo. Naturalismo é o termo amplo dado a uma série de abordagens na filosofia que têm em comum a tentativa de enraizar as explanações filosóficas sobre o funcionamento do mundo natural. O patrono do naturalismo é David Hume, cuja filosofia moral é talvez muitíssimo obviamente naturalista. Para Hume, não compreendemos nossos sentimentos a torto e a direito por meio de argumentos racionais para a moralidade. Podemos apenas compreender a moralidade quando a vemos como uma espécie de instinto, um sentimento instilado em nós pela natureza. Retrocedendo rapidamente até dois séculos atrás, podemos ver como as tentativas de explicar nosso instinto moral em termos darwinianos estão em continuidade com o projeto de Hume.

Atualmente, não há uma área na filosofia em que não sejam oferecidas explicações naturalísticas. Como todos os movimentos na filosofia, o naturalismo tem abundância de críticos. Enquanto os proponentes o vêem como uma tentativa de enraizar uma boa filosofia em uma boa ciência, os críticos dizem que ele é em geral má filosofia e má ciência. Os leitores podem fazer um julgamento preliminar por si mesmos com base na evidência oferecida pelas entrevistas aqui apresentadas.

A ciência é um outro tema abordado neste livro. Aqui o interessante é que nenhum dos entrevistados nesse campo é filósofo profissional. Isso é significativo. Nos últimos anos, os cientistas e os interessados pela ciência mostraram grande interesse pelas questões filosóficas que envolvem a ciência, tais como o status das teorias científicas, a natureza da verdade científica e a fronteira entre ciência e outras formas de crença ou conhecimento. Ao mesmo tempo, a filosofia acadêmica da ciência não tem passado bons momentos. Há poucos profissionais de peso no campo – e, sem dúvida, nenhum gigante.

Isso talvez não nos surpreenda. Há freqüentemente uma combinação má entre as áreas da filosofia que são do mais amplo interesse e as que prosperam dentro do campo acadêmico. A filosofia da linguagem, por exemplo, ocupou lugar de destaque na filosofia acadêmica por muito tempo, sem atrair a imaginação dos que estavam fora dela. Nossas entrevistas sobre esse tema investigam as razões pelas quais o tópico permanece inflexivelmente assexuado. Com a ciência, a assimetria aparece de outra forma: a filosofia acadêmica da ciência está em baixa, enquanto o interesse público pelas questões filosóficas que envolvem a ciência está em alta.

Há diversas entrevistas que foram agrupadas sob o título *Filosofia e sociedade*. Embora a filosofia esteja freqüentemente afastada das preocupações da vida cotidiana, ela jamais deixa de tocá-las inteiramente. Questões de moralidade, de justiça e de arte são temas perenes na filosofia e também perenes preocupações da sociedade. É natural que elas se encontrem aqui representadas.

A filosofia da religião também se encontra bem representada. Ela é um tópico que sempre gera abundantes reações dos leitores do *The Philosophers' Magazine*, e provavelmente foi o interesse do leitor que fez com que ela fosse aqui tão bem abordada. Todavia, como no caso da filosofia da ciência, não há muito para ser lido a respeito. Na filosofia acadêmica a religião não é uma preocupação central. Na verdade, há evidência de que os filósofos acadêmicos são, no conjunto, menos religiosos do que a população em geral, e muito é deixado em congelamento pelos debates tradicionais da filosofia da religião. Temos aqui um exemplo de como a filosofia pode permanecer de interesse mesmo quando ela não é nova. Os debates na filosofia da religião são cansativos e estéreis para a maioria dos filósofos, mas continuam pertinentes para os que não se encontram mergulhados no assunto.

Finalmente, o ramo da filosofia com o nome mais exótico – metafísica – também encontra seu lugar nestas páginas. A mais fundamental de todas as questões metafísicas – a natureza da realidade – é discutida duas vezes, e o mais antigo dos problemas na filosofia – o do livre-arbítrio – também se faz representar.

O que não vemos aqui focalizado de modo particular por nenhuma entrevista é a teoria do conhecimento (epistemologia). Essa é sem dúvida a área mais fundamental da filosofia, uma vez que se refere à questão do que é o conhecimento e o que podemos conhecer. Todavia, seria errado dizer que o tema está completamente ausente. Ele percorre as entrevistas de Edward O. Wilson e Russell Stannard, mas em formas específica e amplamente não padronizadas. E ela espreita no fundo da maioria das outras discussões, como Banquo em um banquete, não convidado, mas nele presente. Os leitores são advertidos a estar atentos a essa presença fantasmagórica enquanto lêem o livro. A questão sobre o que podemos conhecer e a de como podemos conhecer encontra-se implicitamente enraizada em inumeráveis ocasiões, assim como algumas possíveis respostas.

As origens das entrevistas

Todas estas entrevistas foram publicadas em sua forma original no *The Philosophers' Magazine,* entre 1998 e 2002. Todavia, ao prepará-las para esta antologia, não fizemos apenas um recondicionamento delas. Cada entrevista foi revisada e em muitos casos foram aumentadas a fim de incluir trocas de idéias que haviam sido deixadas de lado pelo jornal devido a restrições de espaço. Também padronizamos o formato em grande parte e procuramos dar mais pano de fundo para as entrevistas, de modo a contextualizá-las. As entrevistas também foram remetidas aos entrevistados, que freqüentemente tiveram oportunidade de ordenar suas próprias palavras, embora admiravelmente resistindo à tentação de reescrever a história.

O resultado é, esperamos, uma série de entrevistas que são de interesse muito mais duradouro que a maioria dos artigos jornalísticos.

I
O legado de Darwin

1

Darwin e a ética

Peter Singer

A história da filosofia moral no mundo de língua inglesa no passado séc. XX é retratada em miniatura pela história de Peter Singer. Chegando a Oxford como estudante pós-graduado em 1969, Singer entrou em um mundo no ápice da mutação como um homem à beira da mudança. A filosofia moral foi por muitos anos uma questão árida e sem vida. A meta-ética – estudo da natureza dos julgamentos morais – foi seu interesse quase exclusivo, ao passo que as questões de ética aplicada – o que deveríamos atualmente fazer – encontravam-se relegadas. A guerra no Vietnã e o movimento pelos direitos civis abalaram esse status quo nos Estados Unidos e as mudanças também se tornavam evidentes na Grã-Bretanha.

Singer chegou a Oxford sem interesse particular pelos direitos animais. Mas, conforme relata em *Between the Species* (*Entre as espécies*), encontros com conferencistas e contemporâneos como Ros e Stan Godlovitch, Richard Keshen e Richard Ryder começaram a mudar seu pensamento. Singer começou a trilhar uma jornada intelectual, da qual emergiria como o mais conhecido proponente dos direitos animais de seu tempo.

O ponto de ruptura foi *Animal Liberation* (*Libertação dos Animais*), publicado em 1975. Nele, Singer defendeu que, do fato de que os animais têm consciência e sentem dor, segue-se que temos obrigação moral de considerar o bem-estar deles, o que, na prática, significa virtualmente eliminar a vivissecção e adotar um quase total vegetarianismo. Notemos, porém, as qualificações. Singer sempre argumentou estritamente a partir de princípios utilitários – devemos fazer o que mais satisfaz às preferências das criaturas vivas e evitar o que frustra essas preferências. O desejo de prosseguir de modo consistente, apoiado sobre esse princípio, foi provavelmente o que gerou a maior controvérsia. Para os defensores obstinados dos direitos animais, ela significava que o princípio não deve ser levado muito longe. Mais polêmicos, todavia, foram os argumentos de Singer a respeito da vida humana. Singer defendeu que, uma vez que é o sentimento ou consciência que dá valor à vida, a vida de uma criança não-nascida, a da recém-nascida ou a da criança deficiente mental de modo muito severo tem menos valor que a de muitos animais. A disposição para fazer essas afirmações e manter a consistência de sua posição levou a boicotes, protestos e inumeráveis acusações de "perverso" ou de "nazista".

Quando me encontrei com Peter Singer, ele me pareceu um homem deveras cansado. Em um turno de conferências pela Grã-Bretanha, sua notoriedade mais uma vez deu lugar a semanas de exame pelos meios de comunicação, bem como a distorções e críticas, que parecem ter cobrado seu tributo.

Singer foi à Inglaterra para falar sobre "Uma esquerda darwiniana"; contudo, logo ao descer do avião, o *Daily Express* estava revivendo a antiga controvérsia sobre a visão de Singer de que, em algumas circunstâncias, pode ser melhor interromper, de modo humano, a vida de um bebê muito seriamente deficiente que usar toda a medicina moderna para deixá-lo viver uma vida penosa e freqüentemente breve. Singer tentou defender-se no programa *Today* da Rádio 4, mas em um noticiário tão breve que seu calmo raciocínio parecia sempre causar menos impacto que a seriedade emotiva de seu opositor.

Desse modo, mais uma vez, o que Singer realmente queria dizer foi sobrepujado por sua reputação. O que foi uma pena, porque sua conferência na London School of Economics – *Uma esquerda darwiniana?* – que foi o motivo central de sua visita, viu Singer desafiando um tabu bem diferente: a exclusão que o pensamento de esquerda fez das idéias de Charles Darwin.

Singer argumenta que o utopismo da Esquerda falhou por não levar em conta a natureza humana, porque negou que exista algo como uma natureza humana. Para Marx, é o "conjunto das relações sociais" que nos torna as pessoas que somos, e então, como salienta Singer, "dessa crença se segue que se você mudar o 'conjunto das relações sociais', você poderá mudar totalmente a natureza humana".

A corrupção e o autoritarismo dos assim chamados estados marxistas e comunistas no século passado testemunham a ingenuidade dessa visão. Como disse o anarquista Bakunin, logo que os trabalhadores chegam ao poder absoluto, "eles representam não o povo, mas a si mesmos... Aqueles que duvidam disso não conhecem absolutamente nada sobre a natureza humana".

Todavia, o que é então essa natureza humana? Singer acredita que a resposta vem de Darwin. A natureza humana é uma natureza humana evoluída. Para entender por que somos do modo como somos e as origens da ética, precisamos compreender como evoluímos, não tanto fisicamente, mas mentalmente. A psicologia evolucionista, como é sabido, era o esforço de crescimento intelectual da última década do milênio, embora não sem seus detratores.

Singer argumenta que se a Esquerda levasse em conta a psicologia evolucionista, ela estaria mais bem capacitada para aproveitar essa compreensão da natureza humana a fim de implementar práticas que teriam melhor oportunidade de sucesso. Assim fazendo, duas falácias sobre a evolução devem ser esclarecidas. Em primeiro lugar, não evoluímos para nos tornarmos cruéis protocapitalistas, mas para "entrar em formas de cooperação mutuamente benéficas". Foi a explicação psicológica evolucionista de como a "sobrevivência do mais forte" manifesta-se como comportamento cooperativo que se tornou, sem dúvida, seu maior sucesso. Em segundo lugar, existe a brecha do "é/deve ser". Dizer que certo tipo de comportamento evoluiu não é dizer que ele é moralmente correto. Aceitar uma necessidade de compreender como nossas mentes evoluíram não significa aprovar todo traço humano como tendo uma origem evolutiva.

Quando falei com Peter Singer, quis tornar mais claro como ele pensa que o darwinismo poderia ajudar-nos a compreender a ética. Singer é, antes do mais, um utilitário, e isso significa que ele pensa que a ação moralmente correta é a que tem como conseqüência satisfazer às preferências do maior número de pessoas. Singer parece estar dizendo aqui que a importância do darwinismo é que, se o levarmos em conta, estaremos em melhores condições para produzir a maior utilidade: a máxima satisfação das preferências das pessoas.

"Essa é minha meta filosófica" – reconhece Singer. "Eu estava falando mais amplamente para todo aquele que partilhasse um quadro inteiro de valores. Você não precisa ser de preferência um utilitário. Mas penso que seria geralmente verdadeiro que alguém que tivesse visões a respeito de como a sociedade iria acabar teria melhor oportunidade para realizar isso com êxito, caso compreendesse a estrutura darwiniana da natureza humana."

Singer também defende que o darwinismo possui um efeito desmistificador útil pelo fato de que, se você o aceitar, algumas outras posições ficarão fatalmente superadas. Por exemplo, a idéia de que Deus deu a Adão e, por procuração, a nós, domínio sobre o reino animal é uma visão "completamente rejeitada pela teoria da evolução".

"Grande quantidade da força em favor de uma teoria do mandamento divino vem da idéia: 'de onde a ética poderia provir?'" – explica Singer. "Isso é uma coisa totalmente diferente, fora deste mundo, e assim você precisa supor que estamos falando sobre a vontade de Deus ou algo semelhante. Desde que você tenha uma compreensão darwiniana de como a ética pode emergir, você absolutamente não precisa supor isso, mas ainda é possível supor isso. Ela é realmente o 'não tenho necessidade da hipótese', mais do que 'essa hipótese é refutada por meio disso'."

A questão de o quanto a evolução pode ajudar-nos a compreender a origem da ética é talvez a parte mais litigiosa das afirmativas dos psicólogos evolucionistas em geral e da tese de Singer em particular. Singer acredita que a teoria de Darwin nos dá uma compreensão da origem da ética, porque, por exemplo, ela dá uma explanação evolucionista de como a reciprocidade chegou a existir. Formulando cruamente, se você modela as probabilidades de sobrevivência para diferentes tipos de criaturas com diferentes modos de interação com outras – dos exploradores em série para os cooperadores em série, com todas as sombras do entremeio – torna-se claro que as criaturas que têm sucesso na longa corrida são as que adotam uma estratégia chamada de retaliação, "isso-por-aquilo". Isso significa que elas sempre procuram cooperar com outras, mas retiram essa cooperação tão logo conseguem alguma vantagem. Como essa é a atitude que aumenta o valor de sobrevivência de uma espécie, daí se seguiria que os humanos fizeram evoluir uma tendência inata à cooperação, junto com uma tendência de retirar essa cooperação quando ela já foi utilizada. A partir disso, defende-se ele, um aspecto essencial da ética – a reciprocidade – é explicado pela evolução.

Contudo, quando damos uma explicação evolucionista de como a reciprocidade veio a existir, estamos apenas descrevendo um comportamento evoluído, e é absolutamente claro que o que pensamos que a ética é agora vai além de uma mera descrição de nosso comportamento evoluído. Ela se refere a como nos deveríamos comportar, e não ao modo como o fazemos. Portanto, histórica ou logicamente, como se constrói uma ponte para atravessar essa brecha entre o "é" e o "deve ser"?

"Historicamente não existe nenhuma ponte" – replica Singer. "Você pode descrever a ética de cada cultura e de cada povo, mas isso permanece inteiramente no nível da descrição. 'O povo inuit faz isto e isto e isto, o povo britânico faz aquilo e aquilo e aquilo'. Você pode descrever essa ética mas não consegue chegar a uma resposta para 'o que eu deveria fazer?'. Portanto, a brecha é lógica e surge exatamente do fato de que, quando procuramos responder à questão 'o que eu deveria fazer?', estamos procurando uma prescrição, e não pedindo uma descrição. Toda descrição de morais existentes em nossa cultura ou das origens das morais não nos capacita a deduzir o que deveríamos fazer."

Todavia, insisto, então a evolução não explica meramente a parte descritiva de como certos comportamentos vieram a existir? Ela realmente não explica nossa ética, e sim esclarece códigos sociais, regras de conduta social. Se a ética é um campo prescritivo, distinto de um campo descritivo, de que forma as explicações evolucionistas de como um comportamento meramente descrito vem a ser uma explicação do modo pelo qual a ética se constituiu?

"Penso de modo tão óbvio que não há necessidade de nenhuma explicação" – replica Singer. "É exatamente o fato de que temos a capacidade de fazer escolhas e de que fazemos julgamentos que são prescritivos, julgamentos de primeira pessoa, de segunda e de terceira pessoa. Portanto, de certo modo, não é que eu esteja tentando explicar as origens da ética, embora você possa ver como, se você juntar isso com os tipos de relatos que forneci e, desde que tenhamos uma linguagem e de que sejamos animais sociais, você pode ver o motivo pelo qual acabamos falando sobre essas coisas e discutindo sobre elas. Sabemos que fazemos isso, e esse é um processo que você poderia esperar que os seres, uma vez que tivessem certo grau de linguagem, iriam fazer diante dessas escolhas."

A questão é importante, porque alguns proeminentes pesquisadores na área da teoria da decisão e da evolução defendem que a evolução explica como chegamos ao fato de que temos papéis sociais e de que compreender realmente essas origens mostra-nos que não existe uma dimensão extramoral para essas coisas. Elas meramente evoluíram e frustraremos a nós mesmos se pensarmos que existe uma dimensão ética.

Tento provar essa evidente brecha entre evolução e ética, considerando dois exemplos de Singer sobre como nossa ética deve responder por nossa natureza humana evoluída. Se levarmos em conta o fato de que nos sentimos mais protegidos em relação a nossa origem do que as crianças em geral, é uma boa norma que os pais deveriam cuidar de seus filhos, porque haveria uma oportunidade maior de que isso aumentaria a felicidade geral. Por outro lado, o duplo critério em relação ao comportamento sexual do homem e da mulher, mesmo que ele possa ter uma explicação evolucionista, é algo que não deveria ser tolerado. Coloquei a

Singer que daí se segue que os julgamentos morais que estaríamos fazendo seriam do tipo "se o comportamento evoluído leva ao resultado moralmente desejável, siga-o; se o comportamento evoluído não leva ao resultado moralmente desejável, não o siga". Portanto, isso não seria a observação daquilo que evoluiu caindo fora da equação? Isso de nenhum modo alimentaria o que nossas normas morais estão se tornando.

A resposta de Singer revela mais precisamente o limitado, mas importante, papel que ele acredita que as explicações darwinianas desempenham em nossa ética. "Penso que o ponto de vista darwiniano está nos alertando para quais normas estão se constituindo e quais normas estão encontrando maior número de resistência, e penso que devemos ter isso em mente. Mas há sempre um compromisso entre como os valores são importantes para nós e a força da tendência que evoluiu em nossas naturezas."

Considerando a disposição que Singer mostra em desafiar visões estabelecidas, talvez nos surpreenda o fato de que ele ainda fale em termos de Esquerda e Direita, particularmente pelo motivo de que sua concepção da Esquerda seja um longo caminho, afastando-se de toda visão tradicional. Singer caracteriza a Esquerda como relacionada com a eliminação dos sofrimentos dos outros e dos oprimidos. Grande número de pessoas da Esquerda iria considerar isso como uma visão muito diluída da Esquerda, que tem algo a ver com propriedade comum. Portanto, seria ainda útil manter a qualificação "a Esquerda"?

"Esse tipo de qualificação nesse assunto deve permanecer" – replica Singer. "A qualificação permaneceu. Não estamos falando de livrar-nos dela. Você teria de estar um tanto afastado em relação à Esquerda agora para pensar que uma grande quantidade de propriedade comum é uma boa idéia, além de algumas vantagens maiores. Eu não diria que a Esquerda deva estar comprometida com a propriedade comum. A propriedade comum é possivelmente um meio para alcançar as metas da Esquerda. Essa discussão deveria continuar. Mas eu não diria que ela é um pré-requisito para se tornar parte da Esquerda."

Premido ainda a esse respeito, Singer simplesmente replica: "Penso que há muito menor distinção entre Esquerda/Direita do que havia, sem dúvida". A resposta pode parecer brusca, mas ela reflete onde repousam as preocupações da posição de Singer. Singer é impelido e motivado pela prática moral, e todo debate na filosofia moral que não se relacione diretamente com o "como devemos viver" não lhe interessa. A teoria moral propriamente não tem em si interesse para ele, assim como os debates teóricos a respeito da finalidade dos conceitos.

Singer pode sentir que sua retomada de Darwin deveria ter sido o foco principal de sua visita a Londres. Contudo, ao lado do filósofo acadêmico Singer, há também o Singer militante e polêmico. Se os meios de comunicação focalizaram outras coisas, isso em último caso se deveu em parte aos próprios pontos de vista de Singer sobre questões significativas para ele.

Uma das primeiras controvérsias a estourar na imprensa durante a visita de Singer foi sua recusa a fazer uma conferência que devia apresentar no King's Centre for Philosophy, por causa do patrocínio da Shell UK, e sua carta aberta no *Guardian*, explicando o motivo disso.

A razão de Singer para se retirar foi que "eu não quero realmente aparecer em um programa que se diz 'promovido pela Shell' e, por isso, visto como promotor da idéia de que a Shell é um bom cidadão corporativo. Não é que, sob quaisquer circunstâncias, eu seja contra receber dinheiro de uma corporação. Penso que haveria algumas circunstâncias em que eu poderia recebê-lo, mas penso que você sempre deve ser cuidadoso ao receber dinheiro de uma corporação. No presente, a história da Shell, particularmente na Nigéria, é realmente lamentável. Penso que você pode ver uma ligação entre o dinheiro que está sendo empregado aqui [no King's Centre] e os lucros obtidos pela extração de petróleo na Nigéria, com todas as conseqüências que isso tem para o povo Ogoni, tanto em termos de dano ambiental para a terra deles, quanto do modo como os dividendos da Shell apóiam o regime ditatorial da Nigéria, que é um dos mais opressivos de todos. Eu, portanto, não quero tornar-me parte disso".

De modo interessante, em uma recente conferência sobre ética ambiental, na qual a questão da Shell em particular estava em proeminência na mente do público, grande número de pessoas que apresentaram argumentos conseqüencialistas na conferência atualmente se tornaram favoráveis ao fato de receber dinheiro, porque sentiram que os benefícios por ter promovido a conferência iriam superar os benefícios de fato marginais que a Shell receberia por ter seu *logo* nas esquinas dos lugares públicos. As pessoas disseram coisas do tipo "é melhor que esse dinheiro seja empregado em uma conferência sobre ética ambiental, que seria discutida, do que o dinheiro que iria para um grande outdoor da Shell ou qualquer outra coisa". O que Singer, como conseqüencialista, faz com esse argumento?

"O conseqüencialista pode seguir dois caminhos, e isso eu não nego. Não penso que seja de total importância haver uma outra conferência sobre ética ambiental, francamente; há numerosas conferências sobre ética ambiental e discussões sobre ética ambiental em todo lugar. Há, sem dúvida, um problema sobre qual outra coisa aconteceria com o dinheiro. Mas penso que de fato é claro que meu gesto de recusar o patrocínio da Shell – e isso foi um gesto, não há dúvida – teve conseqüências que valeram a pena. E foi justamente o fato de que houve uma conferência em meu programa londrino que não foi adiante por patrocínio, mas que se realizou por eu ter apresentado uma conferência organizada no King's College por alguns estudantes que se opunham ao patrocínio da Shell. Dessa forma, as pessoas no King's ainda foram ouvir minha conferência, se era isso que lhes interessava. Recusando e publicando por escrito uma carta no *Guardian* sobre minha recusa de agir desse modo, houve muitíssimo mais discussão sobre o problema, e assim as pessoas tornaram-se mais conscientes de que há uma questão real a respeito do patrocínio corporativo e a questão a respeito da Shell em particular, que foi arejada. Portanto, parece-me que isso foi claramente uma coisa boa. Em outras palavras, é claro que tomei a decisão correta, apoiada em fundamentos conseqüencialistas."

"Mas penso que é importante que as pessoas façam alguma discussão – isso não é exatamente um gesto de silêncio – sobre o fato de que não apresentei uma conferência e de que ninguém deixou de ouvir o motivo pelo qual eu não a fiz."

Singer está sempre muito aberto para mostrar todas as implicações, conseqüências e ramificações de seu ponto de vista, o que nem sempre o torna popular. Como conseqüencialista, como se sentirá ele a respeito da questão de que o melhor caminho para produzir uma sociedade melhor a partir de um ponto de vista utilitário não é adiantar argumentos utilitários complexos e sim apelar para argumentos mais simples?

"Penso que as pessoas estão em posições diferentes e em diferentes papéis. Para um político de peso, envolvido em estratégias para que um partido político chegue ao poder, provavelmente não é possível ser tão aberto. Mas penso que os filósofos podem ter um papel no esclarecimento do que as pessoas pensam, com metas mais amplas do que simplesmente dizer 'quero que o partido político com tais visões chegue ao poder e faça isso e aquilo'."

Como militante pelos direitos dos animais, sugiro que seus papéis talvez estejam mais misturados, e pergunto a Singer se ele sente que, sendo tão aberto e falando sobre as implicações de suas visões sobre animais para crianças mentalmente deficientes, teve o efeito de embaçar seus pontos de vista sobre a libertação animal, pois as pessoas inevitavelmente não estão focalizando-se sobre seus pontos positivos sobre os animais, mas se focalizam sobre a percepção das implicações negativas para a santidade da vida.

"Isso pode ser verdadeiro. A questão foi muito focalizada nos anos recentes. Não estou muito seguro a respeito da causa disso. É discutível se teria sido um erro escrever *Should the Baby Live?* em 1985. Porém, agora isso já foi feito. Penso que o livro fez algum bem ao alertar as pessoas para a natureza desse problema particular e tornar os pais dos incapacitados aptos para discuti-lo mais abertamente. Não quero negar que as conclusões ainda parecem ecoar."

"Penso que você poderia dizer que politicamente foi um erro aceitar convites para debater isso. O que aconteceu na Grã-Bretanha há duas semanas é que houve um artigo ridículo no *Daily Express* que levantou a questão, que provavelmente deveria ter sido ignorado, e eu fui chamado pela BBC para o programa *Today* e grande quantidade de pessoas ouviu isso, de modo que poderia ter sido mais prudente dizer à BBC que eu realmente não queria mais discutir a questão, e que ela não era o que eu vinha discutir aqui nesse momento."

"É muito difícil porque, por outro lado, algumas das discussões seriam muito úteis, porém, não era matéria tão ridícula quanto a do programa *Today*. Portanto, você tem de dizer, bem, se lhe for dada mais atenção, que, se mais pessoas lerem a respeito de minhas visões, talvez algumas delas pensem, 'bem, isso não é tão ridículo e mau, e talvez eu devesse examinar alguns livros dele', e quem sabe mais pessoas se envolveriam no assunto. É muito difícil dizer."

Singer está sempre caminhando na direção de ser um pensador controvertido por causa de sua disponibilidade de confrontar questões políticas e éticas sem se deixar restringir pela ortodoxia corrente. Sua aplicação de Darwin ao pensamento da Esquerda certamente não contribui para torná-lo popular diante da Direita, mas ela também provavelmente faz com que perca alguns amigos na Esquerda, exatamente como sua significativa contribuição para a questão dos direitos animais desafia atitudes da sociedade, embora não indo longe o bastante para satisfazer muitos ativistas.

Singer retornou para sua nativa Austrália deixando atrás de si uma grande questão e uma tentativa de resposta. Poderiam as teorias científicas de Charles Darwin realmente contribuir para nossa compreensão filosófica da ética? Singer procurou mostrar-nos que sim, mas esse é um debate que tem claramente um longo caminho a percorrer.

Antologia bibliográfica

Animal Liberation. New York Review/Random House, New York, 1975.
Should the Baby Live?, com Helga Kuhse. Oxford University Press, Oxford, 1985.
Writings on an Ethical Life. Harper Collins, London, 2001.
A Darwinian Left. Weidenfeld and Nicolson, London, 1999.
One World: Ethics and Globalization. Yale University Press, New Haven, 2002.

2

Darwin, natureza e hybris

Janet Radcliffe Richards

Para uma filósofa no ápice de sua profissão, Janet Radcliffe Richards, de modo surpreendente, em razão de seu nome, publicou poucos livros. Vinte anos se passaram entre seu *début* que a tornou famosa, *The Sceptical Feminist* (*A feminista cética*), em 1980, e o aparecimento de seu segundo livro, *Human Nature after Darwin* (*A natureza humana segundo Darwin*). Todavia, longe de ficar desocupada e graças a uma firme corrente de excelentes artigos em jornal, Radcliffe Richards manteve uma posição respeitosa entre seus semelhantes e um elevado perfil público, aparecendo freqüentemente no rádio, na televisão e na imprensa nacional.

Escrever *The Sceptical Feminist* foi a maior reviravolta para Radcliffe Richards. "O convite para escrevê-lo veio do *blue*", ela recorda, "e estive trabalhando sobre a metafísica e a filosofia da ciência e pensando com dificuldade a respeito do feminismo, e ainda penso que pode ter havido um caso de identidade errada. Todavia, escrever esse livro mudou minha visão sobre o feminismo."

"O interessante a respeito de escrever o livro feminista foi que eu não havia visto a mim mesma como feminista antes de ter começado e, mesmo ao terminar, não parecendo com o que grande número de feministas estava fazendo, mas percebi que as mulheres tinham uma queixa sistemática e séria. Quando comecei, pensei exatamente que havia um grande número de homens que não tratava bem as mulheres e que isso era apenas uma questão individual."

"Era parcialmente isso que estava subjacente ao voltar para meu nome de solteira, e a adoção de Radcliffe, nome de minha mãe quando solteira, que agora sei que também tive a ousadia de adotar sem conservar meu próprio nome de solteira. Porém, de modo mais significativo, isso dirigiu minha atenção para a aplicação da filosofia a problemas morais e práticos que, a partir disso, se tornaram meu interesse."

The Sceptical Feminist exemplifica a marca registrada da abordagem de Radcliffe Richards em relação à filosofia. Ela disseca argumentos e analisa posições com clareza e precisão, evitando a tecnicidade, mas não em detrimento do rigor. Muito mais como um Aristóteles atual, seu ponto de partida são freqüentemente assuntos e idéias que fornecem um suporte muito difundido na sociedade contemporânea, e não tanto posições herméticas sustentadas apenas por filósofos profissionais. Isso assegura que seu trabalho tenha sempre uma ressonância prática e que interessa às pessoas para além de sua profissão.

Seu segundo livro valeu de fato as duas décadas de espera. Ele representa não só uma injeção muito necessária de sentido tranqüilo para a ridiculamente polarizada "guerra darwiniana", mas também uma obra-prima maravilhosa pelos elementos de clara argumentação filosófica.

No livro, Richards delineia caminhos para realizar uma pesquisa filosófica moral que é de modo renovador tão clara quanto efetiva e, potencialmente, de grande utilidade na bioética prática.

"Depois de alguns anos comecei a perceber que todas as mais notáveis questões que estava produzindo em contextos morais e políticos tomaram uma forma particular, que estou tentando tornar cada vez mais sistemática" – explica Richards. "Isso depende essencialmente primeiro de estabelecer uma direção de responsabilidade pela comprovação e então emitir um desafio baseado nela. Dessa forma você pode mostrar que alguma prática tem algum aspecto claramente inadequado, e toma isso como se estivesse fornecendo um caso *prima facie* para ser rejeitado. Daí você desafia seus defensores a produzir um argumento que derrote o que foi suposto."

"Isso não deve soar como se fosse provavelmente possível levar você a algum lugar" – admite ela – "porque as pessoas voltarão com argumentos contrários dirigidos a fazer exatamente isso, e então você deve decidir entre os méritos dos casos opostos segundo o modo costumeiro. Mas é muito surpreendente, desde que esteja tratando de éticas práticas, como muitas linhas familiares de argumentação são deixadas de lado como francamente hipotéticas. Você não precisará ir tão longe como as controvérsias difíceis, porque o argumento já falhou em um nível muito mais simples."

Radcliffe Richards ficou agradavelmente surpresa de quão efetivo é esse método aparentemente tão simples. "É admirável de quantas visões familiares você pode dispor desse modo, porque a maioria das questões na vida ordinária parece trabalhar sobre a base de partir da conclusão que você quer defender e então inventar uma justificativa para ela. Isso dá aos filósofos um campo potencial, porque argumentos construídos desse modo freqüentemente são círculos viciosos que contêm erros de lógica, e ninguém de fato poderia fazê-los em um contexto em que eles já não tivessem acreditado na conclusão."

Human Nature after Darwin fornece ampla evidência para

os méritos do sistema. Nele Janet demole implacavelmente os argumentos falaciosos por oponentes e defensores da psicologia evolucionista para defender exigências, como a da necessidade de impedir que as mulheres desempenhem certas tarefas, a aceitação do duplo critério da sexualidade, e as implicações de Darwin para o livre-arbítrio e para a responsabilidade.

A força do método é também sua simplicidade. "Em certo sentido, considero que eu mesma estou fazendo filosofia no nível de um bebê" – diz ela. "Não estou muito interessada no tipo de ética que consiste em manipular altos níveis de opostos teóricos." Isso pode parecer uma exigência incrível, mas Radcliffe Richards torna plausível um caso que, se a ética prática pode apenas ser realizada à luz de uma teoria ética avançada, é totalmente condenado.

"Se você pode chegar à estrutura meta-ética antes de fazer sérias discussões sobre o nível básico, os problemas práticos, você pode igualmente deixá-las de lado. Na ética médica, por exemplo, não há nada tão inútil quanto contar ao doutor que se você fosse kantiano faria isto ou que se fosse utilitarista faria aquilo, porque o que o doutor quer saber é o que fazer, e não pode esperar até que os utilitaristas e os kantianos cheguem ao termo de suas discussões. Portanto, o desafio é ver como muitas conclusões morais práticas podem ser alcançadas sem estabelecer os fundamentos da teoria ética."

Mas por que esse método seria tão efetivo, quando é por sua própria clareza tão simples? ("Isso é o que perturba na filosofia. Uma vez que você apresente algo claro isso parece óbvio", nota Richards.)

"O fato que dá tanta finalidade para chegar à necessidade da filosofia é que as razões reais das pessoas para chegar a suas conclusões práticas muito freqüentemente não são as mesmas que elas dão em seus argumentos. Estou particularmente interessada no que acontece quando há mudanças intelectuais muito espalhadas

– na visão do mundo, ou nos princípios políticos e morais – mas as pessoas ainda possuem profundas convicções sobre o modo como as coisas que sobraram de prévias estruturas deveriam ser. Quando isso acontece, as pessoas procuram forjar uma justificativa para as antigas convicções em termos dos novos princípios – e isso dificilmente funciona. É o que aconteceu com o feminismo. Depois do Iluminismo, a idéia de que as pessoas haviam nascido para ocupar um lugar particular na vida gradualmente se tornou inaceitável, mas muitas pessoas ainda estavam convictas das idéias tradicionais a respeito da posição natural de homens e mulheres. Portanto, tentaram justificar essas antigas crenças em termos das novas idéias políticas – e caíram diretamente em absurdos lógicos que nem sequer perceberam, porque estavam convictas tanto da conclusão antiga como das premissas novas. Expor esses absurdos força a trazer às claras as inaceitáveis visões da moral que estão realmente em ação."

Ela, então, pensa que, no campo da ética prática, muitas coisas podem ser feitas apenas com uma clareza de pensamento?

"Penso que essa é a única esperança para a ética prática no momento" – concorda Radcliffe Richards. "Gostei de sair fora dos problemas meta-éticos, mas, por enquanto, estou tentando ver como se pode fazer mais com o princípio meta-ético mínimo, pois, em qualquer lugar que você tenha visões morais conflitantes, você efetivamente de nenhum modo consegue ter uma visão. Supõe-se que uma visão moral dirija a ação, e se ela oferece instruções conflitantes – realmente conflitantes, e não exatamente dizer que diferentes ações possíveis são igualmente boas ou más – temos aí algo de errado. Na prática as pessoas têm uma multidão de princípios conflitantes, que retiram da prateleira quando precisam defender suas intuições correntes sobre como deveríamos agir. Mas se você realmente procura resolver o que é bom – como algo oposto a encontrar meios plausíveis de fazer com que se pareça e se sinta bem – você precisa confrontar as contradições."

Esse meio de fazer as coisas requer certa base de concordância entre os que disputam sobre fundamentos morais. Por essa razão há, em teoria, casos em que o progresso pode não ser possível.

"Por exemplo, tomo como moralmente fundamental que o sofrimento é intrinsecamente mau. Algumas pessoas negam isso, e caso persistam nessa negação depois do esclarecimento (elas em geral se confirmam, dizendo que o sofrimento pode por vezes ser instrumentalmente bom – o que é um assunto completamente diferente) não pode haver mais nada que o argumento possa fazer. E se as pessoas não pensam que é moralmente importante evitar ou prevenir o sofrimento, não estou certa do que você poderia fazer com elas, exceto colocá-las em uma ilha deserta, sem pessoas ou animais, de modo que não pudessem fazer nenhum mal."

Um importante aspecto da metodologia de Radcliffe Richards é o fato de que ela pode resultar em predições psicológicas. Ela exemplifica isso relatando o que aconteceu quando fez sua primeira incursão na bioética, escrevendo sobre o aborto em *The Sceptical Feminist*, no qual, de alguns modos, ela fez uso de um método que ainda não havia explicitamente articulado.

"Entrei na bioética por acidente – da mesma forma que entrei no feminismo por acidente – por meio da questão do aborto em *The Sceptical Feminist*. Meu ponto de partida foi a suposição de que o aborto de modo nenhum era uma questão feminista, porque ele era exatamente a respeito do direito de posse do feto. Mas foi nesse ponto que descobri pela primeira vez, embora só o tenha diagnosticado mais tarde, o método de argüir pela sobrecarga da prova e do desafio. O argumento era essencialmente que, se você vai recomendar uma prática com um elemento intrinsecamente mau – neste caso, forçando uma mulher a ter o bebê que ela não deseja –, você precisa estar provido de um bom motivo."

"Sem dúvida parece fácil encontrar uma razão – o bebê é um ser humano completo e você não deve matar seres humanos – e então você volta para a área da controvérsia familiar. Mas esse argumento não pode ser usado por pessoas que pensam que você poderia permitir alguns abortos e não outros. Levanto a questão, portanto, de encontrar um princípio coerente que possa fornecer uma distinção entre abortos permitidos e proibidos em países liberais como os nossos. E o único princípio que eu poderia encontrar era o de punir as mulheres por causa do sexo. Isso soa ultrajante, mas não cheguei a isso por meio de nenhum tipo de ideologia feminista. Pareceu ser exatamente esse o único princípio que, de algum modo, se aproximava de uma adequação à prática."

"O que interessava então era a grande quantidade de evidência empírica que sustentava isso, como a prática original de não dar anestesia durante os abortos. E nisso parece haver uma alta correlação entre a oposição ao aborto e a desaprovação da liberdade sexual; eu estava deveras interessada em ver um estudo sistemático disso. Fiquei espantada. Não esperava encontrar um argumento filosófico que gerasse hipóteses psicológicas desse modo. Mas vejo que isso acontece muitas vezes. Aconteceu o mesmo com a polêmica sobre a eutanásia, por exemplo. Ela se serve de alguns argumentos para mostrar isso, mas penso que os detalhes da maioria das atitudes contra a eutanásia podem ser coerentemente justificados apenas pela profunda suposição de que o suicídio é errado – provavelmente porque a vida pertence a Deus."

Notei que isso ressoava muitas vezes como terapia cognitiva, na qual um comportamento confuso ou destrutivo se torna compreensível quando se trazem à luz as premissas e argumentos que, caso sejam repetidos na mente do indivíduo envolvido, logicamente os levariam a agir como agem.

"É assim. É muito interessante. Você pode encontrar muito a respeito de si mesmo descobrindo quais argumentos você forja. Muitos argumentos são intrinsecamente difíceis, de modo que você esperaria cometer erros, a menos que tenha algum treinamento em lógica. Muitos dos erros costumeiros, porém, são aqueles que as pessoas não poderiam possivelmente fazer em contextos neutros. É justamente por isso que eles se acham tão convictos da verdade de suas conclusões, presumindo que os argumentos que as sustentam devam estar certos."

Discutimos alguns dilemas recentes na bioética que atraíram a imaginação pública. Um deles foi o de um casal que havia perdido a filha. Estavam tendo outro bebê por meio da fertilização *in vitro* (FIV). É perfeitamente possível em tal caso escolher pelo sexo qual dos óvulos fertilizados é implantado no útero, e isso é o que o casal queria fazer. Queriam outra filha para, de algum modo, substituir a que haviam perdido. Muitas pessoas acharam isso abominável. Como o método de Radcliffe Richards trataria esse caso?

A questão básica é simples: há uma suposição em favor de permitir que os pais tenham sua escolha. Poderia ser encontrada alguma boa razão para impedi-los?

"O que não podemos fazer é opor-nos a isso com base no fato de que não deveríamos interferir no processo da natureza. Não queremos isso" – diz Radcliffe Richards. Isso está de acordo com sua convicção geral de que, depois de Darwin, todo apelo ao natural, ou a necessidade de evitar a *hybris*, é inútil.

"Parece que temos uma idéia arraigada dos perigos de interferir naquilo que é natural. Isso brota em denúncias de estar brincando com Deus, por exemplo. Mas você pode apenas *interferir* com alguma coisa que tenha um propósito ou que se deseje que siga certo caminho. A natureza darwiniana como um todo não pretende seguir absolutamente nenhum caminho, e é exatamente o que acontece. Caso se tenha seguido um outro caminho, as coisas podem ter sido em grande parte melhores – ou piores. Uma das frases no livro que me agradou muito a esse respeito é a de que, por mais incerto que seja tentar fazer as coisas seguirem o caminho que desejamos, isso é infinitamente mais seguro do que ficar na defensiva e tentar impedir que a natureza darwiniana siga um curso aristotélico. Se quisermos fazer de fato algum bem, ficar na defensiva não é o caminho para isso."

Portanto, argumentos que apelam para falar sobre a *hybris* ou mexer indevidamente com a natureza não apresentam o motivo como uma objeção para o casal que deseja escolher o sexo de seu bebê. O que permite isso?

"Penso em duas possíveis razões para dizer que não permitiríamos esse tipo de escolha. Uma delas é que permitir uma escolha individual possa seriamente perturbar o equilíbrio dos sexos; já podemos ver perturbações que ameaçam em várias partes do mundo, onde não há suficientes mulheres à disposição. Mas isso provavelmente não é significativo para o presente caso. O casal, apesar de tudo, quer uma filha. Se razões sexuais são vistas como problema potencial, poderíamos permitir que as pessoas fizessem acordos mútuos com casais que desejassem o outro sexo."

A segunda razão é a que Radcliffe Richards acha potencialmente mais persuasiva. "Pode haver boas razões para querer limitar nossas próprias escolhas e que nada têm a ver com evitar a *hybris*. Uma delas, por exemplo, é a de não ter mais responsabilidade do que as que carregamos. Nossa espécie parece naturalmente inclinada a procurar algo de que se queixar quando as coisas vão mal; culpabilizamos os pais pelo modo como seus filhos se tornaram o que são. Pense quanto mais responsabilidade eles teriam de carregar se pudessem fazer ainda mais escolhas sobre seus filhos. Isso, portanto, dá um tipo de razão que poderíamos ter para restringir a escolha na reprodução – embora atualmente eu não veja que isso seja importante para o casal que deseja escolher o sexo de seu bebê. Minha conclusão, portanto, deve continuar sendo a de que não há uma razão adequada para, nesse caso, impedir que os pais escolham."

"Casos como esse são típicos daqueles em que as respostas imediatas das pessoas são resquícios de visões do mundo mais antigas; idéias de que haverá desordem se você interferir na ordem natural. Sem dúvida, multidões de pessoas acreditam que o mundo foi divinamente construído e possui uma ordem moral integrada com a ordem natural. Todavia, até entre pessoas que oficialmente não acreditam, essas idéias aparecem em hábitos de pensamento. É necessário um trabalho realmente intelectual e lógico para ver quais dessas intuições devem ser rejeitadas, e elaborar o que deveria ser posto em seu lugar."

"Um meio de colocar isso é o fato de que há muito maior distância entre a ética religiosa e a ética secular do que em geral se reconhece, porque o pensamento moral de ambos os lados é muito freqüentemente indistinto. Sou uma atéia relutante – acredito muito mais que vivemos em um mundo com uma ordem moral subjacente. Mas não penso que a vivamos, e de que toda ordem moral deva estar tendo de vir de criaturas como nós; trabalhar seriamente na ética secular pós-darwiniana é, no momento, minha maior preocupação."

"Isso é urgente, porque os velhos hábitos provocam sérios danos morais. Por exemplo, olhe para todo o espalhafato que se faz a respeito da pesquisa sobre embriões humanos. Foram feitas restrições sobre o modo da pesquisa que poderiam impedir sofrimento significativo, ao passo que de modo nenhum é claro que consigam de fato algum bem. E, ao mesmo tempo, essa visão das coisas, centrada no humano, permite-nos tomar bem menos seriamente a horrível crueldade que perpetramos contra criaturas que são nossas companheiras. Se o mundo não é como as religiões afirmam que seja, há um dano real em agir como se ele o fosse."

"Temo que não haja saída para o pessimismo subjacente de uma visão completamente secular da ética. A partir do momento que você perder a idéia de que o universo está arranjado de modo a permitir o eventual triunfo do bem, a bondade individual torna-se um minúsculo elemento de um todo moralmente indiferente, e não um passo na direção de alguma luz. Isso me faz pensar na idéia de Norse de que as forças das trevas engoliriam tudo no fim, mas que você tranqüilamente estaria do lado dos deuses e iria abaixo lutando. Se o bem importa – como sem dúvida parece – o que de diferente você pode fazer? Como dizem, é melhor acender um fósforo do que maldizer a escuridão."

Antologia bibliográfica

The Sceptical Feminist. Penguin, London, 1994, 2ª ed.
Human Nature after Darwin. Routledge, London, 2000.

3

Psicologia evolucionista

Helena Cronin

As explicações biológicas evolucionistas do comportamento sexual e das diferenças sexuais provocam fortes reações dos críticos. Por exemplo, a publicação recente de *Why Men Rape* (*Por que os homens estupram*), de Thornhill e Palmer – na qual argumentam que todos os homens são geneticamente capazes de estupro, conforme estímulos particulares do ambiente ou do social – resultou em protestos, pedidos de cancelamento do programa de conferências de Thornhill, e Susan Brownmiller, autora do influente *Against Our Will: Men, Women and Rape* (*Contra nossa vontade: homens, mulheres e estupro*), declarou no *Washington Post* que "Thornhill atribui má fama à sociobiologia".

De modo semelhante, Hilary Rose, em *Red Pepper* (*Pimenta Vermelha*), afirmou que os darwinistas "fundamentalistas, com seu discurso de universais biológicos sobre assuntos de diferença social, são uma ameaça política e cultural para as feministas e para outros que se preocupam com a justiça e a liberdade" e que a sociobiologia "tem uma história que varia do astucioso para o repugnante sobre diferenças sexuais".

O alvo do ataque de Rose foi Helena Cronin, co-diretora do Centre for Philosophy of Natural and Social Science na London School of Economics, e autora do livro grandemente aplaudido *The Ant and the Peacock* (*A formiga e o pavão*). Em uma prévia edição de *Red Pepper*, Cronin começou um artigo sobre diferenças sexuais com essa história. "Recentemente ouvi um membro de uma gangue de garotas de rua gabando-se de sua cerimônia de iniciação masculina. As recrutas deviam escolher entre serem espancadas ou terem de fazer sexo com um parceiro masculino da gangue. Imagine fazer a mesma oferta a iniciantes masculinos. Sexo não como recompensa, mas como castigo? Ridículo."

Cronin chegou a mostrar como as diferenças de comportamento sexual entre homens e mulheres estão enraizadas na biologia. Ela concluiu notando que a ciência nos conta apenas o que o mundo é, e que nossa melhor aposta, caso queiramos mudar o mundo para melhor, é deixar que a verdade, mais que a ignorância, seja nosso guia.

Com a controvérsia, bem ou mal colocada, que seus argumentos provocam, perguntei a Cronin quais são as chaves dos fatos evolucionistas que tornam necessárias as explicações biológicas das diferenças sexuais.

"Isso provém do fato de que machos e fêmeas têm estratégias reprodutivas diferentes" – responde ela. "Pense nisso do seguinte modo. Dê a um homem cinqüenta esposas, e ele poderá ter abundância de filhos; mas dê a uma mulher cinqüenta esposos: completamente inútil. Para os homens a quantidade compensa; para as mulheres a qualidade compensa. Na evolução de nossa espécie, muitos homens de nenhum modo procriaram, ao passo que muitas mulheres o fizeram; e diversos homens geraram inumeráveis outros, ao passo que as mulheres tiveram aproximadamente a mesma quantidade de filhos. Assim, os limites dos homens

– seus potenciais ganhos e suas potenciais perdas – foram imensamente maiores do que os das mulheres. Dessa forma, de geração em geração, descendo no tempo da evolução, a seleção natural favoreceu os homens com apetite para múltiplos acasalamentos e disposição para lutar poderosamente por eles. E, de geração em geração, descendo no tempo da evolução, a seleção natural favoreceu as mulheres que escolheram prudentemente – recursos, proteção, bons genes."

O argumento, portanto, é que machos com disposição para serem competitivos se sairão bem, ao passo que machos com disposição para serem prudentes se sairão mal. E vice-versa para as fêmeas?

"Exatamente. Nós todos somos os descendentes de machos vitoriosos e de fêmeas prudentes."

A lógica da abordagem darwiniana é impressionante, mas que tipo de evidência empírica existe para apoiar a afirmação de que machos e fêmeas desempenham diferentes padrões de comportamento e têm atitudes diferentes em relação ao sexo?

"Bem" – replica Cronin –, "há evidência a partir de grande número de fontes independentes. Há pesquisas de culturas comparadas; o mais amplo estudo de padrões de acasalamento que já foi realizado, abrangendo 37 culturas diferentes, confirmou todas as predições darwinianas que haviam sido feitas – por exemplo: em todos os lugares as mulheres deram mais importância aos recursos financeiros dos homens do que os homens aos das mulheres; em todo lugar os homens preocupam-se mais com a aparência das mulheres do que as mulheres com a dos homens; em todo lugar as mulheres preferem maridos mais velhos que elas e os homens preferem esposas mais jovens. E há experimentos psicológicos, que vão do modo como as pessoas respondem a questões de como reagem fisiologicamente; por exemplo, assim que se pediu para imaginar o parceiro ou a parceira apaixonando-se ou fazendo sexo com alguém, de modo previsível as mulheres eram mais ciumentas em relação à ruptura do compromisso, e os homens mais a respeito da infidelidade sexual – e isso se refletiu em medidas fisiológicas de estresse. E daí há diferenças em relação às fantasias sexuais; colunas de corações solitários; uso de pornografia e de prostituição; sexualidade de gueis e lésbicas. E isso é apenas uma pequena amostra dos tipos de evidência".

O fato de os homens serem mais preocupados que as mulheres a respeito da possibilidade da infidelidade sexual da parceira é interessante, porque sugere que eles podem ter desenvolvido técnicas sofisticadas para detectar infidelidade onde ela exista.

"Sim, os homens de fato são muito sensíveis à possibilidade de infidelidade. E isso é algo que as mulheres freqüentemente não compreendem" – responde Cronin. "Esse aspecto da psicologia dos homens foi projetado para tentar resolver um problema que as mulheres não tiveram de enfrentar durante o tempo da evolução. Para um homem, a infidelidade de sua parceira pode envolver não só a perda de seu precioso potencial reprodutivo, mas, pior ainda, em uma espécie como a nossa em que os machos investem fortemente em sua descendência, erradamente investindo no êxito reprodutivo de outro macho – um problema exacerbado unicamente em nossa espécie por causa da ovulação oculta, que baixa mais ainda a confiança da paternidade. Machos de todas as espécies que tiveram de enfrentar semelhantes problemas convergiram para soluções semelhantes. Muitos pássaros machos, por exemplo, empregam táticas de vigilância do acasalamento – permanecendo tenazmente perto da fêmea enquanto ela é fértil; e experimentos realizados em diversas espécies descobriram que, se o macho e a fêmea estão separados durante esse período, o investimento subseqüente do macho em fêmeas jovens diminui – quanto maior a separação menor será o investimento."

"Em nossa espécie, uma solução é o ciúme sexual do macho. Isso abrange um enorme espectro de táticas, desde a vigilância – não deixar a parceira conversar com outros homens em uma festa – até a violência – sendo o ciúme sexual a única causa mais freqüente da violência doméstica masculina, que vai do espancamento ao assassínio. Outra solução – no caso de as táticas anteriores falharem – é examinar atentamente os filhos à procura de uma semelhança facial. A pergunta costumeira – "ele não é parecido com o pai?" – é feita em geral pela mãe do recém-nascido e por sua família; os que aspiram ser pais tendem a suspender o julgamento. E os homens, não as mulheres, preferem retratos de criancinhas que se parecem com eles, mesmo que não estejam conscientes de que essa é a razão de sua preferência."

O tipo de argumento darwiniano que Cronin adota vai além da simples afirmação de que machos e fêmeas empregam diferentes estratégias para a reprodução. É muito mais o fato de que essas diferenças permeiam totalmente suas psicologias.

"Sim, sem dúvida" – diz ela, quando lhe pergunto sobre isso. "Considere o caso dos homens. Porque possuem constituição para altos riscos, jogos de longo fôlego, eles são muito mais competitivos, temerários, oportunistas, perseverantes, individualistas, ambiciosos de status, inclinados à exibição, à ostentação. É por isso que os homens são mais propensos a morrer heroicamente, vencer um prêmio Nobel, dirigir em demasiada velocidade, cometer homicídio. É por isso que eles são irresistivelmente humoristas, motociclistas, alcoólatras, artistas, pedófilos, mercenários, *pop stars*, aventureiros, escultores, praticantes de esportes radicais, colecionadores de locomotivas, ases de computação etc. É por isso que tais excessos masculinos são universais, transcendem enormes separações de nacionalidade, de cultura, de etnia, de religião, de política, de classe e de educação; e também porque se manifesta nas sociedades atuais por todo o globo terrestre e em todas as formas conhecidas de registro através do tempo."

A maior crítica ao tipo de abordagem favorecido por Cronin é que ele ignora o impacto de fatores sociais na construção das personalidades e na moldagem do comportamento. Por exemplo, em seu artigo *Red Pepper*, Cronin cita um estudo sobre estudantes de colégios americanos que mostrou que ao serem perguntados por um estranho sobre uma data, 50 por cento tanto de homens como de mulheres concordaram; contudo, à pergunta "quer fazer sexo comigo esta noite?", 75 por cento dos homens concordaram, ao passo que nenhuma das mulheres concordou. Sem dúvida, porém, essa diferença é facilmente explicada em termos da construção social dos gêneros, e também em termos de seleção natural; portanto, por que favoreceríamos uma explicação darwiniana?

"Primeiro" – responde Cronin, – "essas diferenças sexuais podem ser preditas pela teoria fundamental de Darwin, a partir da diferença entre esperma – numeroso, pequeno, móvel, de baixo custo por unidade – e óvulos – mais raros, maiores, ricos de provisões essenciais. Os portadores de esperma especializam-se mais na competição por acasalamentos do que na preocupação pela descendência, e as portadoras de óvulos vice-versa. Em nossa espécie, essa diferença sexual é mais modesta porque os homens também evoluíram para investir na descendência. Mas, lembre-se daqueles 50 maridos versus 50 esposas: os homens podem ir embora depois do mais breve dos encontros; as mulheres ficam comprometidas por nove meses de trabalho árduo, leite ricamente nutriente, vigilância incessante. Essas diferentes listas de investimentos possibilitam predizer uma divisão de nossa espécie em duas".

"Em segundo lugar" – continua ela, – "os mesmos padrões podem ser encontrados em todas as espécies que se reproduzem sexualmente. Dos pavões aos besouros e às focas-elefantes, os machos são mais agressivos, mais promíscuos, ostensivos e temerários."

"Em terceiro lugar, existe patologia. Erros da natureza demonstram graficamente como os hormônios modelam não só diferentes corpos, mas também diferentes cérebros e, portanto, diferentes psicologias. Se o feto-fêmea é exposto a hormônios tipicamente masculinos – andrógenos – no útero, o filhote-fêmea ficará tipicamente interessado por atividades masculinas. E vice-versa para os machos."

"Em quarto lugar, as diferenças sexuais aparecem – universalmente – mesmo em crianças muito pequenas. Com poucos dias de idade, as meninas estão mais interessadas em faces e contato ocular. Com um ano, as meninas ficam perto de sua mãe; os meninos vagueiam fora."

"Finalmente, as diferenças sexuais são extraordinariamente fortes através das culturas, hoje e por toda a história."

Todas essas são razões para favorecer claramente, em última análise, um componente darwiniano nas explicações sobre as diferenças de comportamento entre os sexos. Mas não excluem explicações sociais alternativas e, portanto, o que haveria de errado em argumentar que o foco poderia estar na socialização em vez de na seleção natural?

"Opor 'socialização' ou 'aprendizagem' a propensões evoluídas é fundamentalmente uma concepção errônea" – responde Cronin. "'Socialização', ou qualquer outra aprendizagem, não é uma alternativa para a biologia; ela depende da biologia. Nenhum indivíduo, de nenhuma espécie, pode aprender qualquer coisa sem adaptações subjacentes para aprender. Nossas capacidades inatas são o que torna possível a aprendizagem. Assim, a socialização tem êxito apenas à medida que estamos psicologicamente preparados para ela por meio da seleção natural. E, assim como espécies diferentes são apropriadamente preparadas de modo diferente, também os machos e as fêmeas. A socialização é uma questão biológica."

"Quando aplicada às diferenças sexuais em particular, a afirmação da 'socialização' é que, deixados à vontade, machos e fêmeas reagiriam identicamente às mesmas circunstâncias; e que a única razão pela qual eles sistematicamente se comportam de forma diversa é que estão sistematicamente expostos a diferentes circunstâncias. Isso é completamente errado."

"Há escassa evidência de que os pais, por exemplo, tratam meninos e meninas conforme se costuma alegar. Na verdade, meta-análises de estudos na América do Norte e na Europa revelam que, no caso, os pais desestimulam comportamentos como esportes violentos e perigosos mais para os meninos."

"Todavia, o mais importante é que meninas e meninos, até quando bebês recém-nascidos, reagem de modo diferente quando expostos às mesmas circunstâncias – o que não surpreende, dado o escrupuloso cuidado com que a seleção natural modelou-os diferentemente, dos corpos até os cérebros."

"E, de novo, essas diferenças sexuais ocorrem em milhões e milhões de outras espécies, poucas das quais de nenhum modo educam sua descendência, deixando-a aprender sozinha que o cor-de-rosa é para as meninas e o azul para os meninos."

"Finalmente, a consistência das culturas comparadas sobre as diferenças sexuais indica fortemente que algo mais que um condicionamento puramente arbitrário está em ação. Por que as diferenças sexuais não ocorrem em direções aleatórias? Por que, diga-me, na metade das sociedades mundiais, os pais não se preocupam mais com a virgindade de seus filhos homens do que com a de suas filhas, ou por que as mulheres preferem um status inferior ao dos homens? Por que, na verdade, não existem sociedades com nenhuma forma de diferenças sexuais?".

Uma resposta possível aqui é que o modo pelo qual a socialização trata machos e fêmeas não é arbitrário e, por esse motivo, alguém esperaria que as diferenças sexuais no comportamento sejam consistentes nas culturas. Por exemplo, existe o argumento inspirado em Engels que sustenta que a divisão sexual do trabalho (isto é, masculino = trabalho; feminino = cuidado) enraíza-se historicamente em uma necessidade de garantir claras linhas de descendência para os propósitos de herança da propriedade, algo que pode ser realizado apenas se as mulheres estiverem confinadas à esfera doméstica. Eu gostaria de saber o que está errado nesse tipo de argumento.

"Bem, há nele muita coisa errada" – insiste Cronin. "Considere primeiro o estilo específico do argumento de Engels. Uma conspiração maciça de todos os homens contra todas as mulheres não faz sentido em uma visão darwiniana. Os homens formam coalizões contra as mulheres; mas eles também têm sistematicamente interesses conflitivos, principalmente a respeito de acasalamento. Além disso, não havia herança de propriedade na época do plistoceno; todavia, foi durante esse período de dois milhões de anos que nosso dimorfirmo sexual evoluiu."

"Mas há também problemas ainda mais fundamentais a respeito de todas as teorias de 'socialização' das diferenças sexuais. Uma delas é que a seleção natural não nos constituiu para sermos dependentes de outros. Todo aquele que, em nosso passado evolucionário, pudesse ser facilmente manipulado por todos sobre qualquer coisa, até mesmo o modo de tornar-se macho ou fêmea, jamais se teria tornado nosso ancestral. Seria altamente improvável que a seleção natural o deixasse inteiramente aos assim chamados "roteiros de gênero" ou "papéis de gênero" para fazer meninos tornarem-se meninos e meninas tornarem-se meninas. Afinal de contas, qualquer erro poderia significar um esquecimento reprodutivo."

"Há também o problema de que, pelo fato de essas teorias falharem em explicar detalhadamente os mecanismos psicológicos sobre os quais se afirma que a 'socialização' repousa, elas induzem a caminhos causais invertidos. Sem dúvida, os meninos são submetidos pelos meios de comunicação às imagens masculinas do 'macho' e as meninas às imagens de fêmeas decorosas. Todavia, por que aceitar que os meios de comunicação estejam criando um comportamento macho ou decoroso? Ao contrário, eles refletem as diferenças psicológicas evoluídas em meninos e meninas. Alguém poderia também argumentar que as meninas são socializadas para o crescimento dos seios: além de tudo, não nasceram com seios; elas os desenvolvem ao mesmo tempo que seu grupo de semelhantes; são submetidas pelos meios de comunicação a imagens de meninas com seios; crescem com o estereótipo de que todas as meninas têm seios..."

"E, pela mesma razão, essas teorias não fazem predições. Tudo o que podem dizer é que qualquer coisa que acontece é socialização. Contudo, qual seria um exemplo contrário?"

"A propósito, há uma ironia aqui. Aqueles que defendem as teorias da socialização como uma muralha contra o que imaginam como 'determinismo genético', atualmente adotaram o que seria – se fosse praticável – um extravagante 'determinismo ambiental'. As crianças seriam marionetes dos adultos, as mulheres, marionetes do patriarcado, e cada um as marionetes das 'mensagens dos meios de comunicação', da propaganda e dos giros de lingüística... Na verdade, todas as mentes seriam potencialmente as marionetes da manipulação de quaisquer outras."

É claro que Cronin acredita que o caso de uma explicação darwiniana das diferenças sexuais é irresistível. Por que, nesse caso, ela pensaria que tantas feministas e teóricos da Esquerda são antipáticos à teoria darwiniana?

"Penso" – responde ela –, "que a principal razão é a noção de que se algo é biológico então ele não poderia ser mudado – e dessa forma a luta política seria inútil".

Mas Cronin parece não partilhar essa preocupação, e rejeita a acusação de determinismo genético.

"Sem dúvida, a natureza humana é fixa" – diz ela. "Mas o comportamento que ela gera é ricamente variado. Nossas mentes evoluídas são destinadas a capacitar-nos para reagir apropriadamente a diferentes ambiências nas quais nos encontramos. É a variedade, a complexidade e a sofisticação de nossa maquinaria mental que tornam possíveis a variedade, a complexidade e a sofisticação de nosso comportamento. Portanto, é graças a nossa habilidade genética, e não apesar dela, que estamos aptos a gerar nosso impressionante repertório comportamental. A lição para nosso compromisso político é clara. Se você quiser mudar o comportamento, então mude o ambiente. Mas o que constitui um ambiente importante e como reagiremos a ele depende de nossas mentes evoluídas. Portanto, uma compreensão da psicologia evoluída de nossa espécie – ou nossas disposições e preferências, motivações e desejos – é vital para a ação política. Isso nos mostrará quais aspectos de nosso ambiente devem ser alterados, a fim de realizar os fins desejados. A tarefa, então, é compreender a natureza humana, e não mudá-la."

É notável que uma teórica que se considera feminista seja tão clara ao defender a realidade das diferenças biológicas entre machos e fêmeas. A esse respeito, pergunto a Cronin como seu feminismo permanece de pé em relação com a noção popular ainda defensável de que a emancipação sexual das mulheres serviu mais para que a sexualidade feminina se torne mais semelhante à sexualidade masculina.

"Há muitos modos pelos quais as mulheres foram restringidas, sem permissão para realizar seu potencial" – responde Cronin. "Isso, sem dúvida, aplica-se à sexualidade das mulheres, que os homens no mundo inteiro, hoje e no decorrer da história, chegaram a controlar em grande extensão, desde os véus até a inviolabilidade do harém, da mutilação genital à violência doméstica. Mas é errada a elegante afirmação de que as fêmeas seriam exatamente tão promíscuas quanto os machos. Essa afirmação provém em parte de uma visão equivocada de que, para ter oportunidade, você deve ser semelhante. Mas as práticas oportunas devem ser predicadas de acordo com o que o mundo realmente é; na verdade, as conseqüências são igualmente menos oportunas se forem baseadas sobre afirmações equivocadas."

"A visão corrente da sexualidade feminina" – continua Cronin, "também provém da confusão da noção de promiscuidade com a noção de desfrutar o sexo. Afirmou-se que, por serem mais inclinados à promiscuidade, os homens desfrutam mais o sexo. Todavia, com esses fundamentos, alguém poderia igualmente argumentar que quanto mais seleto você for, mais você desfrutará o sexo – e, portanto, os homens desfrutam o sexo menos que as mulheres".

"E de qualquer modo" – conclui Cronin, "por que as mulheres aceitariam valores masculinos sobre como a sexualidade deveria ser? Por que na terra as feministas deveriam adotar padrões masculinos de como ser sexual?"

Parece que a lógica da posição de Cronin é que o que é possível para o futuro da sexualidade feminina é total e claramente restringido pelo modo como a seleção natural formou os homens e as mulheres. Apresentei a questão a ela.

"Não" – replica ela, "eu não chamaria isso – ou qualquer outra adaptação – de restrição. A seleção natural formou-nos com a capacidade de falar uma linguagem humana – você chama isso de restrição? A seleção natural formou-nos com a capacidade de nos apaixonarmos – você chama isso de restrição?"

Todavia, alguém poderia chamar de restrição o fato de que a seleção natural formou-nos de modo que é mais fácil aprender uma linguagem quando somos relativamente jovens. Portanto, não há restrição em relação à sexualidade feminina no fato de que talvez seja ingenuidade das feministas advogarem como estratégia política iguais níveis de promiscuidade masculina e feminina, dada a natureza de seu desenvolvimento evolucionista?

"Corrigindo a frase" – responde Cronin –, "não iguais níveis – é ingênuo o fato de elas advogarem níveis *masculinos* de promiscuidade".

Há uma tendência entre alguns filósofos de despejar escárnio sobre o trabalho de cientistas evolucionistas. Mas é claro, pela entrevista com Helena Cronin, que há tanto um *a priori* como razões empíricas para levar seu trabalho muito a sério. Os filósofos deveriam considerá-lo, ou então se arriscariam a dar provas do que Edward O. Wilson afirma, quando diz que agora é a ciência que mais efetivamente levanta as grandes questões da existência e do significado da condição humana.

Antologia bibliográfica

The Ant and the Peacock. Cambridge University Press, Cambridge 1993.

4

Genes e determinismo

Richard Dawkins

Existe uma tendência entre alguns filósofos de ficarem irritados a respeito de algo que eles chamam de "determinismo genético". Parecem ter em mente que certo tipo de neodarwinismo reduz os seres humanos ao status de autômatos. Se lhes pedir que especifiquem como cientistas sobre o que pensam, os nomes mais freqüentemente mencionados são provavelmente Richard Dawkins e Edward O. Wilson. A crença parece ser a de que esses escritores pensam que os seres humanos são destinados apenas a seguir cegamente as ordens de seus genes; e também que o comportamento pode ser reduzido a genes de tal modo que apenas as explicações genéticas do comportamento são explicações cabais.

O embaraçoso é que, se hoje se lê a obra de cientistas como Dawkins e Wilson, é óbvio que eles não acreditam em tal coisa. Porém, mais que isso, eles explicitamente dizem que não acreditam – Dawkins descreveu a idéia do determinismo biológico inelutável como "tolice perniciosa em escala quase astronômica" – e de fato ele explica com algum detalhe porque exatamente a idéia não funciona. Todavia, apesar disso, as acusações de "determinismo", juntamente com sua contrapartida de "reducionismo", continuam. São esses tipos de acusações, que parecem levar em conta uma leitura altamente tendenciosa da obra de biólogos evolucionistas, que tornam uma entrevista com Richard Dawkins tão interessante quanto importante. Começo perguntando a ele sobre determinismo genético. Sabe-se publicamente que ele o chama de mito – porém, o que ele considera que seja o mito?

"Suponho que seja o mito de que há algo de particular sobre o determinismo genético como oposto a qualquer outro tipo de determinismo" – replica Dawkins. "Reconheço que, filosoficamente falando, o determinismo é uma questão difícil, sobre o qual os filósofos têm falado há séculos. Minha opinião é que a genética não tem nada para contribuir com essa questão filosófica. A questão continua de pé, e é uma questão interessante e importante, mas, se você é um determinista, você é um determinista e, acrescentando o termo 'genético', de modo nenhum ela se torna mais determinista. Não há nada de peculiar sobre o determinismo genético que o torne particularmente sinistro."

"Da mesma forma, quando alguém anuncia que descobriram um gene para, digamos, agressão ou religião, isso não tem uma força determinista no sentido de um determinismo irrevogável, mais do que a descoberta de que certo produto químico em uma dieta tem certo efeito. Você pode achar que as pessoas que comem pimentas vermelhas são mais agressivas do que as que não o fazem. Não tenho evidência para isso, mas você poderia achar que sim, e isso de nenhum modo é determinístico. Isso será um efeito estatístico que será acrescentado ao lado de todos os outros efeitos. Os genes devem ser pensados dessa forma. São contribuintes para uma rede complexa e causal – e isso é o que importa para a seleção natural. A única razão pela qual os darwinianos falam tanto sobre genes é que, para praticar o darwinismo, eles têm de olhar para esses aspectos da variação individual em populações que estão geneticamente influenciadas. Portanto, não estamos falando de determinismo; estamos falando de estatística, estamos falando de análise de variantes, estamos falando de herança."

O modo como Dawkins vê o efeito dos genes é claro na leitura de seus livros. Mas uma das críticas dirigidas contra ele é que alguma coisa na linguagem que ele emprega pode levar a mal-entendidos. Perguntei-lhe a respeito de um exemplo particular, a idéia de um "gene para um comportamento particular". O que isso significa quando biólogos evolucionistas usam tal terminologia?

"Isso é uma convenção" – responde Dawkins. "Significa um gene tal que se você trocar esse gene por seu alelo, você poderá ver uma troca correspondente no fenótipo. Ele é um contribuinte para a variação fenotípica, um contribuinte para uma variação em uma população. De modo mais específico, quando você compara o gene com seu alelo, verá uma contribuição para a variação."

Os fenótipos são normalmente compreendidos como as características observáveis de organismos. São determinados ao mesmo tempo pela constituição genética e pelas influências ambientais. Exemplos de fenótipos incluem a cor dos olhos, o comprimento da cauda e a cor dos cabelos. A seleção natural realiza seu trabalho sobre genes por meio do mecanismo dos fenótipos, porque são os fenótipos que se tornam visíveis para a seleção natural. Os genes são diferentemente perpetuados à medida que dão origem a fenótipos que gozam de vantagens seletivas sobre outros fenótipos, onde esses últimos são também o produto de genes, genes alternativos, ou *alelos*.

Quando Dawkins fala a respeito de genes para um comportamento particular, parece então que ele não está falando sobre causalidade no sentido de que um gene determine *in toto* um efeito fenotípico. Está falando mais de uma rede de causação.

"Sim" – concorda Dawkins, "trata-se de uma causação estatística. É exatamente o mesmo sentido de causação como quando um cientista agrícola espalha nitrato em certos terrenos de um campo e não em outros, e se faz uma análise da variação do tamanho dos pés de trigo nesses vários terrenos, descobrindo que o nitrato é um contribuinte para a variação. É nesse sentido que o nitrato causa um aumento no tamanho do trigo, mas de modo nenhum é a causa única, naturalmente, assim como os genes também não são. Os genes exercem seus efeitos exatamente do mesmo modo que o nitrato nesse experimento na agricultura".

Talvez o outro sentido em que a linguagem em *The Selfish Gene* (*O gene egoísta*) possa ter contribuído para um mal-entendido esteja no uso da metáfora de *robôs*. Na verdade, Dawkins reconhece isso em *The Extended Phenotype* (*O fenótipo estendido*). Mas, presumivelmente, ele não queria sugerir que os robôs são necessariamente autômatos que não pensam?

"Longe disso" – replica ele. "Para mim, um robô, naquele tempo e agora, é potencialmente um ser extremamente complicado e, de fato, inteligente. Eu estava usando o termo 'robô' quase como uma espécie de evocação poética da idéia de que aqui é essa máquina fantasticamente complicada que foi programada para fazer alguma coisa. O que me interessava é que ele foi previamente programado para trabalhar por todo tipo de complicados, flexíveis e, caso necessário, inteligentes meios voltados para um fim, que é a propagação do DNA que fez a programação".

Há, sem dúvida, certa ironia no fato de que Dawkins seja acusado de puro determinismo genético, porque ele também é famoso por introduzir o conceito de *meme*. Memes são unidades de herança cultural – por exemplo, uma melodia fácil de lembrar – que têm diferencialmente sucesso em termos de réplica e de sobrevivência. A ironia é que os memes, à medida que determinam de qualquer modo – e há um sentido em que se pode ser 'infectado' por um meme (imagine uma canção que você não consegue tirar da cabeça) – são um tipo de determinismo não-genético. Coloquei isso a Dawkins e perguntei se ele vê os memes como entidades fisiológicas (i.e. padrões neurológicos particulares no cérebro), ou como puro código (i.e. as "instruções" para constituir padrões neurológicos particulares no cérebro).

"Bem" – replica Dawkins – "primeiro, gostaria de dizer que não há nenhuma ironia e, sem dúvida, nenhuma contradição no conceito de meme, porque, embora seja não-genético, ele é um replicador. O motivo de introduzir o conceito de meme não era o de realmente dar uma contribuição ao estudo da cultura humana, e sim o de dizer que o darwinismo como teoria, em sua forma mais geral, é uma teoria de replicadores, e o DNA é exatamente um tipo de replicador. Se você pensar em termos globais e universais, haveria outros tipos de replicadores. Por exemplo, se viajarmos a Marte poderia haver um tipo completamente diferente de vida, diverso em todos os aspectos, exceto que seria baseado na sobrevivência diferencial de replicadores de alguns outros tipos, que poderia não ser o DNA, poderia até não ser orgânico. Os memes foram originalmente introduzidos como meio de ilustrar o princípio de que os replicadores não precisam ser o DNA".

"Quanto a serem um conceito útil para explicar a cultura humana, não tenho nenhuma conclusão. Não era minha intenção original que o fossem; contudo, se o forem, tanto melhor. Há pessoas, realmente um grande número de pessoas, que usam o conceito de meme como uma abordagem oportunamente construtiva para entender a mente humana, entre os quais Dan Dennett e Susan Blackmore, e também muitos iluminados inferiores na Internet."

Se os memes seriam entidades fisiológicas ou um simples código, Dawkins permanece indeciso. "Eu não era suficientemente claro e explícito sobre o que os memes seriam em última análise. Meu colega, Juan Delius, que é neurofisiólogo, em um artigo no volume comemorativo, *Tinbergen Legacy* (*O legado de Tinbergen*), era muito mais claro, e atualmente estica o pescoço e diz que um meme é uma entidade fisiológica que tem uma expressão fenotípica na forma de comportamento. Penso, porém, que há outros que assumem uma visão oposta, e dizem que um meme é um simples e puro código, e que pode residir em uma página, assim como em um computador, um gravador, ou em um cérebro."

"Fico feliz por esboçar essas visões como alternativas interessantes, mas não estou muito certo sobre qual dessas duas visões deveríamos adotar. Suponho, agora quase pensando alto, que você poderia dizer que deveríamos estar olhando para o equivalente memético da seguinte declaração sobre um gene: um gene é primariamente pensado como uma seqüência de DNA que reside em uma célula e que foi exposta na forma de fenótipo; se um biólogo molecular, no entanto, vai em frente e decodifica o gene, e o descreve como uma seqüência do ATCG – as bases nucleotídeas do DNA – e imprime isso em um livro, esse livro pode então ir parar em uma estante de biblioteca e aí permanecer por séculos. Portanto, transferi o problema do meme para um problema do gene, como é meu costume, e você precisa perguntar a um biólogo: essa extensão de ATCG, que ocupa três páginas e meia em um livro, é um gene, ou são as instruções para fazer um gene, caso você a recoloque dentro de uma fisiologia real."

Uma faceta interessante da idéia do meme é que ela pode ser empregada para explicar por que algumas pessoas acham a obra de Dawkins difícil de aceitar. Pode ser simplesmente que a idéia de que somos máquinas que sobrevivem por nossos próprios genes, embora verdadeira, não seja muito atraente – talvez porque ela, de algum modo, é sentida como se diminuísse nossa humanidade.

Pergunto a Dawkins se ele pensa que isso poderia estar por baixo de muitas reações automáticas ao que ele escreve.

"Bem, não tenho de fato uma resposta a respeito do meme" – responde ele –, "mas, em termos mais diretamente humanos, se as pessoas ficam apavoradas com o que eu disse, por que pensam que isso diminui nossa humanidade? Sim, penso que em alguns casos elas provavelmente ficam. Não sei, porém, se pensaram isso adequadamente".

Seus críticos parecem também não ter pensado corretamente sobre a natureza de uma brecha entre um é/deve ser, isto é, a impossibilidade lógica de gerar declarações sobre como deveríamos comportar-nos ou sobre como o mundo deveria ser, a partir de declarações sobre fatos. Isso é visto mais claramente em sua resposta ao modo pelo qual Dawkins modela estratégias sexuais, em que algumas pessoas parecem pensar – mais extraordinariamente, devemos dizer – que ele está *advogando* uma estratégia sexual particular.

"É absolutamente extraordinário" – concorda Dawkins. "Isso equivale a dizer que o estado natural da humanidade é não ter roupas e, por isso, deveríamos andar por aí sem roupas. O mais eloqüente e articulado culpado é provavelmente Steven Rose, que atualmente usou de fato o exemplo das estratégias sexuais, de que você falou."

"Em *The Selfish Gene* tenho um verdadeiramente simples ESS (*Evolutionarily Stable Strategy*) – estratégia evolucionista estável – modelo de estratégias sexuais para notar que uma estratégia mista – algo entre flerte e lealdade para machos e recato e abstenção para fêmeas – é, sob as condições do modelo, estável. Atualmente, ele não se mostra estável, mas oscila, o que é um ponto fascinante, e que não salientei e ninguém mais salientou por muito tempo. E é genuinamente interessante o fato de que esteja oscilando. O que não é interessante é tratar isso como uma espécie de ponto político ou ideológico e sugerir que eu esteja advogando o flerte para os machos humanos. Digo que o modelo nem sequer levava à predominância do flerte; ele, de fato, terminava com a estratégia predominante da lealdade. E, na verdade, os humanos nem eram mencionados junto com esse modelo. Se eu tinha algo em mente, devia ser um pássaro. Para dizer a verdade, não estou sequer muito interessado pelos humanos."

O que motiva então esse tipo de mal-entendido sobre sua obra? Haveria uma questão política ou ideológica?

"Bem, não sei" – replica Dawkins. "Penso que algumas pessoas de nenhum modo conseguem conceber que alguém não esteja fundamentalmente interessado nos humanos, de modo que afirmam que qualquer coisa que você diga deve ter um significado humano, e que deve ser entendido como tendo um significado humano. Não conseguem compreender que haja algumas questões interessantes a perguntar sobre a teoria evolucionista em si mesma, que possa ter muito pouca ligação com os humanos. Isso agora é discutível. Algumas pessoas pensam que isso é muito importante para os humanos e algumas pensam que não, mas eu mesmo não estava empenhado nisso. Não estava mesmo interessado nisso. Eu estava interessado na própria teoria, como se mostra nos modelos de computador, da mesma forma que pode mostrar-se em pássaros ou em pulgas. É uma fascinante teoria para compreender suas conseqüências. Se acontecer que ela colabore para os humanos, tanto melhor; esse, porém, não foi o interesse principal."

Uma das questões mais candentes de Dawkins – e, na verdade, a questão central de *The Extended Phenotype* – é que os genes fazem sentir sua presença não só nos corpos, mas também para além dos corpos, e através do tempo e do espaço.

"Suponho que isso" – conta-me ele –, "seja meu ponto principal e também original. O próprio *The Selfish Gene* é justamente um modo vivo de expressar o neodarwinismo ortodoxo, mas a questão a respeito da *ação a distância* ou sobre genes que têm efeitos fenotípicos fora do corpo é o contributo feito por *The Extended Phenotype*".

"Artefatos como recipientes ou ninhos de pássaros são adaptações darwinianas. Sua forma, cor, dureza, tamanho, e todo atributo sobre eles que se possa medir, confirmarão que são uma adaptação darwiniana de modo muito semelhante ao do olho de um pássaro ou da pata de um leão. É incidental que as duas últimas que mencionei sejam partes de um corpo, feitas de células, e as outras não. O princípio pelo qual a seleção darwiniana escolhe genes com base em seus efeitos fenotípicos é idêntico em ambos os casos. O fenótipo que descrevemos como um ninho de certa maciez, cor, ou curvatura de linhas, apareceu pela seleção natural darwiniana, e isso tem a ver com a seleção natural de replicadores e, neste caso particular, com os genes. Os genes, portanto, trabalham proximamente, influenciando o desenvolvimento embriônico do sistema nervoso, ou o ninho constrói o comportamento, mas as conseqüências fenotípicas são a forma do ninho, a maciez do ninho, a cor do ninho, e a lógica disso é exatamente a mesma que há quando se fala sobre os genes que controlam a forma do chifre de um carneiro. Tudo isso é realizado por meio de uma complicada cadeia de causação embriológica, e é incidental se a cadeia de causação pára no limite do corpo ou ultrapassa o limite do corpo e torna-se algo como um artefato fora do corpo."

Parte do interesse de questões como essas é que elas acarretam implicações para problemas relacionados com o determinismo, porque permitem que a manipulação de um organismo por outro possa ser uma função do DNA do manipulador. Perguntei a Dawkins sobre isso e especificamente sobre o cuco.

"Se você pode usar esse ardil lógico para artefatos como recipientes, pode também usá-lo com outros animais" – explica

Dawkins. "Um cuco manipula seu hóspede por meio dos órgãos sensoriais do hóspede. Um besouro parasita que vive no ninho de uma formiga segrega uma química que mimetiza quimicamente os feromônios que as próprias formigas usam, de modo que os besouros podem fazer com que as formigas façam coisas que são do interesse do besouro e não do próprio interesse das formigas. Os biólogos conheceram esses tipos de manipulação por um tempo muito longo. Mas se você transfere isso para a linguagem do fenótipo dilatado, então muito simplesmente se vê que o comportamento da vítima da manipulação é um efeito fenotípico de genes no manipulador. E isso acontece pela mesma lógica que usamos quando dizemos que os pêlos dos dedos dos pés são manipulados por genes em seu próprio corpo."

Relacionada com isso, há uma idéia fascinante nos primeiros capítulos do *The Extended Phenotype*, em que Dawkins fala sobre um artigo que escreveu com John Krebs, no qual descrevem a comunicação como um meio pelo qual uma criatura usa o poder muscular da outra. Seria essa uma visão que ainda conta com sua simpatia?

"Bem, conta sim" – replica Dawkins. "Ainda sustento essa visão. Suponho que o que mudou é que há outros modos de ver a comunicação que Krebs e eu não falamos sobre como também são úteis. Mas eles não são incompatíveis com a visão da manipulação."

Admiro-me de que possa haver quaisquer equivalentes nos humanos. Na ficção temos as *Sirenas* de Homero, que, por meio do canto, atraem os marinheiros para morrer nos rochedos.

"Penso que há equivalentes nos humanos" – diz Dawkins. "Primeiro, pensemos sobre a relação entre os humanos e outras espécies, como os cavalos. É fascinante o modo pelo qual os cavalos são 'domados', significando que sua vontade é, por assim dizer, quebrada. E eles, embora sejam animais muito mais fortes, obedientemente se viram para a esquerda se você puxa a rédea esquerda e para a direita se você puxa a rédea direita. E se você os aperta com os calcanhares, eles aceleram, e assim por diante. Fazem o que lhes é dito. Não o fazem porque queiram ou porque temam serem espancados ou aborrecidos. Há uma manipulação mais direta que é realizada pela exploração dos mecanismos de aprendizagem natural dos cavalos. Portanto, os humanos elaboraram, consciente ou inconscientemente, como manipular os cavalos explorando seus mecanismos de aprendizagem natural, de modo que o cavalo é diretamente controlado pelo sistema nervoso humano de um modo não diverso de como seus músculos são controlados por seu próprio sistema nervoso. É exatamente desse modo que os humanos controlam o sistema nervoso do cavalo por meio de seus órgãos sensoriais. Assim sendo, as relações entre humanos podem ser caracterizadas por um tipo de manipulação semelhante.

Sugiro coisas como linguagem corporal e feromônios como exemplos semelhantes desse tipo de manipulação, e Dawkins concorda que provavelmente sejam. Mas ele menciona também a oratória. "Nas concentrações de Nuremberg, a voz de Hitler, sua escolha de palavras, o som de sua voz, o ambiente geral de grandes multidões gritando *Sieg Heil*. Penso que você pode representar isso como manipulação, da mesma forma que Krebs e eu falávamos de rouxinóis que se manipulam mutuamente com seus cantos."

A questão final que pergunto ao professor Dawkins é sobre determinismo "inflexível". No final de *The Selfish Gene*, ele argumenta que apenas os humanos na terra estão capacitados a "rebelar-se contra a tirania dos replicadores do auto-interesse". Em outras palavras, apenas nós estamos capacitados a optar por agir de modo diverso do que talvez nossos genes de auto-interesse o fariam. Contudo, para um determinista inflexível, as escolhas que fazemos são elas próprias determinadas, são a conseqüência inevitável de condições antecedentes, que no momento de agir são colocadas no concreto. Em uma entrevista em *The Third Way*, Dawkins mostrou que tem alguma simpatia pela visão de Susan Blackmore de que a própria pessoa [ego] é apenas uma ilusão e de que atualmente há apenas cérebros e química. Fico então admirado se sua posição é a de que as declarações sobre a consciência ou sobre a personalidade serão reduzidas em última análise a declarações sobre neurônios e química.

"Suponho que filosoficamente eu esteja comprometido com essa visão" – admite Dawkins –, "porque penso que tudo o que se relaciona com a vida é um produto do processo evolucionário e a consciência deve ser uma manifestação do processo evolucionário, presumivelmente por meio dos cérebros. Portanto, penso que se chegou a dizer que a consciência é, em última análise, um fenômeno material. Digo isso no sentido de que não havia nenhuma consciência antes que houvesse vida evoluída. A consciência não é um tipo de coisa que pairava ao redor, esperando coisas vivas a fim de abraçá-las. Não havia nada remotamente semelhante à consciência antes que a evolução caminhasse por muitos milhões de anos e presumivelmente começasse a evolução de sistemas nervosos necessários. Os sistemas nervosos podem ser exatamente o modo pelo qual ela trabalha em nosso planeta. Não estou dizendo que em Alfa do Centauro não existam outros tipos de consciência que tivessem vindo de diferentes espécies de mecanismo. Mas eles virão de mecanismos, e esses eu conjecturo que serão o produto de um processo evolucionário similar ao nosso, e certamente similar no sentido de que será por uma evolução gradual e não por qualquer salto repentino para a ação".

Essa resposta é significativa porque, ao afirmar que a consciência é, em última análise, um fenômeno material, torna-se claro que Dawkins está comprometido com certo tipo de reducionismo, em que o reducionismo é a explicação de um tipo de coisa em termos de outra, em algum sentido mais essencial, tipos de coisas (assim como alguém pode explicar o relâmpago, por exemplo, em termos de nosso conhecimento sobre a eletricidade). Isso, porém, não é uma surpresa. É reconhecido publicamente que ele diz que o reducionismo é o estratagema de pesquisa mais bem sucedido que já se entreviu. Mas, como explicou no *New Scientist*, ele não está interessado em um reducionismo simplório, mas antes em um que enfatiza "uma multidão de interações causais e relações matemáticas altamente sofisticadas".

Em certo sentido, portanto, as críticas de Dawkins são corretas, e em última análise o seu é um projeto reducionista, mas crucialmente é um projeto que despoja o termo reducionista de todas as suas conotações pejorativas. Quanto à outra crítica pelo fato de que ele aceita um determinismo biológico inevitável, a presente entrevista torna claro que essa crítica está, de fato, errada. Afinal de contas, é difícil imaginar o que mais ele poderia dizer para tornar esse ponto ainda mais claro.

Antologia bibliográfica

The Selfish Gene. Oxford University Press, Oxford, 1976.
The Extended Phenotype. Oxford University Press, Oxford, 1982.
The Blind Watchmaker. Penguin, London, 1986.

II
Ciência

5

Ciência e relativismo

Alan Sokal

Antes de 1996, poucos filósofos ouviram falar de Alan Sokal. Respeitado professor de física na New York University, era pouco conhecido fora de sua profissão. Tudo isso mudou quando ele publicou um ensaio pós-moderno no jornal americano de estudos culturais, o *Social Text* – "Violando as fronteiras: em direção a uma hermenêutica transformadora da gravidade quântica". Entre outras coisas, ele afirmava que "uma ciência libertadora não pode ser completa sem uma revisão profunda do cânon das matemáticas".

O artigo ganhou destaque porque, logo que foi publicado, Sokal revelou que se tratava de uma fraude. A peça era uma paródia do que Sokal via como o nonsense que freqüentemente passou por conhecimento sério em áreas das humanidades e das ciências sociais em que o pós-modernismo era popular. O artigo era seguido por um violento debate dentro da academia e além, e então um livro, *Intellectual Impostures* (*Imposturas intelectuais* – escrito com Jean Bricmont), no qual o ensaio fraudulento era reeditado ao lado de uma clara explicação do que Sokal estava exatamente objetando: a medida da ciência e um "relativismo babaca".

O *affaire Sokal*, como se tornou conhecido, foi um dos eventos intelectuais dos anos 90. Para muitos ele provou que o imperador pós-moderno não tem roupas; para outros, mostrou como era fácil para os críticos errar completamente a meta. Mas quem era exatamente esse físico que provocara tamanha perturbação?

Quando encontrei Sokal, lembrei-me do tempo em que Dennis Healey comparou um ataque verbal feito por um de seus colegas parlamentares a "ser atacado por um carneiro morto". Dada a ferocidade de sua investida intelectual, poderia esperar-se que Sokal fosse mais lupino do que um aparente cordeiro. Ele, de fato, é amigável, uma figura levemente desajeitada, mais interessada em oferecer a seus convidados seu favorito chá escuro de New York do que excêntricos assassínios. Portanto, como esse homem gentil poderia ter chegado a ser o flagelo da *rive gauche*?

"Minha motivação original teve a ver com o relativismo epistemológico" – explica Sokal. "Parece-me que um relativismo de pensamento babaca tornou-se o *Zeitgeist* superficial em amplos setores das humanidades americanas e em algumas partes das ciências sociais. Também tive motivações políticas, porque estava aborrecido por causa da extensão com que esse relativismo era identificado com certas partes da Esquerda acadêmica. Também me considero da Esquerda, e penso que o relativismo é uma atitude suicida para a Esquerda americana."

A intenção de Sokal era escrever uma paródia desse tipo de relativismo e ver se um órgão acadêmico o publicaria. O resultado final continha extensas citações de pensadores que Sokal estava atingindo, tais como Jacques Lacan e Luce Irigaray, e omitindo o poderoso ardil de construir a paródia quase que totalmente fora daquilo que é parodiado (algo que, ironicamente, diversos dos pós-modernistas que Sokal ataca, sem dúvida, iriam apreciar em outro contexto).

"É importante não exagerar o que a paródia mostra" – salienta Sokal. "Como experimento, ela não prova muita coisa. Prova exatamente que um jornal era muito babaca em seus padrões. Não sei quais outros jornais a publicariam. Suspeito que grande número deles o recusaria."

"Quanto ao conteúdo da paródia, de alguns modos é muito pior do que muita matéria que é publicada, e de alguns modos muito menos ruim. Steve Weinberg, em seu artigo no *The New York Review of Books*, fez, penso eu, uma observação perspicaz – a de que, contrariamente ao que algumas pessoas disseram, o artigo não era realmente incompreensível. 'O artigo expressa visões que me parecem surrealistas, mas com poucas exceções Sokal acaba por tornar razoavelmente claro o que são essas visões... Tive a impressão de que Sokal encontra dificuldade para escrever obscuramente.' O que é absolutamente verdadeiro: tive de fazer diversas revisões até que o artigo chegasse ao desejado nível de obscuridade."

"Era uma paródia que pretendia ser extrema. Nos primeiros dois parágrafos, ela aparece dizendo, sem nenhuma evidência ou argumento – fala, naturalmente, em linguagem retumbante, porém, traduzindo para o inglês, diz basicamente: 'A maior parte dos intelectuais do Ocidente costumam acreditar que existe um mundo real, mas agora sabemos melhor'."

No tempo em que a paródia foi publicada e Sokal revelou a fraude, provocando uma tempestade que se tornou grande notícia na grande imprensa da França, da Grã-Bretanha e da América, a meta original espalhou-se.

"Quando fiz a pesquisa para a paródia, levantei-me contra uma outra questão, ou seja, o repulsivo abuso da terminologia tirada das ciências naturais nos escritos de acadêmicos franceses, americanos e ingleses. Os franceses são os mais proeminentes, são os *superstars*. Os americanos que escrevem absurdos sobre a teoria do caos ou sobre a mecânica quântica são em geral muito menos conhecidos."

A paródia produziu assim um livro – *Intellectual Impostures* –, publicado na França em 1997 e em inglês em 1998, abarcando tanto o relativismo como os abusos da ciência. "Foi o segundo aspecto que se tornou o aspecto mais sensacional do livro, mas o que me motivara era a questão do relativismo."

O fato de abarcar os dois temas em um livro, porém, talvez tenha produzido o efeito oposto, pois os leitores confundiram as duas questões.

"Uma coisa que tive de enfatizar de novo e de novo e mais uma vez ainda, e que enfatizamos no prefácio à edição inglesa, mas algo parece não ter caído bem, é que há realmente dois livros dentro de uma só capa, que apenas fracamente estão relacionados. Há a crítica aos repulsivos abusos de conceitos científicos feita por certos intelectuais filosófico-literários franceses (não são todos filósofos em sentido estrito). Do outro lado, há diversas versões de relativismo epistemológico que criticamos; aqui os alvos são primordialmente os ingleses e os americanos, não os franceses, e os dois debates encontram-se em planos muito diferentes. Devem ser avaliados de modos completamente separados, pois os alvos são diferentes. Não acusamos os autores das imposturas do relativismo. Em alguns casos não é claro o que é a filosofia deles, e não fizemos nenhuma tentativa de julgá-la. Ao contrário, nós os acusamos de escrever ambiguamente ou de pensar de modo piegas, mas sem dúvida não de tentar representar as coisas de modo errôneo. As duas discussões, portanto, são completamente separadas, e a ligação entre elas é remotamente sociológica."

A frustração de Sokal pelo fato de as pessoas não perceberem a separação, quando ela foi claramente apresentada no prefácio, conta tudo o que você precisa para saber o que o motivou: ele não consegue tolerar quando as pessoas falham em perceber distinções claras e lógicas, e ter de repetir para elas até que compreendam o irrita mais ainda. Os críticos alegam que sua insistência científica a respeito de distinções claras e nítidas não é absolutamente importante para os textos que ele satiriza. Sokal não se impressionou pela objeção, expressa mais explicitamente por John Sturrock na *London Review of Books*: "Sokal e Bricmont" – escreveu Sturrock –, "aplicam critérios de rigor e univocidade, fundamentais para a própria prática deles [como físicos], que ficam fora de lugar quando são transferidos para esse contexto diferente".

"De quais critérios de rigor estamos falando?" – pergunta Sokal, francamente perplexo. "Estamos falando sobre a idéia de que uma sentença deveria significar alguma coisa relativamente determinada; que as palavras dentro dela deveriam significar alguma coisa e ter alguma importância para o sujeito em questão; que nela deveria haver uma argumentação lógica de uma sentença para outra; que quando se está falando a respeito de alguns fenômenos externos, os fatos sobre esses fenômenos são importantes? Penso que estamos sustentando os padrões mínimos de evidência e de lógica que eu pensaria que devam ser tomados como garantidos por qualquer pessoa em qualquer campo."

Qual a idéia que teria algum valor para ser tida simplesmente em uma espécie de atitude liberal para com as idéias? Sturrock continua a dizer que "muito mais ferozes e litigiosas as idéias desse tipo [de Irigaray] do que o inútil rigor tão inoportunamente pedido por Sokal e Bricmont".

A réplica de Sokal é sarcástica: "Mas ele não diz o que é tão inútil sobre a noção de que as sentenças deveriam significar alguma coisa e que deveria haver alguma conexão lógica entre elas. Se Sturrock pensa que é importante que as idéias loucas sejam expressas e não suprimidas, então isso é razoável. A questão é, 'deveriam ser expressas e criticadas, ou expressas e não criticadas?' Ele parece estar dizendo que deveriam ser expressas e não criticadas, que é inútil para mostrar que, por mais ferozes e litigiosas, elas, de fato, são loucas".

O argumento de Sokal parece bastante irresistível. Mas o que aconteceria se tomássemos uma posição de extrema defesa e disséssemos que a vagueza e a ambigüidade atualmente são grandes virtudes ao escrever porque revelam possibilidades, que, mais uma vez, Sturrock sugere?

"Bem, na poesia isso é uma grande virtude, e em novelas pode ser uma grande virtude. Mas penso que ao escrever analiticamente, seja sobre física ou biologia ou história ou sociologia, a meta deveria ser a de remover a ambigüidade quando possível. A linguagem comum é, sem dúvida, inevitavelmente ambígua, mas deveríamos fazer o melhor que pudéssemos. Se estivermos tentando falar sobre alguns objetos externos, então deveríamos tentar tornar tão claro quanto possível de quais objetos externos estaríamos falando e o que estamos dizendo a respeito deles."

"Quando o livro saiu na França, Jean-François Lyotard concordou em ir a um programa de televisão com Bricmont e eu, e tivemos uma espécie de debate. Infelizmente não era um programa muito sério (o assunto costumeiro eram os escândalos sexuais). Pois bem, os quinze minutos de debate consistiram em dez minutos de monólogo de Lyotard, em um francês muito fluente, no qual, se o entendi corretamente, ele estava dizendo que vocês, físicos, não compreendem que as palavras são usadas de modos diferentes na poesia, nas novelas e nos livros de física. Quando, finalmente, tomamos a palavra, dissemos, sim, sabemos disso, mas para nosso conhecimento os livros de Lacan e de Deleuze não são vendidos na seção de poesia das livrarias – e sim na de psicologia e na de filosofia, de modo que deveriam ser julgados pelos padrões da psicologia e da filosofia. Esses discursos são cognitivos, propõem-se a dizer alguma coisa sobre alguma coisa, e devemos julgá-los desse modo. Caso o Sr. queira classificá-los como poesia, então poderemos julgá-los se são boa ou má poesia. Meu sentimento pessoal seria com a maioria das pessoas que também não escreve boa poesia, mas isso é uma outra história."

Quando se lê o livro de Sokal e de Bricmont, no entanto, é possível sentir-se como alguém que está sendo convidado exatamente para rir de todas essas pessoas ridículas. O princípio da caridade sempre nos implora para buscar a mais plausível das interpretações de uma obra escrita. Zombaria Sokal desse princípio?

"Não deixemos isso como uma pergunta abstrata no ar" – insiste Sokal. "Esse é um desafio aberto aos defensores de todos os autores que criticamos. Por amor às pessoas gostaríamos de escolher a dedo uma ou mais passagens no livro, nas quais criticamos textos particulares e explicamos antes de tudo o que eles significam, e depois justificamos as referências à matemática e à física, explicando por que o argumento é válido. Por enquanto, ninguém aceitou nosso desafio. Houve um artigo em *La Recherche*, em que dois lacanianos tentaram – em vão, a meu ver – defender a identificação que Lacan faz da raiz quadrada do menos-um com o órgão erétil. Mas, fora isso, nossos críticos ofereceram apenas defesas abstratas do direito à metáfora – alguma coisa que concedemos, explicitamente, em nosso próprio primeiro capítulo –, mas sem tentar defender qualquer um dos textos específicos que criticamos."

Sokal procura manter um delicado equilíbrio entre suas visões fortemente seguras sobre o relativismo e sua confessada falta de interesse em mergulhar em debates filosóficos mais sutis. Se isso é sustentável, não fica claro. Pouquíssimas pessoas são puramente relativistas, como Sokal reconhece. Então, se desejava manter sua visão, por que teria ele se envolvido nas questões filosóficas mais sutis?

Isso talvez tenha surgido em um longo intercâmbio que mantive com Sokal sobre as diferenças entre idealismo, relativismo e instrumentalismo. Os idealistas acreditam que não existe nenhuma coisa como realidade independente em relação à mente, mas disso não se segue que a ciência não seja objetiva. Os relativistas acreditam que não existe nenhuma verdade sobre a realidade. Os instrumentalistas acreditam que a ciência não se refere a descobrir a natureza da realidade, mas um meio de predizer e manipular o mundo. Essas posições todas podem ser classificadas como não-realistas, pelo fato de que ou negam a existência de um mundo independente das mentes, ou chegam a negar que tal mundo possa ser conhecido. Sokal, que se considera realista moderado, opôs-se fortemente ao relativismo e menos severamente ao instrumentalismo. Mas, se um amplo idealismo está por trás de grande número de pensadores que ele critica, e que se distingue do instrumentalismo e do relativismo, então ele não só errou seu alvo, mas também não está realmente em seu correto objetivo.

Se esse é ou não o caso é um ponto discutível, mas quando falei com ele, Sokal pareceu estar apto a ver sentido no idealismo apenas em termos de instrumentalismo ou relativismo. Em certo momento, Sokal disse: "Mas não imaginei o que esse idealista está dizendo. O idealista está dizendo que ou não um mundo fora de minha mente?". A resposta, sugiro, é que "o mundo existe fora de sua mente, mas não fora de todas as mentes". "Não compreendo" – replicou Sokal.

Não digo isso para expor os limites do conhecimento filosófico de Sokal (ele próprio está bem consciente deles e é muitíssimo claro que Sokal é mais claro em sua compreensão da filosofia do que seus alvos são a respeito da ciência de que se apropriam), nem porque eu esteja certo de que o idealismo está por trás de muito do que Sokal critica, e sim para ilustrar os perigos de seu empreendimento. Ele quer evitar as distinções sutis e arrisca-se a erros flagrantes. Não é possível, no entanto, que alguns desses apenas apareçam como erros flagrantes porque uma falta de compreensão das idéias sutis é subjacente a eles?

Sokal insiste que "o debate que eu estava tentando levantar era muito mais rude. Damos o exemplo do antropólogo que está discutindo duas teorias sobre a origem das populações americanas nativas: conforme uma delas, eles vieram da Ásia, que é o consenso arqueológico; conforme a outra, a dos mitos de criação tradicionais dos americanos nativos, seus ancestrais sempre viveram nas Américas. E o antropólogo disse: 'a ciência é um dos modos de conhecer o mundo. A cosmovisão dos Zunis é igualmente tão válida quanto o ponto de vista arqueológico de que a pré-história trata'. Assim, no livro, caminhamos adiante e tentamos desemaranhar as várias coisas que ele poderia significar por 'igualmente tão válida'. Há algumas interpretações disso que são aceitáveis, mas que não dizem muito, há outras versões que dizem alguma coisa significativa, mas que pensamos ser flagrantemente falsas. Jean [Bricmont] e eu estávamos no Brasil em abril para um seminário de dois dias na Universidade de São Paulo sobre nosso livro e tópicos relacionados, e tivemos longas discussões com antropólogos que recusaram admitir que a cosmologia de uma cultura poderia ser objetivamente verdadeira ou falsa. Suas crenças sobre a origem do universo ou sobre os movimentos dos planetas poderiam apenas ser julgadas verdadeiras ou falsas em relação a uma cultura. E não apenas questões de cosmologia, mas também questões de história. Desse modo, perguntamos: 'a afirmação de que milhões de americanos nativos morreram como conseqüência da invasão européia não é um fato objetivo da história humana, mas apenas mera crença que é sustentada como verdadeira em algumas culturas?' E deles nunca recebemos uma resposta franca".

Se Sokal está ou não correto em suas acusações, seus métodos, particularmente a paródia, foram criticados em diversas frentes por solapar certas coisas importantes, como a confiança. A ridicularização de uma área da academia levaria, talvez, toda a comunidade intelectual à má fama? "Há certamente um perigo. Tive de enfatizar que não esperava que isso fosse atingir o homem comum. Sem dúvida não se esperava atingir a primeira página do *The New York Times,* ou a primeira página do *Observer,* ou a primeira página do *Le Monde.* Um mês antes de ser publicado no *Social Text,* eu conversava com meus amigos: 'até onde isso chegará?' Minha previsão era a de que seria um escândalo significativo dentro de uma pequena comunidade acadêmica. Seria a página dez do *Chronicle of Higher Education* [o equivalente americano do *The Times Higher*] e talvez 50 % de chance de uma breve menção na página sobre educação do *The New York Times*. Portanto, eu não esperava que isso provocasse a imprensa popular e, realmente, quando aconteceu, alguns dos artigos na imprensa popular, e até na assim chamada imprensa séria, como o *The New York Times*, provocaram uma baforada de anti-intelectualismo que a partir daí procurei criticar em meus escritos."

"Sim, na imprensa popular teve, por pouco tempo, dois efeitos negativos. Foi usado para surrar os intelectuais em geral e para surrar a Esquerda política em geral. Em todas as oportunidades que tive questionei esses dois abusos. Não é um ataque aos intelectuais em geral. É uma crítica feita por alguns intelectuais a outros intelectuais. E não é um ataque à Esquerda em geral, mas uma crítica feita por alguém da Esquerda contra outros da Esquerda." Como um físico que critica pessoas nas humanidades, fico admirado, caso Sokal tenha-se sentido como um impostor.

"Não. Senti muitíssimas vezes que talvez eu estivesse ultrapassando minha competência, o que é uma coisa totalmente diferente. Enfatizamos na introdução a nosso livro que todo mundo tem o direito de expressar suas idéias sobre todas as coisas, sejam quais forem suas credenciais de profissão, e o valor da intervenção deve ser determinado por seu conteúdo e não pela presença ou ausência de credenciais de profissão. Portanto, os físicos podem dizer perfeitamente coisas tolas sobre física ou sobre a filosofia da física, e não-físicos podem perfeitamente dizer coisas severas sobre a física, dependendo do que está sendo dito. Assim, naturalmente, algumas vezes fico um pouco alarmado porque sei que estou me aventurando fora da área de minha principal competência. Grande número de livros está em nossa área de principal competência, isto é, a matemática e a física, mas um capítulo é sobre filosofia da ciência, que está um pouquinho fora de nossa área. Portanto, fico naturalmente um pouco aborrecido por talvez ter feito algum engano estúpido e os filósofos irão reprovar-nos duramente por isso."

O *affaire Sokal* foi breve e, depois que passou, Sokal voltou a seu "primeiro amor", a física matemática. Como toda a questão alterou suas percepções a respeito das humanidades e das ciências sociais?

"A melhor coisa sobre toda essa questão para mim, que até agora tomou cerca de três anos de minha vida, foi que me tornei capaz de encontrar, e por vezes ter feito bons amigos, com pessoas realmente interessantes no campo da história, da filosofia e da sociologia, pessoas que de outra forma eu jamais teria encontrado. Com eles descobri tanto que as coisas eram piores do que eu pensava, no sentido de que um pouco de pensamento descuidado estava mais espalhado do que imaginava, e também que as coisas estavam melhores ver do que eu pensava, no sentido de que havia grande número de pessoas dentro das humanidades e das ciências sociais que havia por anos advertido contra um pensamento descuidado e que, freqüentemente, não fora ouvida. Depois da paródia e também depois do livro, recebi uma incrível quantidade de e-mails de pessoas nas humanidades e nas ciências sociais e também de pessoas da Esquerda política, que diziam: 'obrigado, estávamos há anos tentando dizer isso sem conseguir, e talvez tenha sido necessário que um *outsider* chegasse e sacudisse nosso campo, e dissesse que nosso imperador local está circulando nu'."

Antologia bibliográfica

Intellectual Impostures, com Jean Bricmont. Profile Books, London, 1998; 1999, 2ª ed.

6

Ciência como a nova filosofia

Edward O. Wilson

Nos anos 70, Edward O. Wilson, professor de ciência e curador de entomologia no Museum of Comparative Zoology, em Harvard, era provavelmente o mais controvertido cientista no mundo. A causa dessa notoriedade foi o livro *Sociobiology: The New Synthesis* (*Sociobiologia: A nova síntese*), em que ele defendeu – principalmente no capítulo final – que certos tipos de comportamento social humano podem ser entendidos em termos genéticos. A resposta a sua publicação foi furiosa: a American Anthropological Association debateu uma moção para censurar a sociobiologia; um grupo de cientistas de Boston – incluindo Steven Jay Gould e Richard Lewontin, ambos colegas de Wilson no Museum of Comparative Zoology – formou o "The Sociobiology Study Group", observando no *The New York Review of Books* que teorias que procuravam estabelecer um fundamento biológico para o comportamento social forneceram uma "base importante... para as práticas eugênicas que levaram ao estabelecimento de câmaras de gás na Alemanha nazista"; e o próprio Wilson foi ensopado com água por pessoas que protestavam em um encontro da American Association for the Advancement of Science, em 1978.

Vinte e cinco anos depois, as coisas estão diferentes. Agora já nos acostumamos a pensar sobre o comportamento humano em termos genéticos, e muito calor desapareceu do debate sociobiológico. Na verdade, o próprio Wilson, em uma entrevista recente no *Guardian*, declarou que pensa que a controvérsia sociobiológica tenha essencialmente acabado. "Os adversários estão envelhecendo" – disse ele a Ed Douglas. "Nenhum dos jovens cientistas está aderindo a eles. Eles não estão passando a tocha, mas partilhando-a dentro de um círculo cada vez menor e sem importância."

A boa fama de Wilson está garantida. Ele ganhou numerosos prêmios, incluindo a medalha nacional de ciência dos EUA e duas vezes o Pulitzer Prize. Em 1995, o jornal *Time* classificou-o como uma das 25 pessoas mais influentes na América. E seus colegas falam ardorosamente a seu respeito. Bryan Appleyard, por exemplo, proclamou Wilson como "o mais importante cientista do séc. XX". E Jared M. Diamond, escrevendo na *The New York Review of Books*, classificou Wilson "entre os principais biólogos e pensadores cientistas desse século".

Embora seja verdade que a sociobiologia não provoca mais as reações extremas de outrora, no entanto, muitas das questões que subjaziam à controvérsia ainda estão vivas hoje. A mais significativa é talvez a questão do "reducionismo" e sua conveniência como estratégia para explicar o comportamento humano e os fenômenos culturais. Aos olhos dos críticos do reducionismo, essa estratégia leva à afirmação de que comportamentos complexos são francamente determinados de forma genética. Steven Rose, Leon Kamin e Richard Lewontin, por exemplo, afirmam em *Not in Our Genes* que "a sociobiologia é uma explicação biológica reducionista e determinista da existência humana. Seus adeptos defendem ...

que os detalhes dos arranjos sociais presentes e passados são as manifestações inevitáveis das ações específicas dos genes".

Rose e outros, contudo, não estão em nenhum sentido absolutamente corretos. Até uma leitura superficial da obra de sociobiólogos sérios mostra que eles não defendem um determinismo genético inevitável. Richard Dawkins, por exemplo, dedica um capítulo de seu livro *The Extended Phenotype* para desbancar o que chama de "mito do determinismo genético". E em seu livro de 1988, *Consilience (Consonância)*, Wilson nota que "todos os biólogos falam da interação entre herança e ambiente. Não falam, exceto em anotações rápidas de laboratório, de um gene 'que causa' um comportamento particular, e nunca afirmam isso literalmente".

Embora Wilson rejeite a acusação de determinismo genético, no entanto, abraça alegremente o reducionismo. Em *Consilience*, ele o descreve como a primária e essencial atividade da ciência. "Ela é a estratégia de pesquisa empregada para encontrar pontos de entrada em sistemas complexos, de outra forma impenetráveis. A complexidade é o que de fato interessa aos cientistas, e não a simplicidade. O reducionismo é o meio de compreender isso."

Na verdade, a tese central de *Consilience* é que todas as coisas em nosso mundo são potencialmente analisáveis em termos de um pequeno número de leis irredutíveis e, por isso, que uma unidade fundamental do conhecimento é um objetivo razoável e realizável. O livro é um *cri de coeur* para a ressurreição da visão iluminista de Condorcet, que afirmou que o progresso humano é inevitável e sem limites definidos. Wilson reconhece, porém, que, até agora, a consonância é uma hipótese, embora plausível: "A consonância universal" – confia-me ele – "não pode ser provada por uma lógica baseada em suposições irrevogáveis agora disponíveis. As suposições por trás da consonância universal parecem avolumar-se cada vez mais o tempo todo, à medida que aprendemos a respeito da biologia humana, da mente e da cultura, mas ainda não estão além de qualquer dúvida razoável".

Apesar da natureza provisória de sua tese, no entanto, ele reconhece que provocará a indignação de muitos filósofos profissionais. "Eles consideram o assunto de que trato como sua propriedade" – escreve Wilson – "que deve ser expresso em sua linguagem, sua estrutura de pensamento formal. Eles farão esta acusação: confusão, simplismo, reducionismo ontológico, cientificismo e outros pecados que foram oficializados pelos 'ismos'. Pelos quais eu me confesso culpado, culpado, culpado". O que, pergunto-lhe, ele desconfia que estivesse na raiz da suspeita deles?

"Parece-me" – replica Wilson – "que os filósofos profissionais não se mantiveram a par das disciplinas fundacionais da neurociência, da genética comportamental e da biologia evolucionista, e como resultado entregaram seu privilégio aos cientistas. Hoje são os cientistas, e não os filósofos, que dirigem mais efetivamente as grandes questões da existência, da mente, e do sentido da condição humana. Essa entrega parece ser permanente, e os filósofos profissionais começaram uma diáspora para outras disciplinas vitais e desafiadoras que incluem neurociência teórica, teoria evolucionária, história intelectual e bioética".

Eu ficaria, porém, admirado caso houvesse mais sob a suspeita deles do que simplesmente uma espécie de ciúme profissional. Não são exatamente alguns filósofos que duvidam da utilidade das explicações reducionistas? Por exemplo, John Searle argumentou que uma explicação causal do funcionamento de um automóvel é provavelmente sempre superior quando expressa em nível de grupos de cilindros e pistões em vez de em nível quântico de quarks e múons, porque jamais será possível compreender o funcionamento de um motor em nível quântico. Essa é uma visão pela qual Wilson teria alguma simpatia?

"Não" – insiste Wilson –, "o modo pelo qual você afirmou isso denota má compreensão da ciência. A ciência maior sempre trabalha com redução *e* nova síntese de sistemas complexos, por meio de dois ou três níveis de complexidade a cada passo. Por exemplo, da física quântica para os princípios da física atômica, daí para a química reagente, a química macromolecular, a biologia molecular, e daí por diante – compreendendo, em geral, da complexidade para a redução, e da redução para a nova sintetização da complexidade, em repetidas varreduras".

Isso é ao mesmo tempo uma defesa plausível do reducionismo e também uma clara declaração do que está envolvido no projeto da consonância. É notável que Wilson é tão otimista a respeito desse projeto, porque a idéia de que é possível descobrir o que pode ser chamado de verdade absoluta sobre a natureza e suas operações, descritíveis em ternos de leis unificadas da física, contradiz virtualmente todo o pensamento pós-modernista, que enfatiza o contexto lingüístico, social e histórico do conhecimento. Como então os pós-modernistas erraram tanto e por que seríamos otimistas de que desenvolveremos formas de conhecimento que transcendem nossas limitações como organismos biológicos evoluídos?

"Os pós-modernistas ignoram a evidência de princípios gerais que ligam particularidades da experiência" – replica Wilson. "Eles podem descrever brilhantemente a vizinhança imediata na qual existem, mas sem um mapa eles não têm idéia de onde estão ou de como ir de um lugar para outro. Sou otimista porque o mapa disponível, principalmente por meio das ciências naturais, está tornando-se cada vez melhor, e está preenchendo as lacunas entre o cérebro e a mente, e entre a mente e a cultura, rapidamente. Por que não enfatizar os contextos lingüísticos, sociais e históricos *e* os princípios da consonância que os interligam?".

Apesar de seu otimismo, porém, Wilson reconhece que o projeto da consonância enfrenta barreiras consideráveis. A maior delas, talvez, conforme lhe sugeri, é a dificuldade de explicar a consciência ou a mente em termos exclusivamente físicos, alguma coisa que muitas pessoas acreditam que é governada por sua natureza de primeira pessoa. O "problema difícil" da consciência, como bem formulou David Chalmers, é explicar por que coisas como sofrimento *são sentidas* absolutamente, com grande intensidade. Perguntei a Wilson que tipo de aparato conceitual ele considera necessário para transpor a brecha entre as descrições dos processos físicos no cérebro e uma compreensão da natureza objetiva da experiência consciente.

"O mapeamento empírico da representação simbólica, a formação do cenário (incluindo o eu) e a concorrência do cenário mediado pela emoção" – replica Wilson. "Temos um longo caminho a percorrer, mas quando esses processos são representados de modo suficientemente acurado, acredito que teremos em geral uma explicação aceitável da consciência. Quanto ao difícil problema de Charmers, jamais o pensei como difícil, conforme expliquei em *Consilience*."

Essa resposta, embora honesta e importante, levanta um grande número de questões. De modo particular, muitos filósofos – embora não todos – ficarão perplexos com esse tratamento sumário do difícil problema da consciência. A raiz do problema difícil é o seguinte. É possível que a ciência possa explicar o desempenho de todas as funções cognitivas e comportamentais que acompanham a experiência, e ainda assim permanecerá uma questão a mais para ser respondida: *por que* o desempenho dessas funções é absolutamente acompanhado pela experiência? Segundo

Chalmers, em *The Conscious Mind* (*A mente consciente*), "essa questão a mais é a questão chave no problema da consciência. Por que todo esse processamento de informação não vai para 'o escuro', livre de qualquer sentimento interior?" A resposta de Wilson em *Consilience* é mostrar como a ciência pode "iluminar a experiência subjetiva" por meio do desenvolvimento de mecanismos que nos permitirão acessar os estados mentais um do outro. E, no entanto, ao menos questionável que essa resposta não atinge totalmente o problema difícil – que não se refere ao desenvolvimento de uma inter-subjetividade genuína da experiência, e sim explicar por que existe uma experiência totalmente subjetiva.

Uma tensão semelhante acompanha o tratamento que Wilson dá a outra área em que as pessoas podem duvidar totalmente da utilidade de uma abordagem pela consonância, ou seja, o campo da ética. Grande parte da dúvida residirá na impossibilidade aparentemente lógica de gerar declarações a respeito de como *deveríamos* comportar-nos a partir dos tipos de declaração de fato que são o campo da ciência. Isso é conhecido como a brecha "é/deve-ser". Wilson, porém, parece não aceitar a força desse argumento, ao escrever que "traduzir 'é' por 'dever' faz sentido se esperarmos o significado objetivo de preceitos éticos". Portanto, pergunto-lhe o que ele considera como "significado objetivo de preceitos éticos" e como eles funcionam para traduzir "é" por "dever".

"O significado objetivo de preceitos éticos compreende os processos mentais que os reúnem" – responde Wilson –, "e as histórias genéticas e culturais pelas quais eles evoluíram. Aqueles que pensam que existe uma brecha 'é/deve ser' não raciocinaram totalmente sobre o modo como a brecha é preenchida pelo processo mental e pela história. Eventualmente, e quanto antes melhor, estaremos capacitados a basear o raciocínio moral sobre esse tipo de idéia objetiva de significado, criando nesse caso uma compreensão mais sólida das conseqüências de escolhas feitas entre preceitos éticos".

A idéia aqui parece ser a de que os preceitos éticos – por exemplo, o tabu do incesto – têm suas raízes em histórias culturais particulares e geneticamente explicáveis. É claro que compreender essas histórias será um instrumento útil para fazer julgamentos éticos. O que é menos claro é que este seja um modo de resolver o problema do 'é/deve-ser'. Afinal de contas, pergunto, não há circunstâncias em que teremos de lutar para nos comportarmos de modos que parecem contrários a nossos instintos naturais, como, por exemplo, em relação a preceitos éticos enraizados em uma desconfiança de desconhecidos ou em ataques agressivos?

"Sim" – concorda Wilson –, "isso acontece porque temos de substituir o abreviado 'é/deve-ser' por uma análise do significado objetivo dos preceitos éticos. Não vivemos mais no ambiente do paleolítico, no qual nossos instintos remanescentes eram favorecidos pela seleção natural".

A idéia de que seja possível transpor os instrumentos da ciência para o campo da ética não só levará a franzir as sobrancelhas por causa dos problemas que acreditávamos serem inerentes à brecha 'é/deve ser', mas também porque parecerá ser um exemplo do modo pelo qual a ciência se insinuará em domínios que eram previamente dominados por outros tipos de racionalidade. O temor geral aqui é que a ciência está se tornando um monólito autoritário, algo que exclui outros tipos de pensamento e de discernimento. Ligado a esse há também o medo de que os tipos de idéias expostas em *Consilience* sejam parte de um processo que inevitavelmente levará ao sentimento geral de que a existência humana é fria e sem sentido. Seriam essas, gostaria de saber, preocupações que Wilson reconhece?

"Sem dúvida, reconheço o problema" – admite ele –, "mas, até com a reunião da consonância universal, se for provada corretamente, estaremos ainda entrando em um vasto domínio do desconhecido. Eu preferiria proceder aqui com um conhecimento mais ou menos confirmável e com muito menos superstição. E, sendo a natureza humana – geneticamente – o que ela é, iríamos desafiando, brigando e inovando, a cada passo do caminho".

Mas por que, pergunto, confiaríamos que a cosmovisão da consonância seria sempre adotada por mais pessoas do que um punhado de cientistas e filósofos? Afinal de contas, segundo o reconhecimento do próprio Wilson, não evoluímos para interpretar e reagir ao mundo com esse tipo de modo equilibrado. E outras cosmovisões são, de modo defensável, mais atrativas, por sua capacidade de responder a questões existenciais.

"Concordo que isso é uma questão árdua" – responde Wilson –, "porque na atratividade do dogma religioso e ideológico, evoluímos por seleção natural para aceitar um tipo de verdade, mas com a ciência e a tecnologia descobrimos outro tipo. Eventualmente, pelo fato de a ciência ser, por definição, provável e inteiramente democrática – isto é, despreocupada com as fronteiras entre as pessoas – parece provável que uma cosmovisão baseada na consonância irá superar os obstáculos".

É interessante que, apesar do fato de a proeminência da cosmovisão da consonância não estar garantida, Wilson parece estar muito mais tranqüilo do que cientistas como Richard Dawkins a respeito da perspectiva de que a religião continuará formando parte da cultura dominante para o futuro previsível. O que explica essa atitude tranqüila?

"Penso que a crença religiosa, assim como a cosmovisão transcendentalista, prevalecerá entre a maioria das pessoas das futuras gerações, mesmo que a civilização técnico-científica global de que elas dependem determine a maior parte de seu pensamento e atividade cotidiana. Ao mesmo tempo, as religiões tradicionais irão moderando-se para se tornarem progressivamente secularizadas: seus fiéis não têm capacidade de afastar-se demasiadamente da cultura global em expansão. O fundamentalismo, como os estudos recentes mostraram, é mais um produto de uma dissensão interna do que do triunfo do dogma. Portanto, para os cientistas e para os outros que se preocupam com o controle da fé religiosa, continuo a dizer que acendam um fósforo para expulsar a escuridão."

Antologia bibliográfica

Sociobiology: The New Synthesis. Harvard University Press, Cambridge, MA, 1978.
Consilience. Little, Brown and Co., London, 1998.

7

Ciência e religião

Russel Stannard

Em seu livro *The God Experiment*, o físico Russell Stannard fala a respeito de um "experimento de oração" que está atualmente em curso nos Estados Unidos. Os participantes são 1.200 pacientes cardíacos em recuperação. Metade deles receberá a oração de um grupo de voluntários, e a outra metade não. Os próprios pacientes, embora saibam que estão participando de um experimento, não saberão se a oração por eles foi feita ou não. A intenção do experimento é verificar se depois de dois anos haverá diferenças significativas no progresso dos dois grupos. Em outras palavras, o experimento foi projetado para testar a eficácia da oração e, conseqüentemente, talvez nos conte algo a respeito da existência de Deus.

O livro de Stannard, *The God Experiment* (O experimento de Deus), está bastante fora do experimento de oração. É uma tentativa de visualizar um amplo espectro de evidência, mais particularmente do que o oferecido pela ciência, a fim de determinar se a hipótese da existência de Deus encontra sustentação. Esse esforço é totalmente incomum, porque muitos cientistas e teólogos insistem que ciência e religião tratam de diferentes tipos de questões. Stannard conta-me que essa é uma visão pela qual ele nutre alguma simpatia.

"Falando de modo muito amplo, a ciência dedica-se a questões do tipo 'como?', ao passo que a religião dedica-se mais ao tipo de questões 'por quê?': por que estamos aqui, qual é o sentido da vida e esse tipo de coisas. A ciência tem sucesso porque delineia os tipos de questões a que pode responder. Enquanto se mantém em seu limite, a ciência é inultrapassável."

"Não acredito, no entanto – continua Stannard –, que ciência e religião estejam fechadas uma para a outra; há pontos de contacto entre as duas. Por exemplo, sempre houve a idéia religiosa de que os seres humanos são basicamente divididos, de que somos autocentrados em vez de centrados em Deus. É, por isso, que é preciso um ato positivo de arrependimento, para orientar novamente a si próprio a fim de tornar-se centrado em Deus. Essa idéia sustenta grande parte da teologia cristã".

"Até muito recentemente, contudo, a pessoa devia aceitar em confiança essa noção de 'pecado original'. Mas, logo que você chega à evolução por seleção natural, e percebe que há tendências inatas codificadas no DNA, e que elas têm a ver com a sobrevivência, então isso leva à questão de quais tendências inatas existem nos seres humanos como animais evoluídos. E, sem dúvida, o egoísmo é uma delas. Por isso, você esperaria que desde o momento da concepção existe essa tendência de ser egóico, que deve ser combatida se você for centrar sua vida em Deus. Portanto, nesse exemplo, a ciência confirma uma parte da teologia cristã, e nesse sentido a ciência e a religião não estão hermeticamente fechadas uma para a outra."

Enquanto não pode haver dúvida de que a ciência tem um

impacto sobre a teologia, de nenhum modo no sentido de que os teólogos modernos modificam suas crenças à luz das descobertas científicas, não é tão claro que ela influencie no sentido contrário. Presumivelmente Stannard não pensa que a ciência tenha de algum modo necessidade da religião?

"A ciência não é dependente da religião" – concorda Stannard. "Você pode ser completamente bom e proeminente cientista, sem ser religioso. E a própria ciência pode realmente seguir um caminho livre, com as questões de que ela trata – as questões do tipo 'como?'. Mas, tão logo você comece a perguntar: 'de onde este mundo veio?', 'por que alguma coisa existe?', a ciência dirá: 'bem, essas questões não são científicas, e não vou responder a elas'."

Fico admirado se Stannard pensar que essa seja uma resposta satisfatória. Seriam de fato esses os tipos de questões que a ciência deixaria inteiramente de lado?

"Bem, penso que elas sejam perfeitamente boas perguntas" – replica Stannard. "Se nada existisse, então me pareceria que isso seria um estado que não pediria explicação. Pareceria muito natural que nada existisse. Mas, uma vez que existe algo, então você tem problemas. Por que existe? Por que este universo, e não algum outro? Por que ele é um universo inteligível? Por que ele é dirigido por leis? Por que essas leis, e não um outro conjunto de leis? Parece-me que pelo fato de algo existir, então isso pede uma explicação, ao passo que um estado de nada não pediria explicação."

Contudo, isso significa que ele também pensa que a existência de Deus pede alguma explicação?

"Bem, um modo de abordar a teologia é *definir* Deus como a fonte de toda existência" – responde Stannard. "Em outras palavras, dado que você tem existência, parece perfeitamente natural a questão de perguntar qual é a explicação para a existência, e a resposta é – seja qual for a base de todo ser, e isso é o que eu chamo Deus."

Há um problema nessa resposta, e ele é identificado pelo biólogo evolucionista Richard Dawkins. Parece estranho argumentar que o universo deva ter uma explicação, e que deva ser sustentado de algum modo por um criador, e ainda simultaneamente manter que esse criador, presumivelmente um ser complexo, extremamente inteligente, ele próprio não requeira uma explicação. Coloco essa questão a Stannard.

"Bem" – responde Stannard –, "há um erro de categoria aqui. Deus não é exatamente mais uma coisa existente, e por isso a causa do universo, porque se esse fosse o caso, então você cairia no tipo de problema de Dawkins".

Mas não é claro que essa resposta evite a dificuldade. O erro de categoria ocorre apenas porque Deus é definido de certo modo. Parece então que o problema é excluído simplesmente sobre a base de definições. Mas, de modo significativo, o mesmo movimento pode ser feito quando se considera a existência do universo; ou seja, o universo pode ser definido como espécie de entidade cuja existência não necessita de explicação.

"Sim" – admite Stannard –, "essa é a linha que Dawkins seguiria. Ele, obviamente, sente-se à vontade com ela, mas eu não, por causa de todas as particularidades desse universo. De modo instintivo sinto exatamente que uma vez que o mundo existe, aparecem as questões – por que este mundo, e não algum outro mundo? Uma das minhas preocupações a respeito desse tipo de questão, ou de outras questões a respeito da ciência e da religião, é que muitas pessoas se envolvem nelas a partir de uma compreensão de que seja possível ser persuadido a uma crença em Deus. Não penso que alguém jamais tenha ficado persuadido a uma crença em Deus".

Essa resposta é interessante, porque parece que Stannard esteja admitindo que argumentos de evidência científica jamais são suficientes para persuadir alguém de que Deus existe. Se esse fosse o caso, eu me admiraria se alguém o tivesse obtido pela leitura do *The God Experiment*. É possível que ele possa ter chegado a conclusões diferentes, ou feito uma experiência pessoal – em seu caso, a experiência de um Deus que ama – que ultrapassa tudo?

"Bem" – responde Stannard –, "em *The God Experiment*, realmente digo que o todo da vida é uma espécie de experimento, em que diferentes questões e indicações de Deus surgem, e a mais importante é a própria vida de oração da pessoa. É possível questionar o quanto você quiser sobre a fonte da existência, ou sobre o princípio antrópico, mas se isso fosse tudo o que eu tivesse de continuar a fazer, eu não acreditaria em Deus. Ou seria uma fé que não me afetaria. O aspecto mais importante da vida religiosa é, de longe, a própria conduta pessoal de alguém com Deus".

Admiro-me, caso isso signifique que é muito razoável que alguém que não tenha uma relação pessoal com Deus conclua, com base na evidência – considerada por Stannard em seu livro –, que não há uma razão justificável para uma crença em Deus?

"Eu diria simplesmente" – responde Stannard – "que eles não realizaram a parte mais importante do experimento, que é conceder à oração uma tentativa genuína".

Isso é ótimo, mas parece que, ao privilegiar dessa forma a oração, Stannard afastou-se bastante dos procedimentos que seriam normalmente considerados científicos, particularmente pelo fato de que a oração é feita em um domínio secreto.

"Sim" – admite Stannard –, "ela o retira do domínio público, onde você pode dizer que se trata de um experimento, você está olhando para ele, eu estou olhando para ele, e podemos concordar a respeito da evidência. Isso é crucial para as ciências físicas, mas jamais defendi que a teologia seja como as ciências físicas. Todavia, se você estiver pensando, digamos, em termos de psicologia, e tanto Freud como Jung consideraram a psicologia como ciência..."

Interrompo aqui, porque os psicólogos têm exatamente a mesma preocupação a respeito da validade científica de relatos introspectivos. Na verdade, todo o movimento behaviorista na psicologia pode ser justamente visto como uma resposta a essas preocupações, no qual tentaram pôr dentro de uma "caixa-preta" o tipo de evidência introspectiva que dominou a psicologia até o presente.

"Certo. Tomemos a física como um exemplo" – responde Stannard. "Acredito em um grande número de coisas a respeito da física, embora não tenha pessoalmente feito os experimentos. E isso porque confio nas pessoas que realizaram os experimentos. Parece-me que, se você está tratando com pessoas religiosas, que se empenham totalmente nessa atividade de oração, freqüentemente elas continuam chegando à idéia de que estão em contato com alguém, e certamente, que alguém possui as características do amor e do perdão e tudo o mais – e que agora isso pode ser passado adiante, e penso comigo mesmo, bem, por que eu não confiaria que essas pessoas estão cuidadosamente relatando suas experiências? O que você procura é um consenso, e quando o consenso é o tipo de consenso que se acha destilado dentro das maiores religiões do mundo, eu próprio não vejo por que a isso não poderia ser dado algo do mesmo tipo de respeitabilidade e confiança, como nas ciências físicas."

A resposta óbvia é que aqui há uma diferença a ser levada em conta em relação ao potencial para a falsificabilidade. Não é totalmente claro o que iria falsificar a hipótese de que a oração envolve uma experiência direta de Deus.

"É falsificável na vida do indivíduo" – responde Stannard. "Se estivesse empenhado na oração, e tornasse me convicto de que não estava em contato com alguém, e se isso continuasse, não iria gastar meu tempo com isso."

Mas essa é exatamente a experiência de algumas pessoas, e mesmo assim não tem nenhum impacto sobre a hipótese de Stannard, porque ele é malogrado por sua *própria* experiência pessoal, e assim não estaríamos voltando à não-falsificabilidade? – pergunto.

"Bem" – responde Stannard –, "há períodos em que passo por um 'período estéril' em termos de oração, mas a pessoa passa por isso. E quando você olha para trás para essas ocasiões, nem sempre é claro por que você passou por esse pedaço seco. Mas a pessoa pode apenas suspeitar que houve algo de errado com seu próprio estado mental, que estava tão completamente preocupada consigo mesma naquele tempo em que perdeu o contato. Portanto, reconhecendo que há tempos em que minha própria vida de oração teve falhas, que estive colocando barreira a Deus, posso apenas presumir que as pessoas que abandonaram a vida religiosa porque não conseguiram chegar a Deus poderiam não ter realizado isso de modo apropriado".

Mas essa é precisamente a dificuldade. Quando um exemplo é oferecido do tipo de coisa que pode falsificar a afirmação de que na oração as pessoas estão em contato com Deus, alguém verifica que a afirmação não é falsificada porque é possível acrescentar uma limitação ou racionalização – nesse caso, "bem, eles podem não ter orado apropriadamente". Se isso sempre for possível, então de fato a hipótese de que alguém pode entrar em relação direta com Deus na oração não é falsificável, e por isso é uma afirmação diferente das afirmações da ciência?

"Penso que o que você deve perceber" – responde Stannard

– "é que quando você está falando com uma pessoa religiosa, elas sentem que possuem uma evidência interna muito forte. É como disse Jung: não preciso acreditar em Deus; eu *sei* que Deus existe – e é também como sinto. Portanto, quando me encontro com pessoas que me contam que tentaram orar, mas não chegaram a nenhum contato, o que posso presumir senão que devem ter feito alguma coisa errada?".

Em *The God Experiment*, Stannard considera certo número de preocupações teológicas e examina como a ciência pode informar o modo como as pensamos. Uma delas é o livre-arbítrio, sem dúvida um princípio central na teologia cristã, porque está ligado a idéias sobre responsabilidade individual, culpabilidade moral, arrependimento e daí por diante. Pergunto-lhe como ele reconcilia sua crença no livre-arbítrio – uma vez que ele pensa que os pensamentos são determinados por eventos cerebrais – com o evidente fechamento do mundo físico, ou seja, o fato de que os eventos físicos são totalmente causados por outros eventos físicos.

"Não tenho uma pista" – ri Stannard. "Mas o ponto importante é que não temos outra escolha além de viver nossas vidas como se tivéssemos livre-arbítrio."

Em termos teológicos, no entanto, seguramente se requer mais que isso. A pessoa deve estar comprometida com a idéia de que verdadeiramente *temos* livre-arbítrio, do contrário, noções de culpa, arrependimento, pecado, e daí por diante, ficariam totalmente dissolvidas. No entanto, todas elas são centrais para a teologia cristã. Em que, por exemplo, repousa o mérito do arrependimento de uma pessoa, se ele for o produto inevitável do funcionamento de certas leis físicas?

"Bem" – responde Stannard –, "isso é o que fascina tanto em toda a coisa. Alguém pode ter argumentações acadêmicas como a de convencer a você mesmo que possivelmente você pode não ser livre, mas então o que é que você faz? Você não pode viver sua vida como se tivesse livre-arbítrio".

Sem dúvida, saliento. A noção de responsabilidade individual requer mais do que a percepção fenomenológica da liberdade; requer que verdadeiramente *sejamos* livres. Não basta, por exemplo, que as pessoas sejam punidas por adultério, se elas estivessem sempre se tornando adúlteras, simplesmente porque esse é o modo pelo qual a física funciona no caso delas.

"Suponho" – responde Stannard – "que um behaviorista diria – certo, uma pessoa não pode evitar cometer adultério; contudo, o adultério não é uma coisa boa do ponto de vista da sociedade e, portanto, a fim de assegurar que não haja demasiado adultério, puniremos a pessoa. Elas não foram responsáveis, não puderam evitá-lo, mas a punição tem um efeito preventivo desejável e, portanto, vale a pena executá-la".

Esse é um argumento francamente utilitário, mas não depende de noções de culpabilidade, o que o torna muito diferente de qualquer tipo de posição teológica cristã. A questão, portanto, fica em um impasse, dado que em termos científicos não podemos começar a explicar o livre-arbítrio e, nos termos do projeto do *The God Experiment*, como chegaríamos ao livre-arbítrio a partir da evidência?

"Não sei exatamente" – admite Stannard –, "mas penso que toda a questão depende do que tem precedência: a experiência de vida ou a ciência. Eu diria que o papel da ciência é procurar explicar as experiências da vida. Constitui-se um edifício de ciência que explica certas regularidades na experiência. Parece então que, para algumas pessoas, a ciência, que foi inventada para explicar a experiência, torna-se autônoma por seus próprios méritos. No caso do livre-arbítrio, a dificuldade é que as conclusões científicas parecem negar um aspecto da experiência incrivelmente importante, ou seja, que somos livres e responsáveis. Penso então que é muito duvidoso dizer que por isso estou errado ao tomar esse aspecto da experiência como válido. Dessa forma, a pessoa é posta na situação de dizer que há algo errado com a ciência".

Talvez a parte menos convincente do *The God Experiment* é a que trata do problema do mal; ou seja, o problema de explicar a presença do mal em um mundo criado e sustentado por um Deus que ama. Stannard trata desse problema de modo inteiramente típico da apologética cristã, invocando uma série de argumentos, na maioria apoiados na afirmação de que Deus quis criar os seres humanos com livre-arbítrio, que foram projetados para demonstrar a inevitabilidade do mal em um mundo criado por um Deus *que ama*. Contudo, à medida que *The God Experiment* foi concebido para ser uma avaliação da evidência da existência de Deus, não teria sido mais plausível, pergunto a Stannard, concluir, seguindo o ditado da navalha de Ockham, que a melhor explicação para a presença do mal no mundo ou é o fato de que Deus não existe ou então que Deus não ama?

"Se alguém estivesse olhando para a vida do dia-a-dia, e para o modo com que as pessoas interagem entre si, então eu concordaria com você" – admite Stannard. "A pessoa chegaria à conclusão de que, se houvesse uma deidade, então de fato ela seria no mínimo uma divindade que teria um lado sombrio assim como um lado bom. Mas quando você vai além disso – e novamente em relação à experiência interna, e também à vida de Jesus – então simplesmente não posso atribuir à pessoa que encontro em minha vida de oração um lado mau. Portanto, a pessoa é então forçada à situação de pensar que, se Ele não é mau, qual seria a explicação?".

"Bem" – continua Stannard –, "a característica única que define Deus, e isso vem por meio da vida de oração, é o amor. Assim sendo, logo que você torna o amor o princípio dominante, e não a felicidade humana, então todas as espécies de resultado de conseqüências difíceis – livre-arbítrio, abuso do livre-arbítrio, sofrimento de modo que você tem a oportunidade de provar seu amor – todas essas espécies de coisas imediatamente se seguirão".

Essa é uma resposta padrão para o problema do mal. Mas é mais fácil alcançar exatamente o que está em jogo aqui, se alguém fala a respeito de exemplos específicos. Portanto, pergunto a Stannard sobre o sofrimento terrível de uma criança. É interessante que, em *The God Experiment*, ao falar sobre o sofrimento de crianças, ele admite que todas as explicações do mal equivalem a nada, se não houver a possibilidade de uma outra vida, que irá corrigir os erros que ocorrem durante esta vida. Mas, em termos de uma avaliação da evidência em relação a Deus, isso não é de fato o equivalente a levantar as mãos e dizer que "os argumentos de modo nenhum funcionam no caso das crianças"? Coloco a Stannard que isso é fugir da questão.

"Posso ver que seria justamente isso para um ateu" – concede Stannard –, "pareceria uma fuga da questão. Mas você deve pensar isso até o fim: você desejaria uma outra vida sem crianças?"

O problema dessa resposta é que há uma enorme diferença entre crianças que morrem e crianças que morrem de modo horrível.

"A outra vida deve absolutamente ser uma parte integral de qualquer concepção de uma crença em um Deus que ama" – admite Stannard. "Não há nenhum sentido para um cristão não acreditar nisso. É difícil acreditar em outra vida, mas o que é absolutamente certo é que se não houver uma outra vida, então toda a idéia de um Deus que ama desmorona. Isso é algo que deve ser exatamente aceito na fé, pois obviamente não temos nenhuma prova."

Essa resposta final está de acordo com as outras dadas na entrevista. É claro que, para Stannard, a experiência pessoal, e o "conhecimento" que decorre dessa experiência, é crucial para *The God Experiment*. O que isso significa para a credibilidade científica do experimento é discutível. O próprio Stannard parece mais ambivalente a esse respeito. Isso, porém, talvez não surpreenda, pois é compreensível para ele que há pouco em jogo no experimento, porque, conforme diz, ele não precisa acreditar em Deus: ele *sabe* que Deus existe.

Antologia bibliográfica

The God Experiment. Faber and Faber, London, 1999.

8

Ciência, ética e sociedade

John Harris

Os filósofos são freqüentemente acusados de esbanjar seus talentos, aplicando seus afiados instrumentos analíticos não aos problemas que mais afligem o mundo atualmente, mas principalmente a quebra-cabeças herméticos de sua própria fabricação. Os que fazem essas acusações facilmente iriam admitir que há poucos filósofos para os quais até um tal caso *prima facie* falha contra eles. São os filósofos morais, que serviram em várias comissões e comitês, assessorando governos e organizações profissionais sobre assuntos de grande interesse ético.

Mary Warnock, que presidiu a comissão sobre fertilização e embriologia humana nos anos 80, é a mais bem conhecida desses filósofos na Grã-Bretanha. Hoje, um dos mais importantes filósofos nessa esfera é o professor John Harris, da Manchester University. Durante toda a sua carreira ele esteve ativo no campo da bioética, talvez o ramo praticamente mais importante da filosofia hoje. Foi um dos diretores que fundaram a International Association of Bioethics e membro fundador do conselho do jornal *Bioethics*. Atuou como consultor de ética para entidades como o

European Parliament, o World Health Organisation, o European Commission, a Joint United Nations Programme on HIV/AIDS (UNAIDS), o United Kingdom Department of Health, o Health Council of the Netherlands, o Research Council of Norway, e a Granada Television.

John Harris foi membro no comitê de ética da British Medical Association, de modo intermitente, por cerca de dez anos, auxiliando a assessorar a profissão e a estabelecer sua prática. Também serviu no comitê de assessoramento governamental sobre ensaios de genética que, no fim de 1999, com Harris ainda em ação, evoluiu para o Human Genetics Commission (HGC). Em 2001 ele se tornou o primeiro filósofo a ser eleito membro da Academy of Medical Sciences, como reconhecimento pelo vasto alcance de suas contribuições no campo.

Em grande parte de seu trabalho, especialmente em comitês, Harris trabalhou ao lado de cientistas, clínicos, pessoas da indústria e grupos de consumo, e pessoas com conhecimento de doenças e deficiências genéticas. E assim, o que acontece quando um filósofo acadêmico entra na disputa das tomadas de decisão éticas da vida real? Se tivéssemos de usar seriamente a alegoria da caverna de Platão, poderíamos esperar que isso fosse como uma descida para dentro da escuridão intelectual, longe da clara luz da meditação filosófica. Se, por outro lado, tivéssemos de levar a crítica da filosofia a sério, poderíamos esperar que isso fosse como pedir a um físico teórico que consertasse uma caixa de fusíveis.

Na realidade, John Harris, por sorte, não se conforma com nenhum desses dois estereótipos. O quadro que ele pinta é o de um exercício de colaboração, em que o filósofo desempenha um papel entre muitos outros, nem como primeiro entre iguais nem demasiado longe da tarefa em mãos.

"Penso que é importante ter uma representação filosófica em

tais comitês porque os filósofos praticam certas habilidades que, enquanto outros podem tê-las, você pode estar certo de que os filósofos as praticam" – explica Harris. "Essas habilidades verificam-se tanto em termos de análise da questão, quanto de sua articulação e apresentação. Penso que é muito importante ter em mente que os filósofos não são bons exatamente na articulação e apresentação de suas próprias questões, mas também na formulação exata de questões para outros, ainda que necessariamente não concordem com eles. Portanto, um dos papéis dos filósofos nesses comitês é ajudar o comitê e seus membros individuais a dizer o que eles querem dizer com clareza e precisão. Sem dúvida, os filósofos não são os únicos capacitados a fazer isso, mas são, como o foram, profissionalmente qualificados para fazê-lo."

Uma vantagem que Harris parece ter é que ele é capaz de valer-se de um amplo recurso de conhecimento sobre ética e filosofia moral que grande número de seus companheiros membros de comitê não possui. Isso não seria um enfraquecimento de sua habilidade para realizar uma boa tarefa?

"Não penso que seja" – replica firmemente Harris –, "porque todos nós estamos contribuindo com coisas diferentes, e quando há alguém que pode, por exemplo, articular claramente questões de autonomia, ou qualquer outra, não penso que os outros precisem fazer isso. Eles podem prover o que me falta, que é um conhecimento científico detalhado; ou em alguns casos conhecimento detalhado de pesquisa de ciência social, ou como consultar o público sem prejudicar as questões; ou a respeito da operação de algo como é feito por nosso próprio sistema, o National Health Service, que está para realizar a distribuição de estratégias terapêuticas e preventivas. De nenhum modo é bom para nós sugerir algo se não houver oportunidade – dado o modo como se encontra estruturado o sistema de assistência à saúde – de chegar onde queremos ir".

Suas deliberações são, como Harris gosta de dizer, "de nenhum modo semelhantes aos seminários acadêmicos, e não simplesmente porque os seminários de filosofia são designados ou para ajudar os estudantes educados ou para auxiliar na resposta filosoficamente correta ou ótima para um problema particular. Esses comitês não estão procurando de nenhuma forma fazer uma ou outra dessas coisas. Nossa responsabilidade última é assessorar o governo. Mas assessoramos o governo sobre uma série de coisas, talvez menos sobre o que eles deveriam fazer, uma vez que essa não é nossa função. Assessoramos o governo sobre questões, sobre possíveis perigos e sobre possíveis soluções para problemas. Temos também de compreender quais são os interesses, temores e visões do público, e por vezes levá-los em conta em nossas deliberações. Portanto, é muito diferente de um seminário ou de uma reunião de filosofia".

Diria Harris que os propósitos da filosofia moral são diferentes dos propósitos de um comitê de ética?

"Não estou certo de quais são os propósitos da filosofia moral, para ser honesto" – replica Harris. "É uma coisa vergonhosa para um filósofo moral admitir, mas não estou seguro de que ela tenha propósitos. Há toda uma gama de coisas que se abrigam sob o amparo da ética, e apenas algumas delas são filosofia moral, e apenas algumas da filosofia moral são importantes para comitês como este."

Uma diferença entre seu trabalho no comitê e a filosofia moral é que o que se oferece nos comitês é mais limitado do que o é na filosofia. "Tome duas questões" – explica Harris –, "nenhuma das quais esteja sendo considerada por nenhum dos comitês de que participo no momento: o implante de tecido animal em humanos e a reprodução humana por clonagem. As duas coisas são importantes questões públicas e, no momento, um fato a respeito das duas significa que elas não estão na agenda, e é o de que nenhum desses processos é considerado seguro. Uma vez que se sabe disso, de certo modo, não há nada mais a discutir eticamente. Isso resolve todas as outras questões, porque ninguém vai recomendar algo que não seja seguro".

"Também devemos estar cientes de que não estamos partindo de uma folha em branco" – acrescenta Harris mais tarde, quando estamos para discutir questões éticas em relação a embriões. "Nosso ponto de partida é uma sociedade que já decidiu certas coisas a respeito do embrião. Por exemplo, operamos em uma sociedade que permite o aborto, submetido a várias regulamentações do parlamento. Portanto, operamos em um contexto em que essa questão particular já foi determinada e não estamos aptos a mudar isso. Mesmo que um membro da comissão possa estar abertamente a favor do aborto e outro membro frontalmente contra, essa questão não é levantada, porque temos de operar em uma sociedade em que essa questão já foi respondida. Essa é a linha muito freqüentemente seguida. Uma das coisas que restringem o que podemos fazer é que, se você quiser, as pessoas, por meio do parlamento, já decidiram."

"Um bom exemplo disso é algo não dirigido por nossa comissão, mas que foi dirigido muito recentemente por outro comitê que o governo estabeleceu. O grupo de peritos do Chief Medical Officer sobre a pesquisa da célula-tronco recomendou a aprovação da permissão prolongada para experiências sobre embriões precoces, a fim de obter células-tronco embrionárias. Aconteceu que, amplamente apoiado nos fundamentos da consistência, ou seja, segundo o comitê de Warnock, o Human Fertilisation and Embryology Act (1990) já permitiu a experimentação sobre embriões humanos até quarenta dias para propósitos de fertilidade. Disseram que é um fato que podemos rever. A questão para nós é se haveria alguma razão para não estender os princípios ocultamente entranhados aí, para além da pesquisa de fertilidade dentro da pesquisa da célula-tronco."

Apesar dessas importantes diferenças no modo com que as diversas entidades da bioética e da filosofia moral trabalham, o que os comitês fazem não é tão diferente daquilo que Harris faz na filosofia aplicada, particularmente na bioética ou na ética médica. "Acho que grande parte do que faço como especialista em bioética, como uma espécie particular de filósofo híbrido, é muito parecido com o que fazemos nesses comitês, no sentido de que grande parte do que faço como bioético é reunir informação: informação científica, informação sobre o que as tecnologias fazem e o que os processos biológicos fazem, o que as drogas fazem, e verdadeiramente pensar sobre a ética de tudo isso. Ou seja, de certo modo, o que nosso comitê faz. Ele considera uma vasta gama de informação sobre o que está sendo feito na ciência, na medicina e na tecnologia, e então procura analisar tudo isso em termos de benefícios e sobrecargas que pode representar para a comunidade."

A ligação entre a filosofia moral acadêmica e o trabalho dos comitês é complexa e interessante. Em certo sentido, o trabalho o envolve em "constantemente re-inventar a roda, porque a maioria das questões sempre volta a algum material muito básico na filosofia: reconciliar as propriedades e os direitos do indivíduo contra as necessidades da comunidade, algo muito básico como isso; ou em verdadeiramente analisar a autonomia para mostrar que a autonomia não significa exatamente fazer o que você quiser. Significa fazer aquilo que você quer com as limitações devidas à saúde e segurança e autonomia dos outros, e daí por diante. Portanto, com muita freqüência, a parte filosófica daquilo que alguém faz é, de fato, justamente básico, mas ainda muito necessário".

Em alguns casos, no entanto, a filosofia é simplesmente irrelevante. "Clonagem, resultado do nascimento de Dolly, foi um exemplo clássico, porque as pessoas não pensavam que isso fosse possível por razões científicas, e de repente aconteceu. Havia um enorme mal-entendido da ciência envolvido e o que a clonagem significava. As pessoas tinham a idéia de que se iria ter cópias de xerox em quantidade de pessoas já existentes. Mas também não tinham uma perspectiva a partir da qual pudessem pensar sobre a ética a respeito disso. Sabiam que era inquietante e grande número de pessoas nem tiveram idéia do que fosse. Procurando, no entanto, articular seus temores e inquietações, toda uma gama de objeções filosóficas clássicas vieram à tona, e eram interessantes porque de certo modo eram irrelevantes, uma vez que as objeções sensivelmente não se aplicavam ao caso, como as pessoas imaginavam."

"Para dar um exemplo: grande número das reações à clonagem estava centrado no fato indesejável de existirem duas cópias do mesmo genoma, sem se lembrarem de que os gêmeos idênticos são exatamente isso. Portanto, grande número de pessoas disse que a individualidade das pessoas ficaria arruinada, ou sua dignidade seria ameaçada, ou ficaria condicionada pela vida da outra pessoa. No todo da história humana temos um exemplo maravilhoso de como lidar com isso, mas tudo foi de alguma forma esquecido."

Esse aspecto é importante, uma vez que na imprensa popular e nos noticiários de televisão, quando essas histórias bioéticas encontram oportunidade, parece haver uma enorme ignorância a respeito do que verdadeiramente está acontecendo. Até que ponto, depois que as pessoas se tornaram corretamente informadas, é muito mais fácil articular uma posição moral coerente sobre determinada questão?

"Penso que a informação pública é imensamente importante" – diz Harris –, "e um dos papéis dos comitês é a informação pública. Esse é um papel muito difícil de desempenhar, porque empreender um programa de educação pública é muito dispendioso. Mas é certamente parte de nossa tarefa providenciar informação. Isso é enormemente importante. Penso que há duas questões na informação pública. Uma delas é a imensa má compreensão que o público tem a respeito de genética. Se você tomar a questão dos organismos geneticamente modificados, há um amplo sentimento de que produtos naturalmente cultivados não contêm genes, e que os genes aparecem apenas quando há algo de ruim manifestando-se. A outra educação, ou questão sobre a informação, é que grande número de cientistas são de fato ignorantes a respeito de questões éticas. Portanto, há duas questões: educar o público a respeito da ciência e educar os cientistas particularmente a respeito da ética e até certo ponto sobre a lei".

Há também, presume-se, uma necessidade de educar os filósofos especialistas em moral que tomam parte nesses debates a respeito da ciência.

"Sem dúvida. Sou alguém que possui um pano de fundo de humanidades clássicas. Verdadeiramente, para começar, ensino filosofia e literatura inglesa na universidade, de modo que não possuo nenhum pano de fundo científico. Tive de adquirir uma educação científica muito incompleta e de modo muito informal, na maioria das vezes por ter trabalhado grande parte de minha vida em uma universidade muito ampla, com grande número de bons cientistas. Fui capaz de conversar com cientistas em questões pioneiras e de aprender com eles, o que significou uma grande vantagem para mim."

Uma coisa que se tornou clara ao conversar com Harris é que a filosofia aplicada é um assunto muito mais complexo do que simplesmente aplicar teorias filosóficas da ética a problemas reais que existem no mundo.

"Quando apresento questões nos comitês, não estou falando para mim mesmo: 'Isso é compatível com a versão particular do conseqüencialismo que penso ser a melhor teoria moral disponível?' Estou servindo-me do fato de que elaborei a concepção particular do conseqüencialismo durante os anos em que, segundo penso, ela produziu a melhor abordagem. Mas não estou dizendo que está certo porque certa marca particular de preferência utilitarista, que aprovo, o requer. Estou dizendo que são essas as razões que parecem sustentar essas conclusões, e então outros apresentarão outras considerações. De muitos modos o conseqüencialismo é uma abordagem muito útil, uma vez que não acarreta uma enorme quantidade de bagagem que necessite ser explicada. Ele apela para coisas que as pessoas em geral aceitam intuitivamente, como a importância de evitar o sofrimento e favorecer melhores resultados. Você não tem de articular um sistema metafísico muito complicado para começar."

Os membros do comitê, no entanto, não precisam partilhar uma visão moral particular a fim de fazer progresso, tomar decisões e em muitos casos chegar a um consenso. Como isso é possível?

"Penso que é possível apelar amplamente a princípios racionais em comitês como esse. Você freqüentemente tem de articular a sustentação desses princípios racionais, uma vez que eles são largamente aceitos, mesmo que as pessoas possam ter diferentes bases para eles. Tome uma questão totalmente tranqüila, como a de que matar um inocente é errado. Não conheço uma teoria moral que tenha uma visão divergente a esse respeito. Portanto, se fosse você kantiano, conseqüencialista ou aristotélico, você teria essa mesma crença. Articularia sua defesa de modos diferentes. Com muita freqüência, os tipos de questões de que alguém trata são coisas sobre as quais em geral as pessoas honestas amplamente concordam."

"Fico verdadeiramente encorajado pelo fato de que temos muitas religiões diferentes e certamente uma ampla variedade de pontos de vista morais diferentes no comitê, que, no conjunto, embora discordemos nos detalhes, alcançamos um notável consenso em abordagens amplas, e também, devo dizer, uma notável quantidade de respeito uns pelos outros. Embora haja visões enormemente divergentes no comitê, há um imenso respeito mútuo, e você jamais encontra o tipo de tiradas sarcásticas que caracterizam os seminários de filosofia. As pessoas têm imenso respeito uma pelas visões da outra e até se puderem ver suas falhas, são muito pacientes sobre como indicar essas falhas e como tentar construir sobre os elementos de concordância que existem."

"Deixe-me dar-lhe um exemplo. Tome o caso dos gêmeos interligados. Fui a diversos programas de televisão e de rádio para falar sobre isso e achei-me em total concordância sobre o resultado prático com pessoas com as quais normalmente discordaria de modo muito fundamental, ou seja, representativas de grupos influentes em questões de vida, porque, embora nossos princípios fundamentais fossem totalmente diferentes e em muitas coisas seríamos absolutamente divergentes, chegamos à mesma visão por razões muito diversas. De certo modo, as razões eram apenas articuladas em termos amplos, mas o modo como articularam soou muito semelhante, ou seja, que sentimos um grande respeito que era devido a crenças dos pais e, por razões muito diferentes, sentimos que, embora se tratassem de argumentos em favor de separar os gêmeos, não eram argumentos conclusivos."

"Se estou falando sobre os gêmeos interligados, não começo por dizer que você tem de decidir o status moral de crianças e levantar a questão se são pessoas ou não, ou se elas são autoconscientes. Se entrar nisso acabará perdendo noventa por cento das pessoas de qualquer modo. Você deve levantar questões com as quais as pessoas podem relacionar-se sem um enorme pano de fundo."

Participar de um comitê de ética expõe a pessoa à acusação de tomar parte em uma elite seleta que aí se encontra para agir como nossos guardiões morais. Há um clima paternalista não bem-vindo em torno deles. Seria isso algo com que Harris se preocupa?

"Penso que esse é um mal-entendido sobre nossa função" – replica Harris. "Se eu pensasse que somos um grupo de guardiões de elite da moralidade pública, não me ligaria ao comitê, ou certamente não estaria mais nele se descobrisse isso. Nossa tarefa é complicada, mas é essencialmente analisar uma inteira gama de evidência e de argumento e assessorar governo de acordo com ela. O governo não é obrigado a aceitar nossa assessoria, mesmo se e quando estivéssemos em grau de claramente oferecer alguma. Não somos uma entidade com função regulatória."

O envolvimento de pessoas como Harris em comitês de ética é importante, não só porque indica um caminho em que os filósofos podem contribuir diretamente para a sociedade, mas também porque mostra que a filosofia moral pode ser útil, mesmo que os filósofos especializados em moral estejam longe de concordar sobre a natureza, o propósito e os fundamentos da ética. Enquanto o trabalho nessa área continua na academia, ainda há muito que poderia ser dito nos debates de ética sobre a vida que interessam grandemente a nós todos.

Antologia bibliográfica

Violence and Responsibility. Routledge, London, 1980.
The Value of Life. Routledge, London, 1985.
Wonderwoman and Superman: Ethics and Human Biotechnology. Oxford University Press, Oxford, 1992.
Biomedical Ethics: Oxford Readings in Philosophy Series. Oxford University Press, Oxford, 2001.
A Companion to Genetics: Philosophy and the Genetic Revolution, Justine C. Burley (ed.). Blackwell, Oxford, 2000.

III
Religião

9

O Deus não-realista

Don Cupitt

Em Cambridge há um professor universitário que acredita que "é óbvio que os deuses incorporam valores culturais e ideais" e que "a crença em uma ordem de realidade superior e invisível" não faz sentido. Ele "pensa que nenhuma das crenças religiosas seja literalmente verdadeira" e está "inclinado a pensar agora que estamos provavelmente esvaziando a palavra [deus]". Para completar, ele também não acredita que a religião seja necessária.

Você pode ser desculpado se pensar que esse homem é anti-religioso, um ateu sem dúvida. E, de fato, muitos crentes ortodoxos afirmam que ele é as duas coisas. Mas a pessoa em questão nega as acusações. Don Cupitt, o teólogo não-realista, não é exatamente religioso; ele é um ministro anglicano ordenado.

Quando Cupitt entrou para o ministério em Manchester, em 1959, ele era um teísta ortodoxo, comprometido com a crença na existência independente de um Deus que ama, pessoal. Com o passar dos anos, porém, Cupitt tornou-se progressivamente incapaz de reconciliar o teísmo tradicional com o que hoje conhecemos sobre nós mesmos e sobre o mundo. O Deus de Cupitt permaneceu real, mas uma criação humana, e não uma realidade transcendente.

Cupitt foi promovendo sua interpretação não-realista da religião por aproximadamente trinta anos. Nos anos 80, sua série na televisão e seu livro, *The Sea of Faith* (*O mar da fé*), levaram sua leitura intelectual e sofisticada da religião a uma ampla, e amplamente incompreensível, audiência. Cupitt, pensou que ele e pessoas como ele podiam mudar a Igreja, trazendo atualidade à crença e tornando-a apta a habitar o mundo moderno. A rede "O mar da fé" nasceu com grande esperança de alterar o curso da maré baixa da crença religiosa, tornando a fé comensurável com uma cosmovisão moderna. Sua curta declaração de propósitos engloba a própria essência das crenças de Cupitt: "A Rede explora as implicações de aceitar a religião como uma criação humana, promove essa visão de religião, e afirma a validade contínua do pensamento e da prática religiosa como celebrações de valores espirituais e sociais".

Vinte anos passaram-se, dúzias de livros foram publicados, pouca coisa mudou e Cupitt começou a desesperar-se da Igreja que, certamente não com termos indecisos, disse a Cupitt e a sua laia que não precisava de seu tipo de modernização. Aos olhos eclesiásticos, o que Cupitt chama de religião é ateísmo com qualquer outro nome. O iconoclasta colega de Emmanuel College continua a escrever e pensar, mas, como sempre, ele é um marginal para a corrente oficial da religião.

Cupitt é, sem dúvida, uma figura enigmática. Primeiro, sua concepção não-realista de Deus é difícil de compreender. Mas então, quando alguém consegue alcançar algo de sua visão, há o quebra-cabeça de entender por que ela absolutamente seria chamada de religião.

Para compreender a tese positiva de Cupitt, é importante ver a negativa. Contra o que exatamente Cupitt é contra?

"Inicialmente eu estava de sobreaviso pela reação contra as visões de Richard Swinburne" – explica Cupitt –, "que parece tratar Deus como uma hipótese empírica a considerar por causa de vários aspectos do mundo. Não penso que a hipótese possa tornar-se suficientemente clara. Não penso que o mecanismo pelo qual Deus age possa ser expresso com uma espécie de precisão científica".

O que Cupitt acha incompreensível é a idéia de que Deus seja algum tipo de entidade realmente existente. Para ele, essa idéia apenas faria sentido se alguém se encontrasse preso em uma forma de pensar platônica e ultrapassada. "Penso que o platonismo – crença em um segundo e invisível mundo ou ordem de ser ao lado do mundo da experiência – afetou as pessoas muito profundamente" – explica –, "e continua a ajudá-las a continuar crendo em coisas como vida depois da morte ou em um Deus metafísico, ou até em valores morais objetivos. Mas nenhuma dessas crenças, para minha mente, tem qualquer sentido quando nos situamos em uma representação da realidade inteiramente histórica e humanamente centrada, o que fazemos depois de Kant e de Hegel".

Deus como um ser que existe de modo independente é um conceito que ele considera incapaz de fazer sentido. "Em publicações, as pessoas solenemente discutem se Deus é masculino ou feminino, como se de algum modo conhecessem que Deus é um organismo biológico invisível. Isso é extravagante. Como a maioria das pessoas não tem nenhum vocabulário metafísico, torna-se muito difícil saber o que querem dizer por Deus e como definiriam Deus. Poderiam tornar clara a palavra 'Deus' e dizer exatamente o que supõem que Deus seja?"

Se Cupitt não acredita, porém, em um Deus que existe de modo independente, em que sentido ele crê em Deus, afinal? "Acredito no socialismo" – explica Cupitt –, "mas você não precisa admitir que ele esteja incorporado em algum lugar. Nos dias em que havia socialismo, as pessoas comuns por vezes sentiam que seriam capazes de apontar para uma pátria particular onde o socialismo realmente existiu. Podia ser a Iugoslávia, podia ser Cuba – e os candidatos parecem cada vez mais diminuir, diminuir. Mas, sem dúvida, você pode acreditar em algo sem pensar que essa coisa de fato existe. Acreditar em alguma coisa é estar comprometido com alguma prática ou programa para a vida. Por que as pessoas assumem que *crer-em* significa *crer-que*? Crer-em implica compromisso moral, mas não precisa implicar compromisso ontológico".

As visões de Cupitt sobre Deus captam a essência de sua posição teológica mais geral. Ele francamente nega a verdade literal de praticamente todos os elementos do credo religioso. O pós-vida, céu e inferno, e a ressurreição literal de Cristo são considerados como literalmente falsos. Não é de surpreender, então, que Cupitt tenha pouco tempo para os argumentos tradicionais sobre a existência de Deus. "São irrelevantes nos dias de hoje" – insiste Cupitt – "as questões sobre a morte na apologética. A maioria delas não é mais um tópico filosófico atual. Tome, por exemplo, a questão do mal. A partir de Darwin e da teoria quântica, chegamos a aceitar a idéia de que há vastas áreas que não têm propósito no modo como o mundo caminha. Portanto, a menos que a religião o tenha ensinado a pensar de outro modo, ela jamais causará em você um impacto tão extraordinário quanto o fato de que os seres humanos estejam sujeitos a repentinos golpes de desgraça. O problema do mal é levantado apenas se lhe tiverem ensinado que cada evento particular está sob o controle de um Deus onipotente, e organizado em vista da realização de uma finalidade moral boa".

Igualmente rebarbativo para Cupitt é o fideísmo, a idéia de que a religião é essencialmente justificada pela fé, ocupando um domínio separado da prova racional. "A fé é usada como meio de saber que de algum modo dispensa evidência, argumentos, e até clareza, e faço objeções a essa noção de fé. A noção bíblica de fé é sempre equacionada com confiança moral. Ter fé em alguém é tomar seu lado e acreditar que no fim nos sairemos bem. O uso da fé para justificar a irracionalidade é um uso moderno dessa palavra que não aceito. As pessoas usam a fé como se ela significasse um caminho para acreditar no incrível. Esse é um uso ridículo da palavra." Cupitt vai além: "Aceito inteiramente as visões de W. K. Clifford, que sustenta que isso é errado, uma espécie de pecado intelectual, acreditar sem evidência!".

Em todos esses assuntos ele está solidamente do lado dos ateus, e parece partilhar de sua incompreensão. E, mesmo assim, Cupitt é um homem religioso. Como isso é possível?

Há um amplo suporte filosófico para a religiosidade de Cupitt, que enfatiza que todo conhecimento – incluindo o conhecimento religioso – é um construto humano. "Depois de Kant e de Hegel somos premidos a adotar uma ontologia de nível único, na qual *nosso* mundo é *o* mundo. E somos premidos a ver o conhecimento como uma construção humana, incluindo nosso conhecimento religioso. Portanto, estive tentando mudar o pensamento religioso de acordo com a revolução na filosofia que se estende para trás, ao menos até Kant."

Com esse amplo compromisso filosófico é não só possível, mas obrigatório, ver Deus como uma construção humana. Toda a razão, pensa Cupitt, aponta o mesmo caminho, e isso é por que ele não pode compreender os filósofos realistas da religião como Richard Swinburne. "Penso que Swinburne ignora o fato de que os deuses estão sempre ligados a grupos de pessoas. Portanto, eu diria que é óbvio que os deuses incorporam valores e ideais culturais. O Deus de alguém é, como se fosse, o ideal, o lado motivador de si mesmo. Um Deus pessoal é o mesmo tipo de objeto que o ideal, o sonho ou a ambição de uma pessoa. Ou seja, os deuses sempre pertencem a pessoas – não há deuses que flutuem livremente."

Uma dificuldade que aparece nessa visão é que dizer que todo conhecimento é um construto humano é uma coisa ambígua, cuja dificuldade pode estender-se do não-controvertido até o absurdo. Relativamente sem controvérsia, Cupitt mantém que "estamos sempre dentro de nosso ponto de vista, nossa própria cultura, nossa própria linguagem, nossos próprios interesses". Ele também diz ainda, mais problematicamente, que "as teorias científicas não são descobertas, mas invenções". Cupitt insiste muito sobre esse ponto.

"Fabricamos todas as teorias. A física não cai do céu, Darwin não descobriu a teoria da evolução, mas a inventou, e ela funciona. Ou seja, produzimos entre nós, por meio de nossa conversação, todas as categorias e teorias gerais segundo as quais organizamos e interpretamos nossa experiência. Se fôssemos privados de todos esses hábitos de interpretação, estaríamos na situação de um bebê recém-nascido para o qual não há nada mais, além de um bombardeio confuso de estímulos. Todo significado é produzido por nós, toda verdade é produzida por nós. A partir desse ponto de vista, concordo com os pós-modernos extremistas – nós fazemos tudo. O mundo é uma imensa coleção de hábitos de interpretação coletivamente evoluídos."

Cupitt é consciente, no entanto, de que aderir a esse ponto de vista dos pós-modernos não acarreta uma atitude de "tanto faz". Ele não aceita que o tarô seja equivalente à física quântica, ou que a astrologia equivalha à astronomia. "Ainda existe uma diferença entre consistência e inconsistência, e entre aquilo que funciona e aquilo que não funciona."

Essa diferença significa que certos tipos de conhecimento, como o conhecimento científico, caem dentro de uma categoria que difere do trabalho imaginativo e criativo. Deve haver uma correspondência entre a teoria e nossa experiência – tudo dentro do domínio do humano – para que uma teoria científica se estabeleça. Portanto, podemos dizer que a teoria da evolução foi inventada, mas a razão pela qual ela sobrevive é o fato de ela combinar com a experiência, e a experiência freqüentemente a confirma. Nesse ponto Cupitt insiste que não está recuando ao empirismo e sua correspondente teoria da verdade. Conforme sua visão, nossa experiência é sempre formada por nossas teorias e por isso parece confirmá-las. Isso é significativo, porque quando Cupitt diz que todo conhecimento é humanamente criado, ele está sugerindo que a pessoa não deve preocupar-se ou surpreender que isso aconteça também com a religião. Existe, porém, uma diferença importante entre o conhecimento científico e a criação artística e, portanto, quando percebemos que a religião está realmente do lado do artista e não do lado do cientista, isso não ameaça a seriedade da religião?

"Permita-me aqui chamar a atenção para uma diferença entre ciência e arte" – explica Cupitt. "Na ciência é bom que exista uma academia para manter a disciplina profissional, de modo que cada um utilize um vocabulário padrão e procedimentos matemáticos padronizados, e construa seu mundo seguindo um mesmo estilo. Na arte, porém, é muito mais importante encontrar sua própria voz, de modo que os vocabulários e modos de construir o mundo diferem. O artista dá maior ênfase à expressão emocional, construindo um mundo que dá o sentimento de que você pode responder a ele emocionalmente. O cientista dá maior ênfase à organização matemática, fazendo com que a experiência se torne rotineira e, por isso, inteligível, introduzindo padrões dentro da experiência. O cientista, portanto, constrói um mundo normalizado, enquanto o artista constrói um mundo ao qual respondemos, um mundo com o qual nossos corações podem simpaticamente se relacionar."

"Gostaria de dizer que a necessidade que os seres humanos têm da rotina e de um mundo cognoscível é uma coisa, mas outra necessidade, igualmente grande, é a necessidade de nos expressarmos simbolicamente. Arte, teatro, música e todas essas coisas dizem respeito a nossa necessidade de nos expressarmos para fora, a fim de nos tornarmos o que de fato somos. Não somos seres pré-fabricados, mas nos tornamos seres expressando o que de fato somos em nossas vidas. Portanto, enquanto a ciência tende a minimizar a subjetividade, a religião e a arte enfatizam-na fortemente. Na religião e na arte queremos extroverter-nos, mostrar o que somos, realizar o que nos é importante e nos tornarmos o que de fato somos. Na ciência queremos ver o mundo como algo inteligível e normalizado. É uma ambição diferente."

Esse ponto de vista fornece uma justificativa intelectualmente coerente para uma abordagem do tipo "pincelada" da religião. "Em minha visão" – explica Cupitt –, "a religião é mais semelhante à arte que à ciência, de modo que é totalmente correto admirar e aprender de mais de uma religião assim como é perfeitamente correto admirar e aprender de mais de um estilo diferente de pintura. Vivemos em uma era de extremo pluralismo nos estilos da arte, e estamos totalmente habituados a isso. Por que não deveríamos igualmente admirar o budismo e o cristianismo, como faço? A idéia de que uma religião é uma espécie de nacionalismo, e de que ela deva ser exclusiva, e de que se você pertence a uma, delas você deveria olhar todas as outras como inimigos potenciais, está ultrapassada".

A dúvida perturbadora, porém, continua: se isso é tudo o que a religião é, por que continuar a chamá-la de religião? Cupitt parece muito à vontade para despejar grande quantidade de vocabulário religioso. Sobre a palavra "Deus", ele diz: "Estou inclinado a pensar agora que estamos provavelmente evitando a palavra porque ela acarreta tantas associações confusas. Ela é usada para justificar tanta crueldade, ignorância e fanatismo que freqüentemente sinto relutância ao usá-la".

Coloco a Cupitt que, uma vez que essa linguagem religiosa carrega consigo grande quantidade de bagagem histórica, continuar usando o vocabulário religioso antigo implica risco de má-fé. Não seria mais honesto e, em termos de mudar a sociedade, mais construtivo justamente abandonar toda fala sobre Deus e sobre a oração, levando em conta todas as associações que a acompanham?

"Nos últimos anos estive inclinado a dizer isso" – concorda Cupitt –, "porque não tive absolutamente nenhum sucesso em persuadir a Igreja de que vale a pena levar a sério minha concepção de Deus. A propósito, aconteceu o mesmo com Kant. A visão de Deus que apresentei em 1980, em *Taking Leave of God* (*Despedindo de Deus*), é quase a mesma que a de Kant. Kant tomou Deus como um ideal a respeito do qual poderíamos falar em termos simbólicos. Mas as pessoas não quiseram aceitar isso. Elas dizem que 'Cupitt é um ateu' e rejeitam minhas idéias. De modo que hoje estou inclinado a caminhar independentemente da Igreja e tentar dedicar-me a um tipo de escrito religioso experimental e criativo, que espero possa ser útil no futuro. Para mim não há nenhum vocabulário religioso compulsivo".

Cupitt parece ser, principalmente, um homem que deseja dispensar todas as pretensões de verdade das religiões, mas que vê algo na religião que vale a pena preservar. Ele articulou um pouco desse sentimento quando contrastou sua religiosidade com o ateísmo de Sartre.

"A esse respeito freqüentemente citei o contraste entre o

ateísmo de Sartre e a atitude religiosa de um filósofo britânico como Ernest Gellner, que certamente não é nenhum teísta nem crente religioso. Mas me contou: 'Tenho uma atitude religiosa em relação à vida'. Ele se maravilhava com a vida, sentia que havia algo nela que merecia nosso respeito e reconhecimento, exatamente na própria fluência da vida. Ele não gostava da visão marxista nem da existencialista atéia do ser humano individual como um soberano meramente instituidor de valores e organizador do mundo. A pessoa necessita ter uma espécie de vaivém, uma dialética entre ela própria e a vida. Sugeri que no pensamento atual a palavra 'vida' assumiu muito da significação religiosa que a palavra Deus costumava ter."

Quando você retira da religião toda a bagagem excessiva que Cupitt acredita ser necessário remover, isso parece estar no núcleo daquilo que permanece. Cupitt descreve essa atitude como "amor pela vida, uma espécie de responsividade simpática em relação à existência, e não mais que isso, procurando deixar para trás o imperialismo sartreano da vontade, mais agressivamente masculino. Para minha mente, isso corre demasiadamente ligado ao fascismo e ao humanismo agressivo dos anos 30. Não me sinto moralmente à vontade com isso. Prefiro o humanismo religioso inglês, que está unido à fraqueza de Cristo, ao pobre e ao sofrimento humano e não ao poder".

É por essa razão que ele diz que "as virtudes e os valores religiosos continuam interessantes e importantes". Comentando algumas observações feitas pelo primeiro ministro Tony Blair sobre a importância dos valores religiosos, ele observou que Blair "não disse que as crenças doutrinais religiosas deveriam exercer algum papel em nossas vidas, nem qualquer político sério diria isso". Valores religiosos sem doutrinas religiosas – isso é o que Cupitt deseja para o século vinte e um.

Admiro-me pensando em que sentido a religião poderia ainda ser uma fonte de valores, caso aceitemos que todos os valores são fabricação humana. "Žižeck chama a atenção aqui, argumentando que, contrariamente à tradição racionalista, o pensamento humano é mais freqüentemente heterológico que puramente autônomo" – explica Cupitt. "Nós de fato não produzimos nossos valores e os impomos sobre a experiência. Ao contrário, nosso pensamento é sempre incitado pelas coisas que estão fora dele e pelas pessoas que pensam por nós. Não é por acaso que o endosso e a opinião de pessoas célebres atualmente são exigidos para que as pessoas inglesas levem qualquer idéia séria e absolutamente em consideração. Poucos são os pensadores criativos inteiramente senhores de si e autônomos conforme o modo individualista pós-cartesiano. A grande maioria de nós trabalha por meio de mitos, por meio de outras pessoas, por meio de valores derivados da religião."

"Permita-me tomar o humanitarismo como exemplo. O cristianismo é uma religião que, juntamente com o judaísmo, patrocinou nossa ética humanitária moderna e fez com que as pessoas historicamente chegassem à idéia da compaixão pelo sofrimento de Cristo, e então a começar preocupar-se com os seres humanos, seus companheiros. O humanitarismo foi de fato um desenvolvimento latente, lento e laborioso. Ele ainda não chegou a seu pleno sucesso. É uma ética que precisa de um símbolo do sofrimento e da fraqueza humana que seja em si próprio religiosamente significativo para desencadeá-lo."

"Quero dizer, portanto," – continua Cupitt – "que a religião nos supre com poesia e mitos pelos quais viver, e os seres humanos precisam de histórias pelas quais viver. Como nossa existência é temporal, sempre temos de construir algum tipo de história de nossas vidas, e essa história, para minha mente, precisa ter uma qualidade religiosa. Eu, portanto, não penso que quaisquer crenças religiosas sejam literalmente verdadeiras, mas penso que todas elas são existencial ou moralmente úteis, ou que um grande número delas o seja".

Mais uma vez, contudo, Cupitt está preparado para admitir que um ponto de vista religioso não é estritamente necessário. "Em meu universo religioso não existe nenhum sistema dogmático oficial, de modo que me sinto totalmente à vontade para que pessoas não-religiosas, se puderem fazer com que seu ponto de vista tenha sentido, possam ter sua oportunidade. Doravante, não acredito mais em nenhuma ortodoxia."

Religião sem doutrina, religião sem credo, religião sem crença em outra coisa, mundo espiritual, distinto do mundo em que vivemos – é para isso tudo que Cupitt batalha. Uma religião sem todas essas coisas ainda é uma religião? É uma questão que um sério compromisso com o pensamento de Cupitt força você a considerar. Quer você chame ou não isso de religião, Cupitt está procurando mostrar-nos um bebê sentado na nova mas suja água de banho da religião tradicional. Com qual nome o chamamos não está aqui nem ali; o que importa é se deveríamos salvá-lo ou não.

Antologia bibliográfica

The Sea of Faith. SCM Press, London, 1994, 2ª ed.
After God: The Future of Religion. Basic Books, New York, 1997.
Philosophy's Own Religion. SCM Press, London, 2000.
Taking Leave of God. SCM Press, London, 2001, 2ª ed.
Emptiness and Brightness. Polebridge Press, Santa Rosa, 2002.

10

Liberdade e mal

Richard Swinburne

Aos prisioneiros de guerra em geral se pede que dêem a seus capturadores não mais que seu nome, posto e número de série. Os acadêmicos reticentes, do mesmo modo, fornecem poucos detalhes de sua vida pública não-profissional, e dão apenas o nome, a posição e a bibliografia.

No caso de Richard Swinburne, esses detalhes talvez nos contem tudo o que precisamos saber. Ele é o Nolloth Professor de Filosofia da religião cristã na Universidade de Oxford e publicou diversos livros, como *The Existence of God, Is There a God?, Revelation, Miracles, The Coherence of Theism, The Christian God, Providence and the Problem of Evil, Faith and Reason, The Resurrection of God Incarnate* e *The Evolution of the Soul* (*A existência de Deus, Existe um Deus?, Revelação, Milagres, A coerência do teísmo, O Deus cristão, A providência e o problema do mal, Fé e razão, A ressurreição do Deus encarnado* e *A evolução da alma*). Em outras palavras, a vida de Richard Swinburne foi dedicada a mostrar que a crença religiosa cristã é filosoficamente respeitável e que os argumentos tirados da existência do universo, sua ordem, a existência dos seres humanos e outras coisas tornam provável que exista um Deus.

Essa não é uma tarefa fácil, pois na filosofia acadêmica tradicional, na atualidade, os teístas são minoria. Nesse ambiente hostil, grande número de filósofos teístas precisam empregar muito tempo fazendo apologética – tornando defensável a causa da compatibilidade da crença religiosa com os amplos achados da razão e da experiência.

Esso requer algum trabalho desagradável para o filósofo que tem fé, e talvez o pior de todos é justificar por que, afinal, embora vivamos em um universo criado e governado por um Deus sumamente bom e onipotente, acontecem coisas deploráveis. Enquanto o bom pastor nos governa, pessoas são submetidas à tortura, à morte lenta e à miséria por seus semelhantes, enquanto doenças, enchentes e furacões podem deixar nações inteiras de joelhos, uma ardente massa de miséria e sofrimento.

Essa evidente contradição entre a benevolência de Deus e a crueldade do mundo é em geral referida como o problema do mal. Swinburne examinou o problema de modo mais completo que talvez qualquer outra pessoa trabalhando sobre o problema hoje. Sua tentativa de construir uma teodicéia – um modo de reconciliar a coexistência de um Deus bom com o mal – põe agudamente em relevo exatamente o quão difícil é a tarefa do apologista. Não que Swinburne esteja totalmente satisfeito com a palavra "mal".

"Penso que não seja uma palavra muito feliz, porque em linguagem comum, 'mal' não é exatamente um mau estado de coisas, e sim um ato perverso que alguém comete, e então temos o princípio moral de que não se deveria fazer o mal para que o bem pudesse ocorrer. Esse é o uso natural e comum da linguagem para a palavra mal. Mas não quero prender-me a isso ao usar a palavra 'mal'. Simplesmente quero dizer com 'mal' um estado de coisas intrinsecamente mau, como o sofrimento."

Swinburne falou-me por ocasião de sua conferência sobre Deus e o Mal no vigésimo Congresso Mundial de Filosofia. Seu escrito apresentava quatro requisitos que, caso existam, reconciliam a existência de Deus e a existência do mal; caso contrário, deixam os dois em contradição. Como o mal – entendido como mau estado de coisas – existe tão certamente como o dia e a noite, isso equivaleria a uma rejeição da existência de Deus.

Os requisitos são de que apenas pela permissão do mal o bem pudesse ser realizado; de que Deus realiza tudo o que pode para fazer o bem acontecer; de que a pessoa que permite o mal, no caso Deus, tenha o direito de permitir o mal; e de que o resultado seja suficientemente bom.

Swinburne vê a primeira condição ou requisito como necessário, "porque mal é mal. Ou seja, a dor e o sofrimento são o tipo de coisa que pessoas boas não permitem acontecer ou, caso possam facilmente evitá-lo, não permitem que aconteça, a menos que haja alguma razão pela qual elas permitiriam que acontecessem; em outras palavras, a menos que algum bem fosse realizado por ele. Deus é, acima de tudo, o criador do universo que não só permite que o mal aconteça, mas providencia uma circunstância em que ou ele próprio o faz acontecer, ou permite que alguém o faça acontecer e, a menos que haja um bom propósito pelo qual ele permite que isso aconteça, parece que nossa compreensão do 'bem' é tal que esse bem seria menos bom caso ele permitisse que sofrêssemos agonia e não houvesse nenhum objetivo nisso".

O problema nisso tudo é que alguém poderia argumentar que permitir o mal para fazer acontecer um outro bem solapa a bondade em si mesma. Há diversos bens que parece não valer a pena alcançar, caso requeiram que haja um mal para que aconteçam.

"Sua questão é: o bem vale o sofrimento?" – replica Swinburne. "Bem, isso depende de qual bem se trata; minhas outras condições devem ser satisfeitas. Dei dois ou três exemplos no escrito sobre como certos estados de bem não poderiam ser alcançados sem um mal necessário, e uma vez que é de Deus que estamos falando, o bem deve ser um bem lógico, pois, sendo que Deus é onipotente, ele pode realizar tudo o que for logicamente possível. Ele pode produzir qualquer bem sem produzir o mal, a menos que seja logicamente necessário que o mal devesse acontecer a fim de que o bem pudesse ocorrer. Dei dois ou três exemplos de quando isso é o caso."

"Por exemplo, é uma coisa boa que os seres humanos tenham livre-arbítrio, não exatamente o livre-arbítrio de escolher entre canais de televisão alternativos, mas o de escolher de modo significativo entre bom e ruim – bem e mal nos termos em que escrevi. Mas eles não podem ter isso a menos que haja a possibilidade atual de tornarem evidente o mal. A possibilidade de o mal ocorrer de forma inesperada é a condição necessária para que tenham uma livre escolha entre bem e mal."

Essa é uma versão da assim chamada defesa do livre-arbítrio para explicar a existência do mal. Uma objeção maior a ela é que o modo como Deus criou o universo coloca algumas restrições a nossa liberdade por causa do modo como somos. Não somos livres para voar, por exemplo. Poderia Deus não ter disposto o mundo de forma que, ainda que tivéssemos tido a possibilidade de escolher entre bem e mal, houvesse alguma coisa sobre o mundo que evitaria que fizéssemos alguma das coisas de fato terrivelmente chocantes que acontecem no mundo?

"Sim, ele poderia" – concede Swinburne –, "e aqui a pessoa precisa distinguir diferentes graus de liberdade que ele poderia conceder-nos. Em primeiro lugar, conforme eu disse, ele poderia exatamente nos dar a liberdade de escolher entre bens, mas essa não seria uma liberdade particularmente valiosa. Uma liberdade mais significativa é a liberdade de escolher entre bom e ruim. Agora, o que aconteceria se as únicas formas de mal que ele nos permitisse realizar fossem extremamente limitadas? Por exemplo, ele poderia permitir-nos que causássemos sofrimento moderado a outras pessoas, mas não seriamente, a ponto de destruir seu futuro. Ele seria então como os pais superprotetores que não estão realmente dando liberdade a seus filhos, mas apenas uma liberdade nominal que apenas faz uma ínfima diferença, mas isso não é realmente suprimir nenhum controle significativo. Existe uma fraude aqui – se Deus deve dar-nos um controle significativo então deve haver a possibilidade de um mal realmente significativo".

A importância do livre-arbítrio também se evidencia na segunda condição ou requisito. Deus deve dar-nos o máximo de oportunidade de realizar o bem que é permitido por sua anuência do mal. Para fazer isso, ele deve tornar-nos livres.

"Suponha que ele permita que soframos dor a fim de que possamos ter a oportunidade de tratá-la livremente, de modo corajoso, ou não tratá-la de modo corajoso – claramente temos de chegar a sentir a dor. Embora isso pudesse justificar a dor, suponha que Deus não fizesse tudo o mais para promover o bem, pelo fato de verdadeiramente não nos conceder livre-arbítrio. Nesse caso, não haveria nenhum objetivo para a dor, a menos que ele nos desse livre-arbítrio a fim de que pudéssemos escolher como tratar dela. Esse é o objetivo dessa cláusula."

Até esse ponto a argumentação de Swinburne depende da necessidade de permitir a livre escolha, e daí a possibilidade de as pessoas causarem dano real. Mas o que pensar da miséria que não é causada por livre escolha, como uma doença ou uma inundação, o assim chamado "mal natural"? Como isso pode ser justificado?

"Penso que existam diferentes tipos de mal natural, e gostaria de fornecer diferentes teodicéias para cada um" – replica Swinburne, escolhendo um exemplo dos muitos que se encontram em sua obra. "O sofrimento humano como resultado da doença – muito freqüente, não como resultado de livre escolha, ou em qualquer caso não o resultado de livre escolha a menos que existam anjos maus em ação para causá-lo. Isso é possível, mas não é algo que eu gostaria de frisar de modo especial. Esse tipo de sofrimento é necessário porque dá ao sofredor a oportunidade de ser autocomplacente ou de enfrentá-lo de modo corajoso. Se ele não sofresse, não teria a oportunidade de enfrentar seu sofrimento de modo corajoso ou de modo autopiedoso. Ele também propicia a outras pessoas – amigos, esposa, filhos e daí por diante – a oportunidade de se simpatizarem, de tentar e de ajudar, em vez de mostrar simpatia, sentir simpatia e fazer ou não algo a respeito para incomodar. Ou seja, ele é o grão de areia que torna possível a pérola de diferentes tipos de reação. Se o mundo existisse sem qualquer mal ou sofrimento natural não teríamos a oportunidade, ou quase nenhuma oportunidade, de mostrar coragem, paciência e simpatia. De modo nenhum estou sugerindo que Deus deveria multiplicar o sofrimento *ad infinitum* a fim de nos dar incontáveis oportunidades, mas penso que o mundo seria um lugar mais pobre se não tivéssemos nenhuma oportunidade de mostrar o que temos de melhor a partir desse modo."

Contudo, teria Deus o direito de permitir o mal, como requer a terceira condição? Swinburne defende que sim, e oferece uma ilustração do motivo. "Pode haver algum garoto de rua que seja incômodo. Posso pensar que se eu surrar o garoto, ele endireitará e não será mais incômodo. Por outro lado, ele não é meu filho e eu não tenho o direito de sair por aí surrando crianças, exatamente porque penso que isso lhes fará bem. Ou seja, a pessoa não pode permitir que o mal ocorra ou impô-lo, simplesmente pelo motivo de que isso teria conseqüências boas. Alguém deve ter a permissão de fazer isso a alguém, e isso é muito importante. A questão inevitável é: por que Deus tem esse direito?"

"Deus tem esse direito porque você deve estar em uma situação semelhante em relação a qualquer outra pessoa se você deve causar sofrimento ou permitir que alguém sofra. A razão para isso é que você é principalmente seu benfeitor. Você lhe deu a vida, o alimento, a educação, e daí por diante, e por isso tem o direito de pedir certas coisas em troca. Algumas coisas que o criador pede em troca podem requerer algum sofrimento. Contanto que isso seja por uma causa boa, já é o bastante. [Alguém] pode mandar uma criança para uma escola próxima mesmo que a criança não esteja indo muito feliz para lá por causa da consolidação de relações na comunidade. De modo que naturalmente um pai tem o direito de pedir da criança algo em troca, quando necessário por meio do sofrimento, por causa do grande bem que é conferido à criança."

Sugiro a Swinburne que uma pessoa não tem o direito de infligir ou permitir sofrimento a outra meramente pelo motivo de que lhe foram dados certos bens no passado e continuarão sendo dados no futuro, mesmo que o mal seja para o benefício da própria pessoa. Dar a alguém alguns bens de nenhum modo dá a você autoridade sobre essa pessoa.

"No caso de um adulto" – replica Swinburne –, "se lhe dermos algo e ele não o aceitar, então não há uma relação estabelecida. Mas se ele o aceita, então penso que se compromete a certa obrigação menor de fazer a você um favor em troca, caso o pedir. Compreendo que você possa discutir isso, ao ver que isso implica este fator crucial extra: Deus fez o universo sem nos consultar a respeito de em qual tipo de universo gostaríamos de estar porque não estávamos lá para sermos consultados". Swinburne compara isso aos exemplos da ética médica.

"Freqüentemente, os doutores devem tomar decisões a respeito do bem-estar de pacientes que não se encontram em condição de tomar tais decisões por si mesmos, e se perguntam: 'o que eu faria que fosse do melhor interesse para o paciente?' Essa não é a única consideração. Eles podem dizer: 'Tenho responsabilidade também em relação a outros pacientes. De modo que estaria errado como médico fazendo tudo por um paciente, às expensas de qualquer outro paciente, e devo levar isso em conta'."

"Assim, de forma análoga, Deus pai, criando o universo, considera o que é para o bem de cada um de nós, mas tendo em mente que ele pode apenas providenciar alguns bens para cada um de nós, se ele não providenciar todos os bens para outros além de nós. Mas ele põe na balança para providenciar bens para cada um de nós e isso, na verdade, é o sistema. Isso quer dizer que há limites para o que Deus pode pedir de nós por meio do sofrimento. O pacote de vida que ele nos concede como um todo deve ser bom."

"Esse é o ponto central em que meu escrito toma posição: que é um bem para um indivíduo ser de uso em favor de outros, e isso não é exatamente um bem para outros, mas um bem para *mim*, caso eu seja de uso em favor de outros. Naturalmente, de modo ideal, escolho ser um bem para outros, mas não apenas se escolhe ser um bem *em favor de* outros. Se de alguma forma tenho de ser um uso para outros, contanto que eu não me revolte contra isso, se voluntariamente, por meio de minhas ações sou um bem para outros, isso é um benefício para mim e isso é também um benefício para mim se minha vida é usada para o benefício de outros. Tornei evidentes diversos outros exemplos disso, dos quais, naturalmente, o mais impressionante seria a pessoa que morre por sua pátria em uma guerra justa, levando-a à vitória última. Mas, mesmo que ele seja um recruta, toda sociedade, excetuando a nossa, reconhece que isso não foi meramente um bem para outras pessoas, mas um bem para aquele cuja vida foi de tremendo uso para todas as outras pessoas."

A réplica óbvia para isso é que muito sofrimento parece não ser exatamente inútil para o sofredor, mas inútil para qualquer outra pessoa, ou de fato de nenhum valor o bastante até para justificá-lo. Como exemplo, dei o daqueles que morreram no combate de Somme, uma multidão de recrutas que foi massacrada, e isso não representou nenhum benefício estratégico.

"Bem, a vida desse soldado em particular é também útil, mas não do modo como acabo de descrever. Ou seja, tomando esse exemplo, alguém o mandou lá, algum general de alto escalão tomou uma decisão sobre esse assunto. A guerra não aconteceu simplesmente; ela foi o resultado de todos os tipos de decisões e de todas as espécies de atos de negligência feitos por políticos de ambos os lados, de todos os tipos de falta de anúncio de um evangelho de amor pelas igrejas de ambos os lados – inumeráveis pessoas, por meio da negligência, por meio da criação de problemas odiosos, por meio de aborrecimentos, contribuíram para a guerra."

"É um grande bem para eles ter permitido fazer enormes diferenças para coisas, e eles puderam apenas fazer enormes diferenças para coisas se estavam dispostos a ser possíveis vítimas. Ou seja, é apenas porque algumas pessoas sofrerão se eles tomarem a decisão errada que a possibilidade de decisões erradas está aberta para eles. E assim aconteceu com o soldado no combate de Somme: sua vida foi útil porque, por sua disponibilidade, ele tornou a possibilidade de enormes decisões aberta para muitas, muitas outras pessoas." E lembremo-nos de que, segundo Swinburne, é "não exatamente um bem para outros, é um bem para mim se sou útil para outros".

Ouvindo tudo isso, alguns responderam não por meio de

um questionamento da lógica da defesa, mas por meio de uma repugnância moral a respeito do que tudo isso acarreta. Se esse é um Deus que realmente acredita que é bom para as pessoas sofrerem terrivelmente em favor de outras pessoas, e que também é bom para elas, então esse Deus não é digno de nosso culto. Swinburne pensa que o desgosto possa ser facilitado por um senso de perspectiva.

"Uma das coisas verdadeiramente importantes que você faz com uma teodicéia é levar em conta outros aspectos do pacote cristão, ou o pacote de qualquer outra religião. Uma coisa de fato óbvia e importante é que a vida apenas dura setenta ou oitenta anos sobre a terra, mas, para a maioria das religiões, inclusive a cristã, isso é uma pequena gota na eternidade e o que estamos fazendo neste mundo são escolhas que afetam o destino da pessoa que devemos ser e, por esse motivo, a espécie de vida que somos capazes de usufruir no outro mundo, se estivermos em correta relação com Deus ou não. Deus não se interessa apenas em que vivamos uma vida confortável neste mundo, que é naturalmente em si mesmo uma coisa boa, mas em escala muitíssimo maior Deus se interessa que sejamos heróis e que assumamos totalmente heróicos compromissos em circunstâncias difíceis. Se assim o fizermos, formaremos um caráter que nos torna pessoas capazes de usufruir a visão beatífica dos céus."

Swinburne deixa bem claro o que a reconciliação de Deus com o mal requer. Duas coisas que ela requer particularmente é que Deus tem o direito de infligir esse sofrimento e que é justificável permitir algo de verdadeiramente terrível para um bem maior. Digo a Swinburne que muitos acharão isso difícil de engolir.

"Se alguém pensar que apenas as coisas boas do mundo são impulsos de prazer e que apenas coisas más são pílulas de dor, isso não irá produzir nenhum efeito imediato. Mas gosto de pensar que grande número de pessoas não estão nessa situação, e que elas vêem algumas outras coisas de alguma forma mais complicadas como de fato boas e algumas coisas de alguma forma mais complicadas como de fato más. Os exemplos com que iniciei essa entrevista e que se encontram em meu livro não são exemplos teológicos, casos em que admitimos que os pais têm certos direitos sobre os filhos, em que os estados têm certos direitos sobre seus cidadãos, casos em que é um bem para mim se eu for um benefício para outros. Costumo dizer às pessoas que levemos isso um pouco a sério. Se você levar isso a sério, talvez haja de fato mais a ser dito sobre essas visões morais do que pensamos no início da entrevista, e espero ser persuasivo, mas isso implica em dar muitos, muitos exemplos."

Swinburne já dissera que sua argumentação não iria imediatamente convencer os ateus confessos e não iria fazer muita diferença para os crentes comprometidos. Reconciliar Deus com o mal é da maior importância para os indecisos ou inseguros. A questão que nos resta, de fato, é se a reconciliação precisa que Swinburne descreve terá o efeito de esclarecer o modo de crer em Deus ou de tornar a idéia de Deus de fato uma idéia mais fria.

Antologia bibliográfica

The Coherence of Theism. Clarendon Press, Oxford, 1977.
The Existence of God. Oxford University Press, Oxford, 1991.
Is There a God?. Oxford University Press, Oxford, 1996.
Providence and the Problem of Evil. Oxford University Press, Oxford, 1998.
The Resurrection of God Incarnate. Oxford University Press, Oxford, 2003.

11

Filosofia da religião

Peter Vardy

Não são muitos os filósofos que têm em seu curriculum vitae colegas do Institute of Chartered Accountants e do Institute of Marketing e diretores e catedráticos de companhias listadas no London Stock Exchange. Peter Vardy os tem, mas logo que você o encontra, a incongruência imediatamente se desvanece.

Peter Vardy é simplesmente um furacão. Depois de cumprimentar-me em seu colégio, ele começa a fazer café para nós, deixando-me fumar em seu despertar. Fazendo piruetas pela cozinha, recebo o mais genuíno café instantâneo que já tomei. Atentos para não derramar nada, entramos rapidamente na sala para nosso bate-papo.

Vardy conversa enquanto se move – rapidamente, ágil e com ilimitada energia. Repentinamente, você começa a ficar surpreso por causa de sua série *Puzzle* de livros de filosofia, dirigidos a um largo círculo de leitores, cerca de cinco volumes. Sem dúvida, esse homem poderia impressionar alguém em um fim de semana.

Essa energia sem limites reflete-se em seu empreendimento e dá o sentido de seu passado de negócios. Vardy não está exatamente interessado em idéias; está interessado em fazer coisas e comunicação. Seu uso das apresentações do Power Point em conferências – elemento fundamental no mundo dos negócios, mas ainda raro na filosofia acadêmica – é uma pequena indicação do modo pelo qual ele entende o quanto uma boa apresentação é importante.

A vida acadêmica ativa de Vardy levou-o a tornar-se presidente da London Society for the Study of Religions, como também membro fundador da British Society for Philosophy of Religion.

Atualmente ele é o vice-diretor do Heythrop College, o mais importante colégio da University of London. Ele é mais conhecido por suas introduções populares à filosofia da religião, que foram traduzidas para diversas línguas. Ironicamente, embora uma delas, o *The Puzzle of God* (*O enigma de Deus*), seja obrigada a repetir os argumentos padronizados sobre a existência de Deus, Vardy tem pouco tempo para dedicar a elas.

"Penso que elas são uma perda de tempo" – diz ele. "Penso que são enfadonhas. Como filósofo, eu me interesso por elas. Estou interessado em novas revisões; penso que o argumento ontológico é particularmente fascinante. É uma coisa agradável, principalmente com o que alguém como Norman Malcolm faz com ele. Mas, na verdade, penso que elas são enfadonhas porque não penso que a religião repouse sobre elas. Você não convence ninguém, dizendo: 'bem, eu pensava que havia 68 por cento de probabilidade de que Deus existe, mas acabo de ler um artigo no *The Philosophers' Magazine* que elevou a probabilidade para 71 por cento, e portanto estou longe de ser um jesuíta'. Isso é ridículo. De modo que verdadeiramente penso que elas são desinteressantes."

Não só desinteressantes, mas também mal-compreendidas.

Tome, por exemplo, as Cinco Vias de Tomás de Aquino, largamente entendidas como tentativas de provar a existência de Deus em bases puramente racionais. Segundo Vardy, no entanto, "se alguém como Tomás de Aquino estivesse de fato procurando mostrar a ateus que a crença é racional, penso que isso seria discutível. Penso que o que ele procurava era mostrar a todo aquele que crê – e, afinal de contas, todo mundo acreditava – que a crença era racional. Não estou inteiramente certo de que ele teria concebido isso como uma prova independente. Se você olhar o quanto ele escreveu na *Summa Theologiae*, a quantidade dedicada às Cinco Vias é absolutamente minúscula, e se ele tivesse pensado que tudo deveria depender disso, estou certo de que ele teria dedicado mais que um par de páginas para o assunto".

Outros teólogos procuraram oferecer não provas cabais particulares, mas casos cumulativos para a existência de Deus – em que uma série de argumentos, juntos, serve como prova cumulativa. Ao mesmo tempo, apresentam argumentos de probabilidade para mostrar se os argumentos aduzidos a fim de demonstrar a existência de Deus são muito mais prováveis ou não. Vardy não acredita que algum deles funcione, mas também não pensa que deveríamos procurar julgar de modo simplista se elas dão certo ou falham. "Não é como preto e branco" – explica Vardy. "Elas claramente não chegam a provar de forma conclusiva que Deus existe. Penso que a questão mais interessante é: elas tornam mais persuasivo o fato de que Deus existe?"

"Atualmente meu problema a respeito é de que isso depende muito de quais são seus pressupostos. Desse modo, Swinburne chega a dizer: coloque-as todas juntas, e isso parecerá provável, enquanto Flew chega a falar de baldes furados, e de fato penso que depende muito de seus pressupostos. O sucesso e o malogro devem ser medidos não em termos de 'sim, funciona' ou 'não, não funciona', mas 'isso aumenta a probabilidade?'."

Muitas pessoas religiosas que rejeitam as tentativas da teologia natural de fornecer bases racionais para a crença voltam-se para o fideísmo – a idéia de que a fé sozinha justifica a crença, e a fé é independente da razão.

"Isso é atraente" – admite Vardy –, "pelo fato de que você não tem de justificar sua estrutura. Você opera dentro de uma estrutura e, como crente religioso, você sabe que sua estrutura está correta. Portanto, se eu for devoto muçulmano, saberei que o Sagrado Corão foi ditado por Allah e que isso é inquestionável. Posso provar isso? De modo nenhum. Posso usar a razão dentro dessa estrutura. Se sou um devoto cristão, sei que Jesus é a segunda pessoa da trindade e que ressuscitou dos mortos, e posso fazer meu raciocínio dentro dessa estrutura".

"Por outro lado, apelar para a revelação pode ser visto filosoficamente, penso, como uma evasão, pois qual revelação você escolhe? Mesmo dentro do cristianismo há teorias diferentes sobre o que foi revelado. Algumas pessoas falam por meio da Igreja – você encontra isso mais na tradição católica; outras pessoas dizem que pela leitura da Bíblia, ou então diretamente. Qual revelação escolheremos?"

O ancestral contemporâneo mais sofisticado do fideísmo é a epistemologia reformada. Como Vardy a descreve, ela é a visão de que "somos justificados mantendo nossas crenças como injustificáveis, porque temos uma 'estrutura noética' adequadamente ordenada. Isso significa que recebemos a graça de ver o mundo corretamente. Recusamos ceder a vocês, filósofos, porque isso significaria exatamente aceitar que a razão pode julgar a Deus. Confiamos na revelação e vemos o mundo corretamente e por isso não queremos tentar raciocinar com vocês – pois isso seria teologia natural. Em vez disso, rezaremos por vocês e vocês poderão receber a graça de Deus".

A epistemologia reformada tem alguns advogados de peso, tais como Alvin Plantinga. Mais uma vez, contudo, o próprio Vardy não fica persuadido. "Não penso que isso nos leve a qualquer lugar. Qual revelação escolheremos? Tudo isso é de fato dizer que sei que estou correto em alta voz."

Isso é, porém, diferente do fideísmo em um aspecto importante. "Alguém como Alvin Plantinga aceita a possibilidade daquilo que ele chama de derrotados. Com isso ele quer dizer que é possível, dentro da estrutura da fé, que essa estrutura poderia ser mostrada como inconsistente. Se dessa forma você pudesse produzir argumentos que mostrariam que a estrutura inteira é incoerente, ele diria que deveríamos rejeitá-la. Então os derrotados podem ser derrotados. Portanto, um derrotado seria o problema do mal e ele pode ser derrotado por uma teodicéia mas, diversamente do fideísmo, ele está aceitando dentro da estrutura a possibilidade de ela ser demonstrada como incoerente."

O problema real que Vardy tem com essa visão é que "se você está dentro do sistema de crença, estará apto a mostrar às pessoas por que é razoável não ter nenhuma justificativa, mas alguém de fora do sistema irá justa e simplesmente rejeitar seus pressupostos. Penso que se você olhar para um epistemólogo reformado, você poderá aplicar o argumento deles exatamente a qualquer das outras religiões do mundo da mesma forma que você o pode aplicar à deles. Portanto, por que escolher uma em vez da outra?"

Vardy também tem grande respeito por não-realistas como Don Cupitt, que mantém uma crença religiosa, embora rejeitando a existência literal de Deus, do céu e da outra vida. Vardy reconhece particularmente sua dívida para com Wittgenstein. Wittgenstein argumentou que o significado das palavras é determinado por seu uso na comunidade que usa a linguagem. Esse tosco resumo não faz justiça à complexidade da posição de Wittgenstein. Todavia, dessa premissa básica podemos ver como alguns anti-realistas procuraram defender a religião ao lado das linhas de Wittgenstein. Eles dizem que você pode apenas entender realmente o que a linguagem religiosa significa se você formar parte da comunidade religiosa que a usa. Julgar as afirmações religiosas de um ponto de vista não-religioso é, por isso, não entender a questão. Isso inclui o julgamento das afirmações sobre Deus como se elas se referissem a uma entidade da mesma ordem que pessoas, árvores ou planetas.

"Wittgenstein vê a complexidade e a sofisticação das afirmações religiosas" – explica Vardy. "Assim, por exemplo, quando ele critica o *The Golden Bough* de Frazer, é por Frazer usar a antropologia ocidental para olhar as religiões africanas e dela fazer um belo apadrinhamento. Wittgenstein diz que você não começa a entender a sofisticação dessa forma de vida. Wittgenstein nem sonharia julgar o que eles estão realmente fazendo, exceto quando entende o que está acontecendo. Portanto, tome um católico que de passagem diz: 'Este é o sangue de Cristo'. Porque alguém imediatamente diz: 'Bem, acabo de analisá-lo no laboratório e não é'. Wittgenstein diz: 'Para uma asneira isso é demasiado grande'. É uma estupidez. O que penso que Wittgenstein iria fazer seria procurar entender como a gramática religiosa funciona e então deixar isso por isso mesmo."

Alguns não-realistas, porém, chegam à conclusão de que a religião é nada mais que um construto de linguagem. Mundos são criados por usuários de linguagem, mas esses mundos não têm existência real, objetiva. Portanto, palavras como "Deus" e "outra vida" não se referem de fato a qualquer coisa. A razão pela qual Vardy pensa que isso seja um erro é que "Wittgenstein pensou que a filosofia deveria deixar tudo como está. Isso não é o que os não-realistas fazem. Os não-realistas estão de fato dizendo que se isso não for mostrado como verdadeiro, com demonstração (o que é quase uma presunção verificacionista e positivista), então isso é apenas gramática. Esse 'apenas gramática', porém, não é wittgensteiniano. O não-realista acredita em Deus, acredita que Deus real, realmente, na verdade, verdadeiramente, existe. Mas o que eles querem dizer com existência é radicalmente diferente, porque estão operando com uma teoria coerente da verdade, pela qual a verdade depende da estrutura que você tem. Dentro da estrutura da crença, Deus existe".

Uma razão pela qual Vardy tem alguma simpatia por essa visão é que as questões estão mais próximas de seus próprios interesses pela verdade e pelo significado. "A questão-chave de hoje, penso, é o que significa falar sobre Deus. Costumava ser tão simples. Há cinqüenta anos, alguém acreditava em Deus e alguém não acreditava. Esse é o tipo de debate em que Flew ou Russell estavam envolvidos e de um modo que agora está ultrapassado. A questão é: o que você quer dizer com Deus? Se você estiver falando a um não-realista, uma coisa que se torna clara é que existem modos de entender como Deus existe que não envolvem uma referência a algum ser chamado 'Deus'."

Embora mantenha isso bem escondido na maioria de seus livros, Vardy não é um comentarista casual. Ele tem suas próprias crenças e elas estão longe de serem puramente acadêmicas. A partir do que ele disse e escreveu sobre Deus, senti que ele é algum tipo de realista – para ele Deus existe como uma entidade real e independente de algum tipo. Portanto, por que a precaução?

"Procuro ser muito cuidadoso quanto a expressar de onde estou vindo" – explica Vardy –, "porque penso que, se alguém é um realista, poderia estar errado e penso que a humildade é muito importante. Não penso que existam quaisquer argumentos conclusivos que possam provar que Deus existe e, por isso, se eu apoiar minha vida nisso, poderia estar errado. Por esse motivo, penso que seja algo louco tentar estar por cima para convencer as pessoas com uma certeza espúria, quando eu poderia estar errado".

"Quando você diz que não concordo com os não-realistas, de fato não estou, mas eles poderiam estar certos. É por isso que penso que eles deveriam ser levados a sério. Tenho o suficiente de um filósofo para pensar que qualquer posição que chego a produzir pode estar errada. Mas ninguém é filósofo a vida inteira, alguém tem de apoiar sua vida [em algo], e no fim do dia a religião é sobre o que você apóia sua vida. Essa não é necessariamente uma questão de prova filosófica."

"Penso que o cristianismo é sobre como viver em uma relação com esse último que se chama Deus e procurar expressar isso de fato no mundo que nos rodeia. Credos e doutrinas de certo modo são coisas secundárias. Não é uma questão de dizer que tenho essa formulação correta de credo; tem muito mais a ver com o modo como vivemos."

Vardy fala sobre a concepção de Deus de Karl Rahner como o Mistério Sagrado, "um outro com o qual alguém pode estar em relação e que não é um outro que construímos. Ele é um outro para o qual somos responsáveis e responsivos, do qual dependemos". Vardy acredita que os não-realistas que negam isso estão deixando alguma coisa. "Existe um sentido, particularmente talvez quando alguém está em crise, em oração, em termos de experiência religiosa, em termos da possibilidade de vida depois da morte, nos cemitérios, de estar em relação com um outro, de ser amado por esse outro – desculpe-me, não é um termo filosófico – de estar nas mãos, se você quiser, de algo maior que é importante para a busca religiosa."

Sua frase "não é um termo filosófico" é significativa. Embora possa rejeitar o fideísmo e a epistemologia reformada, Vardy partilha com ambas uma convicção que está além de uma prova. Sobre sua convicção de que esse outro existe, diz ele, "não posso justificar isso filosoficamente. Posso provar isso? Não. Posso demonstrar que isso é provável? Não, de modo nenhum".

Uma vez que ele está comprometido com a visão de que a filosofia da religião não pode estabelecer uma verdade religiosa, e nem sequer pode aumentar a probabilidade de uma verdade religiosa, qual a função que resta para a filosofia da religião?

"Penso que o que está fazendo" – replica Vardy –, "é em primeiro lugar providenciar espaço em uma sociedade em que toda idéia de Deus é deixada de lado, para mostrar que ela é uma séria possibilidade, que pode ser tomada seriamente por pessoas sadias e inteligentes que estão querendo pensar criticamente. Grande número de pessoas pensa que ela foi abandonada com as fadas. Portanto, isso é muito importante".

"Em segundo lugar, fazer alguma análise crítica, de modo que você possa verdadeiramente seguir uma argumentação até o fim. Se tiver chegado a um tipo particular de Deus, quais conseqüências isso terá para a experiência religiosa, para a oração, para os milagres etc.? Você não pode começar por defender o princípio de não-contradição – pois começa falando de absurdo. Assim, se estiver para dizer isso, você não pode dizer aquilo. Da mesma forma, se está a fim de trabalhar fora de uma posição, poderá haver coisas que você não pode justificar, mas não introduza quinze coisas que não pode justificar antes do café da manhã. Identifique de fato quais são seus pressupostos."

Isso pode soar tanto como teologia quanto como filosofia. A diferença entre teologia e filosofia da religião não é que a primeira trabalha dentro da estrutura de uma crença existente enquanto a última não?

"Penso que é justamente isso" – concorda Vardy. "Penso que a teologia é a exploração da estrutura a partir de dentro e que a filosofia da religião é muito mais olhar a estrutura total a partir de fora, e perguntar: por que essa estrutura? Como essa estrutura funciona? Portanto, um filósofo da religião pode olhar para a teologia e dizer: ótimo, mas por que operar dentro dessa estrutura? Por que você está lendo esses livros? Talvez a estrutura inteira esteja errada? É uma visão mais ampla. É postar-se a uma pequena distância."

Já que Vardy está comprometido com a visão de que a filosofia não pode estabelecer a verdade ou até a probabilidade de qualquer estrutura religiosa particular, a filosofia da religião não seria uma coisa redundante? Vardy discorda. "Há uma enorme quantidade de coisas para ela fazer. Muita coisa na teologia infelizmente ficou confusa porque não fizeram nenhuma filosofia. Uma das coisas boas da tradição católica é que eles de fato levaram a sério a filosofia e a teologia ao mesmo tempo. Mas se você não o fizer, acabará por dizer uma notável quantidade de absurdos. Muitos livros de teologia, se você não ficar atento, usam essa palavra 'Deus' sem que de nenhum modo fique claro o que querem dizer com ela. Por exemplo, eles querem falar sobre a vida depois da morte e você poderá ver entrar todo tipo de coisa que puder imaginar. Você ouvirá falar de almas, da ressurreição no último dia, da ressurreição do corpo – eles não fizeram nenhuma filosofia. Portanto, penso que a filosofia precisa criticar a teologia e dizer: 'o que você está realmente dizendo?' Ela também precisa impelir os crentes religiosos a serem muitíssimo mais claros sobre o que estão dizendo e penso que este seja um importante papel, e que ele pode ser desafiador. Grande número de crentes religiosos pode ficar muito ameaçado pela filosofia, porque repentinamente eles têm de pensar e isso não é agradável."

Vardy também pensa claramente que a filosofia da religião é útil para uma ampla audiência. Ele explica por que, citando seu filósofo favorito – Pooh Bear.

"Penso que Pooh tem uma sabedoria e uma dignidade às quais eu gostaria de aspirar, e penso que há um perigo de a filosofia se tornar esperta. Se a filosofia está para se tornar alguma coisa, é a de atrair e estar apta a ser compreensível para os seres humanos comuns. O que procuro fazer nos livros de tipo *Puzzle* é propiciar uma iniciação honesta e, espero, acurada, a diferentes posições. Procuro manter minha própria posição em segundo plano, porque não é isso que importa. Meu desejo é que as pessoas entrem nisso. Elas devem sustentar suas próprias vidas, e portanto procuro tentar refletir uma variedade de posições diferentes. Os Pooh Bears deste mundo são importantes e prefiro ser um Pooh Bear e não uma Coruja."

Antologia bibliográfica

The Puzzle of Evil. Fount, London, 1992.
The Puzzle of Sex. Fount, London, 1997.
The Puzzle of God, ed. rev. Fount, London, 1999.
The Puzzle of Ethics, com Paul Grosch. Fount, London, 1999.
What is Truth?. University of New South Wales, Sydney, 1999.

IV
Filosofia e Sociedade

12

Murdoch e a moralidade

Mary Midgley

Mary Midgley teve uma carreira extraordinária. Começou com um pouquinho de sorte, pois nasceu no tempo oportuno, de modo a estar em Oxford durante a segunda guerra mundial. Com seus pares do sexo masculino, como recruta ou voluntária para ajudar no tempo da guerra, isso deu às mulheres filósofas uma oportunidade real de colocarem sua marca em um mundo dominado pela masculinidade. Muitas mulheres a tiveram, como Midgley, Elizabeth Anscombe, Phillippa Foot e Iris Murdoch.

Midgley chegou a tornar-se *senior lecturer* em filosofia na universidade de Newcastle. No decorrer de sua carreira ela publicou numerosos livros, todos caracterizados por seu estilo acessível. Midgley escreve filosofia que os não-filósofos conseguem entender. Ela também escreve sobre tópicos que interessam o grande público, mais notavelmente sobre o papel da ciência na compreensão humana.

O tema maior que percorre a obra de Midgley é a idéia de que a ciência, apesar de ser um dos indubitáveis êxitos da humanidade, não fornece uma forma de conhecimento que possa explicar ou justificar todas as esferas da existência humana. Sua preocupação foi criticar não a ciência, mas aqueles que fazem reivindicações exageradas em favor de seu poder. Ela prefere manter a ciência em seu lugar, em vez de atacá-la.

Seu principal inimigo é o reducionismo: toda visão que procura explicar o comportamento humano, a natureza ou a ética em termos de fatos mais simples e mais básicos sobre ciência – em geral na forma de biologia, evolução ou genética. Sua campanha contra o reducionismo foi ocasião para diversos debates apaixonados e de alto nível. De modo mais notável, ela se envolveu em uma troca de artigos com Richard Dawkins no famoso jornal *Philosophy*. Esse debate foi extraordinariamente apaixonado e, por vezes, de natureza pessoal.

Tudo isso começou há seis anos, quando duas jovens mulheres, que gostariam de estar entre os mais conhecidos filósofos de sua geração, primeiro cruzaram seus caminhos em Oxford. Em 2000, uma delas, Iris Murdoch, morreu com mal de Alzheimer. No ano seguinte, Mary Midgley voltou a Oxford, lembrando-se de sua querida amiga que havia partido.

"Nós duas fomos a Somerville em 1938" – recorda Midgley. "Éramos as únicas duas pessoas que haviam tomado nosso assunto (Greats) em nossa turma, de modo que trabalhávamos juntas o tempo todo e nos tornamos muito próximas. Permanecemos próximas. Ela era noiva quando me casei. Então, por longo tempo fiquei em Newcastle e não a via muito, mas sempre costumava ir vê-la quando podia. Ela é uma de minhas amigas mais íntimas e crescemos realmente aprendendo juntas, de modo que é um pouquinho difícil dizer quem influenciava quem."

As filosofias de Murdoch e de Midgley são paralelas de diversos modos. Muito obviamente, ambas reagem fortemente contra a tradição "Oxford" dominante, com sua ênfase em uma árida análise lingüística e sua deliberada remoção para fora da vida cotidiana. Nada disso teria provavelmente ocorrido, contudo, mas aconteceu por causa da intervenção da segunda guerra mundial.

"Começamos a fazer filosofia durante a guerra, e nesse tempo todas as pessoas que você pensa como os filósofos de Oxford, como Ryle e Ayer e daí por diante, estavam praticando código ou criptograma em Bletchley ou sendo levadas para países europeus. O *Language, Truth and Logic* (*Linguagem, verdade e lógica*), de A. J. Ayer, já fora publicado e, portanto, o positivismo estava em pauta. Meu tutor era Donald McKinnon, que foi por muito tempo metafísico. Ele era ao mesmo tempo teólogo e filósofo e Kant era seu o tema central. Era um filósofo no estilo antigo. Tanto Iris como eu estávamos acostumadas a isso como patos com a água. Se nos tivessem apresentado apenas a dieta de uma estreita filosofia lingüística, penso que nós duas teríamos pulado fora. Isso não era uma coisa para nós. Naturalmente, tivemos de observar isso, e escrever ensaios sobre *Language, Truth and Logic* e daí por diante, mas nós duas continuamos dedicadas ao pensamento de que a filosofia era para ser lida o mais amplamente possível."

A guerra não só temporariamente interrompeu a dominância da filosofia de Oxford, mas também abriu a porta para as mulheres. "Pouquíssimas pessoas estavam considerando Greats de alguma forma, e particularmente poucos homens. Também havia muitas mulheres considerando-o como os homens, e assim a possibilidade de abrir a boca e falar sobre o que interessava era muito maior que de costume, e penso que o fato de que não só Iris e eu, mas também Elizabeth Anscombe e Philippa Foot surgiram nessa geração não é mero acidente. Todas nós então começamos a fazer o que podíamos a fim de interromper o estreito tipo de filosofia moral que existia."

"Não é que tenhamos deixado de lado a matéria da análise crítica. Nós a fizemos, e quando nos tornamos estudantes graduadas depois da guerra ela inteira voltou. A essa altura, no entanto, as pessoas presentes tinham voltado da guerra, algumas com ferimentos sérios, e eram idosas o bastante para aceitar ou rejeitar. Havia um grande número de filósofos interessantes, como Strawson, que saíram dessa geração."

Para qualquer um que acredita que o gênero é uma influência-chave para o modo que a filosofia é feita, isso é uma fonte de vantagem. Os homens vão para a guerra e, quando estão longe, floresce um estilo diferente de filosofia. Muitas mulheres dessa geração chegaram a especializar-se naquilo que agora se chama de "filosofia aplicada", isto é, relacionar as preocupações filosóficas, particularmente no campo da ética, com a vida real. Pensa Midgley que o fato de esses filósofos serem mulheres foi aqui um fator importante?

"Penso que as mulheres são menos propensas a estarem preparadas para gastar seu tempo com joguinhos filosóficos, e penso que isso é o que uma grande quantidade de filosofia está fazendo. Boa parte dela, obviamente, é simplesmente complicada, mas se encontra razoavelmente longe da vida. Não penso que as mulheres possam realizar essas operações formais, mas elas desejam que seja mostrada alguma razão do motivo pelo qual deveriam fazer isso. Essa, sem dúvida, é minha situação – não posso falar pelas mulheres em geral. Se você está fazendo alguma filosofia, se está empenhada no modo como as idéias operam, então é uma peculiaridade predominantemente masculina querer subir direto para o ar e girar em círculos, sem relacioná-los com qualquer outra coisa."

Uma chave característica das reações tanto de Midgley como de Murdoch contra a tradição anglo-saxônica dominante foi sua ênfase mais sobre as explicações holísticas que sobre as redutivas.

Midgley acredita que a filosofia do século vinte trabalha de modo demasiadamente exclusivo pela análise minuciosa e pela divisão dos fenômenos que ela procura explicar. Na verdade, isso é o que é freqüentemente entendido pela noção de análise na filosofia analítica. O custo disso, pensa Midgley, foi uma falha na consideração dos modos com que as partes formam os todos e uma visão de mundo não-realista que vê todas as coisas como compostos de unidades mais simples e distintas.

"Penso que Iris e eu partilhamos o mesmo pensamento de que é terrivelmente importante ver o todo e que a pessoa em geral se decepciona se alguém diz que X é apenas Y. Por vezes há uma boa razão de se dedicar apenas a Y. Mas a ilusão que certos estudiosos se inclinam a ter é que sua disciplina deu uma explicação cabal para todas as coisas."

"Iris tinha um ângulo marxista, que penso que de vários modos era muito útil porque o marxismo é muito amplo. Por vezes ele é redutivo, mas nunca permite que você pense que tem apenas um lado para olhar. Tenho um ângulo levemente diferente pelo fato de que fiquei muito interessada desde cedo pelo modo desdenhoso com que as pessoas falam sobre os animais e da super-redução disso; e pela noção de Descartes de que os animais não são conscientes porque são apenas máquinas."

Um exemplo desse ceticismo a respeito da redução refere-se à divisão tradicional entre sentimento e razão. Midgley argumenta que não se pode dividir a mente de modo tão drástico.

"Essa é uma queixa que vai muito além da filosofia analítica de Oxford. A partir de Descartes, a tradição filosófica do Iluminismo dividiu sentimento e razão e, no conjunto, ficou gritando do lado da razão. A imagem, por exemplo, de Platão sobre o cavaleiro (razão) domesticando o cavalo (emoção), ou do senhor colonial manobrando os nativos, tornou-se influente. O que se quer dizer é que, quando alguém fica perplexo ou aflito por alguma coisa, por exemplo, está fazendo uma grande coisa, da qual o sentimento e a razão são dois aspectos."

Mais uma vez, é curioso que as mais altas vozes que reivindicam tais abordagens holísticas tenham sido as de mulheres, mas Midgley não acredita que isso abra a porta para uma visão da filosofia como essencialmente marcada pelo gênero, porque, como diz ela, "quero dizer que todos nós somos ambos os gêneros. Penso muito profundamente que somos todos masculinos e todos femininos, que esses elementos estão em todos nós, que essa não seria nem é uma questão de guerra. Você pode encontrar homens filósofos holísticos – Aristóteles sem dúvida o foi, e Butler também, e penso que, em seus bons dias, pessoas como Platão eram ambas as coisas. O problema é que no caso de seus discípulos e na formação das escolas, essas coisas sempre se tornaram mais extremadas".

Portanto, embora homens e mulheres na filosofia tendem a puxar em direções diferentes, essa não é uma questão de uma divisão fundamental, e sim de um deslocamento da ênfase. Mas a filosofia precisa igualmente das influências tipicamente masculinas e femininas a fim de que se faça o melhor. Isso é verdade tanto para os sistemas e culturas das universidades como o é para argumentos e teorias.

"O que me deixa insatisfeita nas universidades é que você tem um grande número de homens jovens que tem de fazer sua carreira. As coisas são inevitavelmente competitivas. A questão dos argumentos vitoriosos torna-se muito importante, e o lado legal da filosofia é forçado a expressar-se. Penso que é verdade que, se você tiver mais mulheres aí, isso acontecerá menos. Se você tivesse isso de outro modo no planeta X e a maioria das mulheres estivesse fazendo isso, é muito provável que elas não estariam escapando do cercado o suficiente."

Outra divisão que Murdoch e Midgley disputam sutilmente é a longamente prezada distinção entre fatos e valores. Tornou-se uma espécie de truísmo em filosofia que não se pode derivar verdades em relação a valores, particularmente os valores morais, de fatos sobre o mundo independentes de valor. Murdoch tentou minar essa idéia por meio de sua noção de prestar atenção. Como Midgley compreende essa idéia?

"Estamos sempre tratando as pessoas de modos que pensamos ser apropriados para elas *como as vemos* – pensamos que dominamos os fatos sobre essas pessoas. Se observarmos mais de perto, poderemos freqüentemente perceber que esses não eram os fatos importantes, e que os fatos são mais complicados. Isso é tão-somente um modo de abandonar a dicotomia do simples fato/valor, que era aquilo pelo que lutávamos antigamente, e que ainda continua. A questão não é a de apenas responder à situação em que alguém se encontra, mas também a de se certificar de que se conhece qual é a situação, prestando atenção."

"*The Sovereignty of Good* (*A soberania do bem*), de Murdoch, é realmente um livro sobre a liberdade. Iris critica a visão de que o que temos de fazer é em primeiro lugar ser livres, e que nosso dever é agir, e que não há realmente nenhum valor ou importância em nossos estados de mente, e que a vida interior não interessa. Essa é, como diz, de fato uma posição existencialista. Ela diz que sua vida interior é verdadeiramente muito importante, porque você tem uma atitude, um modo de pensar a respeito das coisas, e um modo de ver as coisas e as pessoas com as quais está envolvido, e é problema seu verificar se esse modo de ver é realista. Se você simplesmente colocar seu esforço moral em decidir e agir livremente, mas não prestar atenção ao que está acontecendo, você estará muito obviamente omitindo uma grande porção daquilo que realmente interessa."

Portanto, na visão que Murdoch tem da ética, aprendemos qual é a coisa certa a fazer – o bem – prestando atenção àquilo que está em questão e aumentando nossa compreensão da realidade. É por esse motivo que ela pensa que a arte é importante, porque a arte aumenta nosso senso da realidade. A distinção fato/valor se dissolve, porque se você tiver uma apreciação total da realidade chegará a saber qual é a coisa certa.

Outra notável semelhança entre a filosofia de Murdoch e de Midgley é que ambas salientam como é importante considerar os mitos e metáforas que usamos, mais particularmente ainda quando falhamos em perceber que estamos falando de modo metafórico.

"O que as pessoas consideram como pensamento certo e oficial freqüentemente é uma versão abreviada de um mito ou metáfora que usaram, tais como o gene do egoísmo e a visão das pessoas como máquinas. É extraordinário, penso eu, como muitos teóricos parecem não saber quando estão usando uma metáfora. 'A mente humana é exatamente um computador feito de carne', por exemplo. E quando Dawkins cita Nick Humphrey falando a respeito dos memes: 'quando você me dá sua idéia, você literalmente parasitiza minha mente', a questão não é que as pessoas estejam usando metáforas daquilo que estão inteiramente conscientes, mas a de que elas usam essas metáforas explicitamente como fatos."

Os filósofos analíticos não querem esquentar esse tema, porque as metáforas representam ambigüidade e ambivalência, ao passo que os filósofos analíticos vêem a si mesmos como fornecedores de explanações claras e isentas de ambigüidade. A metáfora é, portanto, uma ameaça para a verdade objetiva. Midgley a considera ao contrário. Aceitando e tornando-se totalmente consciente do elemento da metáfora com a qual está falando, você vê com maior clareza o quadro mais amplo da verdade daquilo que está falando.

"Se se iludem, pensando que agem sem metáforas, eles provavelmente devem estar errados. Sempre estamos usando metáforas, e penso que grande parte do pensamento, evidentemente redutivo e rigoroso, é distorcido porque ainda contém metáforas. Isso não é percebido de modo exato."

A questão da metáfora é interessante, porque recentemente Midgley esteve trabalhando com a idéia de Gaia, com a qual ela simpatiza – a idéia de que a terra como um todo pode ser compreendida como um organismo único e vivo. Isso não seria apenas uma metáfora?

"Você diz 'apenas uma metáfora', mas que é alguma coisa absolutamente enorme. Se, de um lado, você pede uma tradução literal disso, você irá recorrer a uma enorme quantidade de ciência, com a qual todo mundo se ocupa. Do outro lado, você tem um modo de ver as coisas, uma estrutura imaginativa com a qual vê o mundo de modo diferente e, vendo-o de modo diferente, você também se sente de modo diferente em relação a ele. Se essa história é de fato verdadeira, como parece ser, que a vida, toda a vida sobre a terra viva, aconteceu mantendo as condições vitais sobre este planeta por todo o tempo que o planeta existiu, contrariamente a todos os tipos de correntes que de outra forma existiram, então a única resposta possível é a de reverência e gratidão. Se você perceber que está usando uma metáfora, a resposta não deve ser o costumeiro 'oh, bem, quero apenas dizer que...', mas 'vamos desembrulhar o que está implicado nisso'."

A própria Iris Murdoch era modesta em relação a suas conquistas em sua filosofia. "Ela não queria considerar-se de nenhum modo como contribuinte, o que é uma grande pena" – afirma Midgley. Sua fama como novelista é muito maior que sua fama como filósofa. Apesar de tudo, Midgley acredita que Murdoch deu uma contribuição vital ao assunto.

"Penso que o fato de fazer voltar à vida interior é uma coisa tremendamente importante. O elemento behaviorista na linha de Hare e de Hampshire era terrível e eles estavam muito inconscientes disso. Eles sentiram, com certo senso de justiça, que as pessoas deveriam apenas se preocupar com ações: 'Não queremos ser indulgentes, pretendendo chegar a estados mentais; isso seria epicurismo, demasiadamente autocentrado, demasiadamente irresponsável'. Bem, penso que a vida interior é absolutamente essencial para nosso potencial de ação. Sem ela provavelmente não poderíamos agir. A infelicidade e a aflição em que grande número de pessoas hoje se encontra deve-se a não perceber isso."

Antologia bibliográfica

Beast and Man: The Roots of Human Nature. Methuen, London, 1980.
Wickedness: A Philosophical Essay. Routledge, London, 1984.
Science as a Salvation. Routledge, London, 1992.
The Ethical Primate. Routledge, London, 1994.
Science and Poetry. Routledge, London, 2001.

13

Justiça e conflito

Stuart Hampshire

Stuart Hampshire é um dos principais filósofos dessa geração. Nascido quando a primeira guerra mundial estava começando, sua carreira filosófica foi interrompida quando ele serviu no exército durante a segunda guerra, seguida por uma tarefa temporária no Foreign Office. Certa vez resumiu sua trajetória filosófica para frente e para cima. Tornou-se *Grote* Professor of Mind and Logic no University College London em 1960, e professor titular nas universidades norte-americanas de Princeton e Stanford. Ocupou também o cargo de diretor do Wadham College, em Oxford.

Hampshire tornou-se mais conhecido por seu trabalho sobre questões de livre-arbítrio humano e da relação entre pensamento e ação. Muitos estudantes o conhecerão por seu livro sobre Spinoza, que, desde sua publicação em 1951, muitos ainda consideram como uma introdução ao assunto que não foi ultrapassada. Nos últimos anos, porém, ele se tornou progressivamente preocupado com filosofia política, e publicou, aos 85 anos, uma obra lúcida e nova sobre a questão: *Justice Is Conflict* (Justiça é conflito).

O livro contém diversas idéias. Primeiro, ele aceita como premissa básica que assuntos de fundamental valor não podem ser abordados apenas pela razão. Assim, por exemplo, a convicção – da qual Hampshire partilha – de que a pobreza é um grande mal, cuja erradicação deveria ser a meta primeira da política, não pode ser demonstrada, sobre bases puramente racionais, como superior à convicção de que a ampliação da liberdade deveria ser a meta primeira da política. Qual dos lados você assumirá é questão de convicção, e não de lógica.

Embora nesse sentido, porém, haja uma pluralidade de valores, Hampshire acredita que há algo na política que tem uma exigência de universalidade. Ou seja, é uma demanda da razão que, quando metas ou valores entram em conflito – o que eles inevitavelmente querem –, o conflito deveria ser resolvido não pela força ou pela coerção, mas por um processo racional e deliberativo de "ouvir ambos os lados". Desse modo, Hampshire faz a exigência de mecanismos por meio dos quais se possa ouvir honestamente ambos os lados, uma demanda universal para todos os sistemas políticos e para os que aderem a convicções políticas opostas.

Quando conversamos, falamos sobre a obra política recente de Hampshire. Um tema forte que permeia *Justice Is Conflict* é a idéia de que o pensamento político não é guiado mais pela visão positiva do que deveria ser uma sociedade ideal. Hampshire argumenta que, em vez disso, deveríamos focalizar a visão negativa, isto é, sobre aquilo que está errado com a sociedade, e procurar remediar isso.

"A questão é colocada do seguinte modo" – diz Hampshire. "Os indivíduos acham-se divididos em seus desejos e ambições, e têm todo tipo de ambivalência, e daí por diante. Platão tem uma idéia de que a sociedade reflete os conflitos que estão na alma – ou em diferentes partes da alma, como ele diz. Em geral essa noção é deixada de lado por comentadores exatamente como um erro, mas penso que ela não é um erro e que é inevitável, dado o fato de que constantemente mudamos nossos desejos, nossos alvos, e aquilo que valorizamos, por meio de todo tipo de motivos complexos. Se tivéssemos naturezas fixadas gostaríamos de ser mais semelhantes aos animais do que o somos. E, a partir disso, não podemos supor o que pode manter as pessoas junto, como John Rawls supõe, para concordar sobre um conjunto mínimo de valores que todos nós pudéssemos subscrever. Os diferentes ideais que as pessoas têm – ideais militares, ideais sacerdotais, ideais comerciais e daí por diante – os diferentes tipos de vida que as pessoas procuram são irredutivelmente plurais. A partir disso, temos de deslocar a procura daquilo que nos une para procedimentos que sejam úteis para moderar e para negociar as discordâncias."

"Considere também nossas próprias deliberações, quando temos de decidir entre algo que pensamos que deveríamos fazer como parte de nossa profissão e algo que queremos fazer como parte de nossa vida privada. Precisamos ter algum método – o que chamamos de deliberação, um termo que realmente provém da *Ética a Nicômaco*, de Aristóteles, mais do que qualquer coisa – para equilibrá-las. Embora não exista uma fórmula que nos diga o que fazer, há algo que chamamos de procedimento racional, que Aristóteles descreve como pesar os dois lados – neste caso, as exigências feitas por nossa vida privada e as exigências feitas por nossa vida pública."

"Isso realmente deriva dos modos de proceder públicos que todas as sociedades têm. Refletimos partindo dos modos de proceder públicos para os modos de proceder privados, e não pelo caminho contrário. Jamais poderia ser o caso de que estabelecêssemos um método racional para resolver nossos conflitos, como seria justo, caso não tivéssemos os procedimentos ou processos que se realizam no estado, quando se deve decidir entre ir à guerra ou não, por exemplo."

Embora a visão dos valores de Hampshire seja pluralista, é interessante que o único valor que permanece universal é esse processo deliberativo. Qual é a réplica de Hampshire ao crítico que pergunta: Por que isso é privilegiado? Por que esse é o único valor que é admitido universalmente?

"Porque não podemos evitá-lo" – replica Hampshire. "Por exemplo, é necessário que você tenha tido um conflito entre – deixe-me tomar um caso banal – suas responsabilidades como mestre ou professor universitário e suas responsabilidades como marido, esposo ou pai. Eles entram em conflito. Ora, você depara com um conflito entre seu desejo de ter uma vida acadêmica, mas também o de ter um ganho razoável. Você não pode ter as duas coisas. Então tem de pesá-las. Não é simplesmente uma questão de moralidade, pois você tem de pesar em questões de prudência."

Embora esses conflitos possam ser inevitáveis, os requisitos para pesar ambos os lados é facilmente evitado por alguém que simplesmente afirma: "Não vou dar ouvidos a ambos os lados. Em meu próprio caso, eu deveria fazer isso, mas politicamente vou basicamente forçar do começo ao fim minha própria visão".

"É absolutamente válida sua consideração de que ninguém pode dizer que o valor da racionalidade que governa suas deliberações sobre seus próprios dilemas é inevitável" – admite Hampshire. "É inevitável que as pessoas saibam que a racionalidade existe. Elas podem deixar de lado suas reivindicações em relação à vida pública e dizer: 'Vou arriscar tudo e simplesmente buscar meus próprios interesses, sem dar atenção a ninguém mais'. Isso acontece sem dúvida desse modo. Não estou produzindo uma dedução transcendental, na linha de Kant, de que todo mundo *precisa* observar isso. Seria provar demasiado, porque é muito evidentemente o caso de que você pode buscar seus fins pela dominação. Há uma escolha genuína na vida pública entre seguir ou não o método racional, seja ele um método democrático ou não. A dedução é apenas que você pode aceitar que existe uma diferença entre estabelecer uma disputa por meio da racionalidade e estabelecê-la por meio da força."

Desse modo, a preferência por estabelecê-la por meio da racionalidade é um valor básico que não pode ser questionado?

"Sim. Há um argumento para isso que deriva daquilo que fazemos quando não consideramos ninguém, exceto a nós mesmos. É perfeitamente compreensível reconhecer a universalidade disso, observando como as pessoas procedem em seu próprio caso. Quando elas devem equilibrar duas ou mais metas que pretendem, elas devem proceder vendo os prós e os contras."

A filosofia política está em geral distante da realidade da vida política. Quão distante Hampshire pensa que o tipo de socialismo pós-ideológico que está sendo implementado por pessoas como o primeiro ministro Tony Blair acha-se em sintonia com sua visão da política?

"Não penso que Blair esteja de algum modo em sintonia comigo. Penso que sua retórica pressupõe que a luta de classes está morta, o que pode ser verdade se você enfatizar a palavra 'classe', mas o conflito de interesses entre o rico e o pobre, conforme penso, ainda é muito significativo. Mas ele tenta defender, e penso que grande número de pessoas concorda com ele, que há um objetivo supernacional ao qual o sistema econômico deve servir, o que significa que o trabalhador e o empresário têm os mesmos interesses e que não há um conflito necessário. Penso – embora essa questão caiba mais para a economia que para a filosofia – que ainda existe o mesmo conflito. Se você estiver vendendo seu trabalho, irá querer vendê-lo com o mais alto preço que puder, e se o estiver comprando, irá querer comprá-lo a preço baixo, e não é bom dizer que isso não seja um conflito. Sem dúvida que é."

"Estão pretendendo que os conflitos surgem por alguma estupidez ou falta de percepção das pessoas envolvidas. A retórica encurta o caminho de um grande negócio de economia tradicional. Há um argumento de tipo altamente técnico a ser defendido aqui como se essa visão fosse correta, e que foi muito dominante logo depois da guerra, ou seja, a de que, se os sindicatos trabalhistas se reunissem com os empresários, todos eles poderiam concordar em uma prática que satisfaria todas as suas necessidades ou demandas. Acredito que seja um quadro irreal a respeito de como a economia funciona. Mas você precisa questionar isso."

"A situação atual é a de que se você tiver as instituições adequadas para estabelecer salários e condições de trabalho, você as terá por meio de uma luta por elas, e essa é a forma como os operários as conseguiram. Caso se iludam e parem de defender suas próprias necessidades, eles irão perder o que haviam ganho."

"É uma questão de como se vê o modo como a economia funciona. Está implicada na visão de pessoas como Blair que esse aspecto do capitalismo tardio – o de que o rico se torne imensamente mais rico e que o pobre ou permaneça estático ou se torne positivamente mais pobre – é algo muito surpreendente e deve ser tratado com medidas menores para remendá-lo ligeiramente. Mas penso que subjaz à natureza do capitalismo que isso aconteça."

O elemento pluralista na posição de Hampshire é muito forte. Embora pense que seja uma idéia universal que tenhamos procedimentos e instituições adequados para tratar de conflitos, ele reconhece que dentro de tais instituições – e isso todos nós podemos aceitar – possam ser permitidas coisas que poderíamos pessoalmente, de um ponto de vista moral, achar repugnantes. Hampshire dá o exemplo das leis de imigração: ele discorda delas fortemente, mas respeita as instituições que lhes deram origem. Mas o que acontece quando os sistemas permitem algo que achamos de modo muito forte moralmente repugnantes? A reivindicação da justiça para nós é que respeitemos as instituições que equilibram os interesses competitivos. Mas os compromissos morais mais profundos que temos por vezes pareceriam entrar em conflito com isso.

"Naturalmente, não estou dizendo que a justiça, que para mim é uma questão de obedecer ao método de proceder aceito, ultrapasse todos os outros valores" – diz Hampshire. "Ao contrário, haverá situações em que você terá de dizer que há outros valores. Eliminar a crueldade extrema, por exemplo, ultrapassa as demandas de justiça. É próprio da natureza da moral, penso eu, que você tenha conflitos e que possa dizer que uma virtude ultrapassa todas as outras virtudes, não importa quais sejam elas."

Se for possível, no entanto, haver conflitos entre a justiça e os outros valores morais, em que sentido a componente da justiça permanece universal? Ser universal, mas não sem exceção, poderia ser pensado como equivalente a não ser de nenhum modo universal.

"Se você tem uma disputa entre duas diferentes virtudes ou valores, então deverá ter algum modo de pensar sobre aquilo que pode servir de árbitro entre elas. Você sabe muito bem que, em um caso difícil, você pode mais tarde pensar que está errado e que outras pessoas podem pensar que você está errado. Não existe um senso de provar definitivamente alguma coisa, mas há um modo de abordá-la de modo metódico e racional. Penso que seja tudo o que alguém poderia dizer."

A visão de Hampshire soa como bom senso comum; contudo,

embora os filósofos que ainda estão ligados ao impulso de universalizar e de sistematizar possam acompanhar Hampshire até certo ponto, o que deveriam desejar fazer então seria tentar descobrir um sistema que tratasse perfeitamente da necessidade de equilibrar ambos os lados. Por que Hampshire pensa que qualquer tentativa de chegar a um sistema único estaria condenada?

"A resposta ortodoxa, que não enfatizo, é que, pelo fato de as condições sociais mudarem tão totalmente com as tecnologias que mudam, um tipo de modo quase-marxista de ver isso, esses velhos sistemas são justamente inaplicáveis. Blair está correto a respeito dessa noção de 'modernização', que, por outro lado, me parece vazia. É verdade que se a estrutura social mudar, de tal modo que as pessoas possam comunicar-se pela *web* e fazer suas transações de negócios de modo totalmente diferente, então você precisará mudar os processos, por exemplo, sobre a difamação. Essa é a resposta ortodoxa, e há certas coisas que o parlamento não pode mais fazer porque elas acontecem tão rapidamente que o parlamento não pode controlá-las."

"Mas penso que existe um fator mais profundo que esse, e é o fato de que os ideais das pessoas mudam. Os antigos ideais feudais do guerreiro – de honra, virtudes marciais e lealdade não importa ao quê – eram ideais que prevaleciam e que não têm mais nenhuma influência sobre as pessoas. O que olhamos como desejável a vida muda e somos tentados a buscar em direções diferentes."

"Existe, portanto, esse elemento de mutabilidade e penso que a mutabilidade da natureza humana é sem dúvida sua mais importante feição."

Um modo com que Hampshire sugere suas idéias, e que poderia ser praticamente rentável, é que "trazer à existência instituições e processos reconhecidos deveria ter prioridade sobre declarações de princípios universais".

"Digo isso para me opor à tradição política americana, que é naturalmente a de declarar alguns princípios, edificando-os em uma constituição e, então, manter a constituição protegida por um corpo de advogados. Não penso que as instituições internacionais possam ser estabelecidas desse modo. Elas apenas podem ser estabelecidas pela aquisição do hábito de chegar a certos tipos de instituição, tal como uma corte internacional. Mas se você meramente formula princípios, eles não exercem influência. Eles apenas influenciam se você tiver um grupo de pessoas que trabalha unido de certa maneira de um lado ao outro das fronteiras."

Hampshire apresenta-se como socialista, mas grande parte do que ele diz sugeriria que ideologicamente o vencedor real foi o liberalismo. Aceitaria Hampshire que ele próprio seja tão liberal quanto socialista?

"Isso é afrouxar demasiadamente uma palavra" – responde Hampshire. "Grande parte do que eu disse poderia ter sido dito mais por alguém que vivesse em uma cidade-estado grega do que por um liberal do século dezenove. Se eu mencionar a palavra 'socialismo', eu lhe darei um sentido, dizendo que socialista é alguém que deseja ampliar o domínio do interesse humano, pelo qual o Estado se considera responsável. Ela não diz que a pobreza surge, mas que ela surge de um processo natural de como a economia funciona e que deveria haver uma gradual extensão do poder do Estado para remediar o que todo mundo concorda serem males. Isso é tudo o que quero dizer com socialismo. Se alguém disser que isso é totalmente abstrato, devo admitir que é. Estou argumentando em nível abstrato. Os modos que os socialistas já tentaram para tornar isso efetivo no campo concreto não foram eles próprios muito efetivos, e isso deve ser admitido. O socialismo estatal de tipo ortodoxo foi obviamente uma falha. Mas podemos ainda manter que é a obrigação das instituições na Grã-Bretanha, ou onde quer que seja, fazer o que puderem ou descobrir o que conseguirem para mitigar os males óbvios. Esse é o único sentido do socialismo.

"Se você perguntar: 'O liberalismo triunfou?', eu não penso assim. Penso que os liberais são minoria na Grã-Bretanha, na América, no Canadá e na Austrália. Afortunadamente, eles têm acesso superior ao poder."

Sem dúvida, porém, há um sentido em que o liberalismo triunfou, e isso pode ser visto no fato de que, por exemplo, as pessoas que defendem hoje o socialismo defendem-no dentro de uma estrutura liberal.

"Isso é verdade" – aceita Hampshire. "Eu o estou defendendo dentro de uma estrutura liberal, no sentido americano de liberal. Não estou dizendo nada de tipo leninista, que você deva subordinar todo princípio de justiça à realização de algum fim."

A tese de Hampshire de muitos modos faz a filosofia política tornar-se humilde, pois a despoja da idéia de que ela possa ser a grande construtora. Mas há um modo pelo qual ela propõe de novo uma filosofia política no centro da atenção, que é o fato de voltar ao modelo platônico, em que a compreensão do Estado e a do indivíduo caminham juntas. O que o levou a voltar a isso?

"Tenho um sentimento muito forte de que precisamos definir qual é a esfera ou âmbito da política. Penso que é tudo aquilo que é disputado em um nível de moral fundamental. Por isso, é irracional e prejudicial para as pessoas olhar a política exatamente como uma coisa de que algumas pessoas se ocupam e que ela não é intrinsecamente muito importante. Suponho que se possa dizer que é um pensamento socialista que, seja como seu primeiro ou segundo interesse, ou seu terceiro interesse, onde quer que você esteja, ele deveria ser a política, sobre as bases da racionalidade. Se você aceitar a racionalidade como um valor

– embora eu não desejasse torná-lo o valor central e dele derivar tudo, o que me parece ser um erro – as pessoas que estão engajadas na política estão engajadas em uma atividade em que todo mundo deveria estar interessado. Desejo estimular a percepção da política e deixar de lado a idéia de que se tivermos esclarecido nossas mentes sobre o que é bom e mau, não precisaremos da política. Ao contrário, é o processo do conflito, corretamente regulado, que é o processo prático mais importante."

Os argumentos de Hampshire referem-se obliquamente a muitos filamentos na filosofia, não só a filosofia política. Por exemplo, ele vê que o raciocínio que usamos privadamente é modelado sobre as formas públicas de tomada de decisão, que tem ecos nas reivindicações de Gilbert Ryle de que grande parte das coisas que pensamos ser essencialmente mentais são primeiro públicas e depois privadas.

"Isso é devido a todo o sistema de filosofia de que *The Concept of Mind* (*O conceito de mente*), de Ryle, era parte" – reconhece Hampshire –, "do qual, suponho, a figura maior foi Wittgenstein – que defendia que poderíamos aprender essas frases que consideramos como processos mentais apenas nos intercâmbios sociais. Essa é uma tese independente que, sem dúvida, parece ser verdadeira".

A tese de Hampshire de que a resolução do conflito está no coração da justiça política requer um mecanismo de resolução do conflito. A única que ele advoga, descreve-a como envolvendo conflito: ver ambos os lados, fazendo uma estimativa. Tomando esse modelo, seria Hampshire culpado de paroquialismo, uma vez que é um fato que a tradição política na Grã-Bretanha tenha sido exatamente sempre a que envolve conflito, indiscutivelmente mais que em outros países?

"Não" – replica Hampshire –, "porque o processo da lei que

envolve conflito, a advocacia, é universal. Onde quer que as pessoas estejam reunidas em grupos sociais, surgirá um raciocínio que envolve conflito, em geral sobre propriedade, posição ou alguma coisa desse tipo. As pessoas são impelidas a isso. A questão é: quão evoluídos são os processos que envolvem conflito? O quanto eles substituem a mera força?"

A filosofia política de Hampshire envolve algumas reivindicações interessantes a respeito da metafilosofia – a natureza e os métodos da própria filosofia. Ele sugere que para esse processo de estabelecimento do conflito precisamos ter como modelo de razão e de racionalidade algo que esteja em oposição à idéia de razão como sendo essencialmente dedutiva, conforme o modelo matemático. Os processos pelos quais ele propõe que assumamos esse processo de resolução do conflito estejam, no entanto, em algum sentido dependentes do tipo de princípios estabelecido pelo raciocínio dedutivo, tais como a lei de não-contradição. Portanto, até onde é verdade que ele esteja advogando a substituição desse modelo dedutivo em nossa compreensão do que é a razão?

"Obviamente, não nas linhas simples da lógica. Não é a dedução que importa, e sim o que ela pretende: conclusões que ninguém que siga o processo possa negar, o que no livro chamo de 'raciocínio convergente'. Se você for perguntar sobre números, todo aquele que é competente no assunto aceitará as conclusões dos teoremas a que você chegou. Isso é isso. É a essência dos problemas práticos que jamais são 'isso é isso' nesse sentido. Em sua autobiografia, Bertrand Russell disse que, quando leu Euclides, ele repentinamente emergiu dentro de um mundo que achou perfeito, porque os resultados são comprovados, sem nenhum argumento. Isso de fato se reduz à reivindicação de que a vida não é assim. Raciocinar que está realmente funcionando é raciocinar que pode dar errado, onde você assume um risco. Você pode fazer tudo o que pode para que dê certo, mas pode ser que você não o faça certo, ou pode ser que não esteja claro o que é verdadeiramente certo fazer."

Esses são os tipos de riscos que Hampshire assumiu durante toda a sua carreira e é a habilidade de assumi-los e de ter êxito que distingue os filósofos realmente bons dos que são "quase-filósofos". Hampshire sempre esteve entre os primeiros e sem dúvida não está propenso a abrir mão de seu lugar agora.

Antologia bibliográfica

Spinoza, ed. rev.. Penguin, Harmondsworth, 1987.
Thought and Action. Chatto and Windus, London, 1959.
Morality and Conflict. Blackwell, Oxford, 1983.
Freedom of the Individual. Chatto and Windus, London, 1965.
Justice Is Conflict. Duckworth, London, 1999.

14

A importância da arte

Roger Scruton

Roger Scruton admite ser o que muitas pessoas chamariam de elitista. De modo específico, ele prefere a cultura superior à cultura popular e acredita que essa preferência pode ser racionalmente fundada. Sem dúvida, provavelmente todo mundo concorda que a arte, a literatura e a música – as coisas que compõem tanto a cultura superior como a cultura popular – têm valor. Sua centralidade na vida humana, e o prazer que proporcionam, tornam quase um absurdo negar essa afirmação. A idéia de que um tipo de arte tem mais valor, no entanto, que outro tipo é coisa controvertida. Não fica imediatamente claro o que poderia fundamentar essa diferença. Em seus escritos, Scruton sugere que parte da questão é que a arte superior funciona para transformar nossas vidas, libertando-as de sua arbitrariedade e contingência. Pergunto-lhe como isso pode acontecer.

"Admito que haja uma questão real sobre o que constitui o valor da arte superior" – responde Scruton. "Ela requer grande quantidade de reflexão e de disciplina para ser apreciada e compreendida. Estamos vivendo em um período em que muitas pessoas não vêem o objetivo de fazer o esforço requerido para compreender difíceis obras-de-arte, de modo que, a menos que você diga algo sobre o que ganha com isso, todo o empreendimento é colocado em perigo."

"Atualmente as ambições humanas estão necessariamente comprometidas; nossas vidas não podem ser tão construídas de modo que se dirijam por sua própria iniciativa para uma conclusão satisfatória; elas não podem ser construídas de modo que cada parte se encaixe facilmente em outra parte e pareça totalmente satisfeita com essa outra parte. Nossas metas são frustradas. Nossas vidas caem em pedaços. Nada parece chegar à fruição. E isso é totalmente inevitável por causa das circunstâncias empíricas em que vivemos."

"É típico do ser humano, porém, que nossas ambições e amores sejam modelados conforme nossos ideais, ou seja, não exatamente as coisas que desejamos, mas as coisas que seriam certas e corretas desejar, e que nos deixariam satisfeitos caso as obtivéssemos. Na realidade, o ideal não é atingível, mas imaginamos como ele seria se o atingíssemos, quando o vemos totalmente realizado no trabalho imaginativo da arte. Isso se aplica até quando a realização envolve a destruição de um personagem, como na tragédia. A tragédia vinga o ideal, mostrando às pessoas como podem ser maiores, mais interessantes e mais dignas de admiração do que as forças que as destroem. Ao contemplar uma tragédia, nossas vidas iluminam-se pelo significado que vemos."

Nesse sentido, parece que para Scruton a arte superior é, do começo ao fim, um fenômeno moral. Pergunto-lhe se a visão que ele tem é a de que a vida ética pode ser sustentada e renovada apenas pelo trabalho da imaginação.

"Não quero dizer que seja apenas por meio da arte ou da imaginação que você poderia viver uma vida ética" – replica Scruton.

"A melhor arte é dedicada a tornar a vida ética algo que vale a pena, e mostrar que todos os custos envolvidos nisso são totalmente compensados. Isso é algo que você encontra nas grandes tragédias de Shakespeare. Embora haja um enorme custo envolvido em pensar em termos de certo e errado, dever e virtude, e viver desse modo – viver a partir do discernimento – também existe o maior dos benefícios. O discernimento eleva-nos ao nível em que a realização é possível. Portanto, a arte e a imaginação oferecem-nos luz nas trevas. Isso, porém, não significa que as pessoas que não têm gosto pela arte não possam viver vidas decentes. Ao contrário, não há dúvida que elas podem."

É verdade também que a arte pode estar envolvida com pessoas que vivem vidas totalmente sem ética. O exemplo de Hitler, que gostava da música de Wagner, salta à mente.

"As pessoas sempre dão esse exemplo" – admite Scruton. "Você não pode dizer que as obras de arte sempre terão um efeito bom sobre determinada pessoa, mesmo que seu conteúdo moral seja da mais elevada ordem. O efeito que elas têm depende do tipo de pessoa de que estivermos falando. Uma pessoa má receberá sustento de uma grande obra de arte. Mas penso que não há nenhum sentido em supor que isso necessariamente lhe diga algo sobre a própria obra de arte. Tudo que produzia algum efeito sobre Hitler acabava por ter um efeito mau, assim como toda água derramada em um encanamento envenenado dele sairá envenenada."

O problema dessa resposta é exatamente o fato de haver pessoas que não concordam. Elas pensam que *há* algo na música de Wagner que explica o motivo de ela ser tão atraente para Hitler. Pergunto, portanto, se haveria um modo de discutir isso.

"Bem, o caso específico de Wagner ainda está muito vivo. Mas considere que Goebbels era muitíssimo movido por Mozart.

Stalin desenvolvera refinados gostos musicais. Mao Tse-Tung era movido pela poesia clássica chinesa, algumas das quais contêm o que as pessoas defendem como perfeitas citações da antiga ética de Confúcio. No entanto, todas essas pessoas chegaram a cometer crimes terríveis. Penso que você deverá reconhecer que nossa apreciação e compreensão das obras de arte encontram-se, em um primeiro momento, isoladas da vida – esse é o objetivo total da experiência estética: o fato de que ela nos capacita a contemplar a vida a partir de uma posição de solene afastamento. As obras de arte não estão aí para influenciar ou guiar nossas ações. Estão aí para serem contempladas; a partir do ato de contemplação, no entanto, ganhamos um senso daquilo que é significativo. E isso alimenta nosso senso moral."

"O fato de que existam pessoas más movidas por obras de arte não danifica essas obras de arte; você deve levar em consideração todas as pessoas boas que também foram movidas por elas. E talvez a única coisa boa sobre essas pessoas más é o fato de que elas *foram movidas* por essas grandes obras de arte."

Conforme Scruton, parte da distinção entre cultura superior e cultura popular tem a ver com o modo pelo qual alguns objetos de arte genuinamente empenham a imaginação a se opor à possibilidade de serem meramente objetos da fantasia. Pergunto-lhe o que está envolvido nessa distinção.

"Os objetos da fantasia são substitutivos" – replica Scruton. "São um meio de excitar agradavelmente as emoções reais e propiciar uma satisfação substitutiva. O ato imaginativo, ao contrário, é uma tentativa séria de criar um mundo possível, um mundo imaginativo, em que as emoções são também imaginárias. Dessa forma, o artista não está oferecendo uma satisfação substitutiva para uma emoção real – a arte não é como a pornografia, por exemplo. Mais que isso, o artista está fazendo alguém imaginar tanto o objeto como a emoção a ele dirigida. O artista explora um mundo imaginado como um ser livre em relação a todos os compromissos morais empenhados. Isso mostra-nos a diferença entre, por exemplo, o erótico e o pornográfico."

Não fica inteiramente claro, no entanto, que seja fácil fazer esses tipos de distinções. Por exemplo, pensando sobre a diferença entre a arte erótica e a pornografia, parece possível que o mesmo objeto possa produzir diferentes reações em pessoas diferentes. Assim, para algumas pessoas, um objeto de arte pode resultar em um ato imaginativo, enquanto, para outras pessoas, ele pode ser mero objeto de fantasia sexual.

"Isso é difícil" – admite Scruton. "Você deve pensar em termos da linguagem da crítica literária. Leavis fala sobre obras de arte que solicitam certa resposta. Sabemos o que isso significa, embora seja difícil especificá-lo com precisão. Sabemos disso porque sabemos disso na vida. Sabemos que há pessoas que solicitam uma resposta sentimental de si mesmas, e outras que permanecem distantes, como se houvesse ainda algo a ser tirado delas. Da mesma forma, reconhecemos isso na arte. A cafonice é uma forma de solicitação barata, assim como a pornografia é uma solicitação a fantasiar o sexo. O erótico, ao contrário, coloca o objeto sexual a certa distância – de modo que ele se torne um objeto de contemplação. E a paixão que a arte erótica faz emergir é uma paixão imaginativa, e não uma paixão real. Você pode ver isso, por exemplo, nos nus de Ticiano, que são exemplos muito bons de arte erótica. Uma Vênus de Ticiano de modo nenhum é uma masturbação física. Toda a imagem está velada e idealizada pela contemplação. Ela não é uma mulher para se possuir, mas uma mulher que está pensando em seu próprio amante. Para captar a atmosfera da pintura, você deve colocá-la a certa distância de si mesmo."

Scruton faz uma distinção semelhante entre sentimentos

reais e sentimentos sentimentalóides. Pergunto-lhe como isso contribui em termos de uma compreensão da cultura superior e da cultura popular.

"Essas questões filosóficas são muito difíceis" – replica Scruton. "O sentimentalisto é uma dessas coisas verdadeiramente difíceis de definir. Tomo a linha de que a feição crucial de uma emoção sentimental é que, enquanto ela pode parecer que pretende ir para fora, na direção de um objeto, na realidade é apenas uma pretensão de que o objeto seja o foco real de sua preocupação. Seu foco real está no sujeito. Portanto, o pensamento não é 'quão deplorável' é esse objeto, e sim 'quão refinado e tocante é o fato de eu sentir *quão deplorável* é esse objeto'."

Para Scruton, então, parece que, ao fazer a distinção entre cultura superior e cultura popular, as noções de sentimentalismo e de fantasia são coisas centrais.

"Bem, não desejaria defender que toda cultura popular é cafona" – previne Scruton. "Mas há verdade no que pessoas como Adorno dizem de que existem diferentes níveis em que respondemos à arte, e algumas respostas são muito mais fáceis de alcançar que outras. São mais fáceis de alcançar porque envolvem um tipo de indolência emocional ou de compromisso com sentimentos auto-satisfeitos."

"Agora, há diferentes motivos pelos quais alguma coisa pode ser fácil para com ela se comprometer. Mas uma razão é que ela está simplesmente obtendo uma resposta convencional. A resposta é automática, sem envolver uma reflexão sobre o objeto. Nesses casos o sentimentalismo está sempre revoando. Se você está dando expressão a uma resposta convencional, o mais importante para você não é o objeto, mas você mesmo."

Sem dúvida, a dificuldade desse tipo de argumento é que ele é um valor sobrecarregado. Na verdade, é possível responder exatamente, ou seja, o objetivo total da arte é produzir uma resposta sentimental?

"Isso é um vaivém" – concorda Scruton. "Falando corretamente: o que há de errado com o sentimentalismo? Sinto que uma das grandes conquistas da crítica literária inglesa desde Coleridge é que ela não só procurou responder a essa questão, mas verdadeiramente deu uma contribuição para mostrar o que há de errado no sentimentalismo."

"O sentimentalismo, essencialmente, coloca um véu entre você e o mundo. Torna seus próprios sentimentos mais importantes que o objeto deles e, por esse motivo, neutraliza os sentimentos. Você não está de fato respondendo ao mundo como ele é; daí haver um defeito epistemológico no sentimentalismo. Leavis expressa isso com todo brilhantismo em sua análise dos poemas de Hardy e Tennyson em *Reality and Sincerity* (*Realidade e sinceridade*). Ele vai mostrando exatamente como a visão concreta do mundo está presente em Hardy, e como ele vai interrogando os objetos e usando-os para interrogar a si mesmo. Cada detalhe levanta uma questão de avaliação, não só a respeito da própria coisa, mas também sobre a qualidade da emoção a ela dirigida. Ao passo que em Tennyson há uma fluência fácil de emoção, que lava as coisas de tal modo que você dificilmente as vê. Não há uma auto-interrogação, nem uma interrogação dos objetos. O nível de consciência é diminuído."

Há uma questão interessante sobre o que está em jogo aqui. A fala foi sobre os diferentes níveis em que alguém pode responder à arte. Como alguém que prefere a cultura popular à cultura superior, apesar de ter tido uma exposição razoavelmente extensa sobre a última, admiro-me se quaisquer conseqüências morais, e talvez comportamentais, apareçam como resultado de uma preferência pelo sentimentalismo ou pela fantasia.

"Penso que sem dúvida existem" – responde Scruton. "É uma questão delicada, porque depende de quão importantes os assuntos artísticos e culturais sejam na vida de uma pessoa. As escolhas artísticas que as pessoas fazem não revelam que muito da arte seja particularmente importante em sua vida. Mas, quando a arte se torna integrada em sua vida, então ela se torna um sinal do tipo de pessoa que você é. Torna-se também um meio de comunicação com os outros, o que é um papel muito importante que a arte desempenha, ao menos em nossa cultura. Usamos nossos gostos artísticos para esclarecer nossos sentimentos sobre outras coisas, não só sobre nós mesmos, mas também mutuamente. Essa é uma das razões pelas quais somos *cortejadores de compreensão mútua*, como diz Kant na *Crítica do Julgamento*. O julgamento estético nunca é 'Eu gosto disso, você não'; sempre há uma tentativa de usar o objeto estético para lançar luz sobre seu próprio modo de viver."

"Assim, acharia extremamente difícil viver com alguém cujo interesse principal fosse a música pop. Não só porque não consigo suportar seu som, mas porque isso significaria que a comunicação ficaria reduzida, e uma fonte de julgamento seria neutralizada."

"Por outro lado" – continua Scruton –, "posso ver que essa é uma visão demasiadamente simples. Há uma parte de mim que gosta de música pop também. Posso ler sobre entusiastas da música pop e perceber um sentido de como pode ser ela emocionante para chegar a ser até o mais abjeto tipo de adição da MTV. Tome o livro de Salman Rushdie *The Ground Beneath Her Feet* (*O chão debaixo de seus pés*). Ele é sobre dois ídolos pop indianos, e transmite algo do sentido – embora eu pense que seja um sentido completamente equivocado – da música pop como uma cristalização espiritual da modernidade. Posso ver como alguém pode chegar a ponto de gostar da música pop por essa razão, acreditando que ela seja um símbolo vívido da vida moderna, e uma forma de empenhar a vida nisso".

Essas observações a respeito da música popular são interessantes, porque são sugestivas de uma preocupação que algumas pessoas podem ter sobre os filósofos que falam a respeito da cultura popular. A preocupação é que eles não se encontram suficientemente mergulhados na cultura para serem capazes de falar sobre ela de modo persuasivo. Admiro-me, caso Scruton veja isso como um problema.

"Bem, quando escrevo sobre música pop, escrevo sobre ela a partir de uma perspectiva distante, é verdade" – admite Scruton. "Mas digo coisas sobre ela que um músico diria, e não o que um entusiasta diria. E os fundamentos musicais da música popular não mudaram."

A suspeita, apesar de tudo, é que, ao escrever sobre música popular a partir de uma distância, inevitavelmente será o mais popular da música pop que se tornará o foco da atenção. A dificuldade é que esse tipo de música pop não é representativa do gênero musical como um todo. Nesse sentido, é interessante que em seu *An Intelligent Person's Guide to Modern Culture* (*Inteligente guia pessoal para a cultura moderna*), Scruton fala a respeito da música pop como caracterizada por um nível de empobrecimento harmônico que exclui a construção de melodias apropriadas. Ele também afirma que os ícones de muitas músicas populares de hoje são liricamente desarticulados a tal ponto que ficam efetivamente silenciados. Há, naturalmente, uma abundância de exemplos de música popular em que essas duas coisas são verdadeiras. Mas, igualmente, há muitos exemplos em que elas não são, ainda que normalmente a pessoa deva olhar para "as melhores da década de 40" a fim de encontrá-las. Então, por que focalizar os tipos menos sofisticados de música popular?

"Bem, escolhi esses exemplos precisamente para ilustrar o fenômeno do qual eu estava falando" – responde Scruton. "Eu não estava falando sobre música popular *em si*, mas de uma audiência particular da música popular e da força de construção social que ela implica. Suponho que eu também estivesse generalizando a partir do gosto de meus estudantes americanos. Mas, naturalmente, há música pop muito sofisticada. Alguém como Eric Clapton tem uma grande compreensão da forma melódica e da progressão harmônica – e também de como combinar as duas coisas".

"Não desejaria condenar toda a música popular" – diz Scruton. "Quanto mais ela se move na direção de uma adequada impostação da voz e da compreensão harmônica, mais claras tornam-se as emoções, mais tranqüilo o tom, menos iconoclástico e dionisíaco o resultado. Você vê isso nos Beatles, e até nos Rolling Stones. O que estou tentando fazer é iniciar uma crítica a partir do interior da música popular – para dizer o que é bom e o que é ruim, nos termos em que até o amante da música pop possa reconhecer."

O que parece estar no cerne da insistência de Scruton de que a cultura elevada é superior à cultura popular é a crença de que, de modo importante, alguém ganha uma experiência mais rica do mundo e uma compreensão moral mais profunda por meio de seu envolvimento com ela, do que alguém as poderia alcançar pelo envolvimento com a cultura popular.

"A posição que gostaria de defender" – replica Scruton, quando lhe aponto isso –, "é o que algumas pessoas chamam de elitista, embora eu não veja isso como um termo abusivo. Penso que você pode ser elitista sem ser esnobe. Pode pensar que alguns gostos são melhores que outros, não exatamente porque sejam mais satisfatórios, mas porque empenham de modo mais criativo e completo a alma humana, sem condenar as pessoas que não têm esses gostos.

Essa é a posição que eu gostaria de assumir, porque sei o que o amor pela música séria me proporcionou – não exatamente o prazer com seu som, e sim uma percepção do que ela significa".

"Estava pensando nisso esta manhã. Quando acordei, veio-me ao pensamento que o século vinte foi repleto da mais maravilhosa das despedidas, e pensei que a *Das Lied von der Erde* (*A canção da terra*), de Mahler, as *Four Last Songs* (*Quatro últimas canções*), de Strauss, o *Dr Faustus* (*Dr. Fausto*), de Thomas Mann, e o *Ulysses* (*Ulisses*), de James Joyce, são todos incríveis despedidas, e pensei quão maravilhoso é ter conhecido essas coisas, e ver o modo de estar reconciliado não só com sua própria morte, mas também com a morte de uma civilização. Acordei com um sentimento de gratidão por isso me ter sido dado por meio da arte. Penso que não poderia ter sido dado a mim de nenhum outro modo."

Antologia bibliográfica

The Aesthetics of Music. Clarendon, London, 1997.
An Intelligent Person's Guide to Modern Culture. Duckworth, London, 1998.

15

Mulheres filósofas

Mary Warnock

Mary Warnock é, provavelmente, a mais famosa filósofa na Grã-Bretanha. Ela foi uma da geração de mulheres filósofas para as quais a segunda guerra mundial deu uma oportunidade de sair da sombra de seus parceiros de sexo masculino. Tornou-se graduada em Oxford e mais tarde mestra no Girton College, em Cambridge, mas por sua própria disposição ela foi mais uma filósofa eficiente que uma estrela. Sua fama repousa sobre seus escritos populares e, de modo mais importante, sobre seu papel na vida pública.

Seus papéis públicos de perfil destacado incluíram a parceria no Independent Broadcasting Authority, presidindo uma pesquisa sobre a educação de crianças excepcionais, e dirigindo um comitê governamental de pesquisa na ética da fertilização e da embriologia humana. Foi feita membro vitalício da nobreza em 1985, o que lhe possibilitou participar como assistente na segunda câmara parlamentar do Reino Unido, uma das poucas filósofas com essa prerrogativa.

Warnock também escreveu diversos livros dirigidos para além do costumeiro círculo de leitores acadêmicos e estudantes. Seu

Intelligent Person's Guide to Ethics (*Inteligente guia pessoal para a ética*) foi bem recebido, e ela também publicou uma biografia e uma antologia de escritos de mulheres filósofas.

Warnock, portanto, distingue-se como mulher altamente bem-sucedida em um campo que ainda é – e ao menos em nível especializado – dominado por homens. Seu nome ainda é mencionado entre os mais apaixonados sobre a necessidade da igualdade de gênero na filosofia, e você provavelmente ouvirá um coro de aprovação.

Embora possa não gostar da comparação, a posição de Warnock espelha a de Margaret Thatcher, a mais bem-sucedida mulher em seu campo ainda marginal para a maioria das feministas. Em ambos os casos, a origem da discordância é a mesma: ambas as mulheres tiveram sucesso próprio enquanto negavam a importância do feminismo em seus campos. Assim, por exemplo, o filósofo Beverley Clack escreveu depreciativamente em *The Philosophers' Magazine* que "Warnock parece sugerir que a preocupação do feminismo com a posição e a experiência das mulheres é uma aberração". Enquanto esses comentários careçam do veneno que os ataques a Thatcher inspiram, é difícil não concluir que para muitas feministas há uma ponta de traição sobre ambas.

Talvez não seja então surpreendente que Mary Warnock primeiro foi relutante em falar sobre mulheres na filosofia, expressando assim uma falta de interesse pelas duas componentes do tema. Ela acabou falando, porém, e sua visão apresenta uma leitura do lugar das mulheres na filosofia que desafia muita sabedoria recebida, e que deve ser levada a sério. Em nossa discussão, ela virtualmente discutiu uma por uma todas as reivindicações feitas por filósofas feministas.

Em primeiro lugar, ela discute as alegações de que as mulheres pensadoras foram marginalizadas. "Não penso que tenha havido grande número de mulheres filósofas que tenham sido deixadas de lado." Referindo-se aos primeiros tempos da filosofia moderna, nos séculos dezessete e dezoito, Warnock diz que "a filosofia era um assunto peculiar em qualquer caso naquele tempo. Ele estava muito ligado às ciências e de fato muitas mulheres – ou melhor, nenhuma – não tiveram muita oportunidade de fazer mais que expressar um interesse pelas ciências e não tiveram a oportunidade, obviamente, de pesquisar os fundamentos da ciência e perceber quais revoluções eram feitas na ciência, do modo que os homens fizeram. Portanto, penso que seria muito difícil descobrir muitas ou algumas mulheres filósofas que tenham sido indevidamente deixadas de lado. Depois disso, a filosofia começou a ser um assunto profissional da universidade e, obviamente, as mulheres não poderiam competir por muito tempo nesse campo". Warnock, portanto, não nega que as mulheres não receberam as oportunidades que os homens historicamente tiveram para se distinguir na filosofia. Ela sente justamente que é isso que explica o pequeno número de mulheres filósofas no cânon, e não algum preconceito de gênero na seleção desse cânon. A filosofia feita por mulheres não foi ignorada; ela de fato permaneceu diluída na base.

Warnock rejeita uma evidência *prima facie* para o contrário. Por exemplo, em sua antologia *Women Philosophers* (*Mulheres filósofas*), encontramos extratos de L. Susan Stebbing e Susanne K. Langer, contemporâneas de Moore e de Whitehead. Enquanto os dois homens, no entanto, ainda continuam nas listas de leitura de estudantes universitários, as mulheres aí não figuram. Isso teria algo a ver com seu gênero?

"Penso que de nenhuma forma" – replica Warnock. "Depois, há dezenas e dezenas de filósofos homens que ninguém lê mais e que provavelmente um dia voltarão à baila."

Enquanto pesquisava para sua antologia de mulheres filósofas, Warnock percebeu que os escritos de diversas candidatas à inclusão apoiavam-se demasiadamente em uma doutrina religiosa para qualificá-los como filosofia propriamente dita. Para Warnock parece que as mulheres filósofas encontraram maior dificuldade para desembaraçar sua filosofia de suas crenças religiosas. Qual o porquê disso?

"Penso que a maioria das mulheres, até as mais hábeis, estava trancada em seu papel tradicional de serem membros de suporte, provavelmente religioso, do lar, que mantêm as coisas reunidas, e teria sido muito chocante para muitas abertamente abandonarem a religião, embora naturalmente algumas o fizeram, mas eram as de espírito muito corajoso. No conjunto era muito difícil para elas esquecer a religião."

"Era perfeitamente aceitável para as mulheres escrever pequenos textos religiosos e piedosos, por causa do desejo de um mundo melhor. Era uma forma aceitável de as mulheres publicarem seus pensamentos e sentimentos, e penso que isso era pelo motivo de não terem sido, em estágios anteriores, educadas na filosofia como um assunto separado que, caso tivessem pensamentos filosóficos, elas tenderiam a escrevê-los como religiosos. Penso, pois, que essa é simplesmente uma questão de história."

O ceticismo de Warnock sobre as reivindicações feministas também é evidente em sua não vontade de retratar sua carreira como de algum modo um exemplo de mulher lutando contra um sistema centrado no masculino. "Não posso falar de modo geral aqui, porque em Oxford e, em menor extensão, em Cambridge, as mulheres tiveram uma tremenda surpresa, porque os colégios femininos empregavam apenas mulheres e, por isso, limitavam-se a empregar apenas mulheres filósofas. Portanto, de certo modo, uma pessoa poderia ter uma profissão acadêmica sem necessariamente ser muito boa no assunto, porque se tratava de um ambiente fechado. Essa foi uma das razões pelas quais eventualmente os colégios femininos começaram a empregar professores de sexo masculino antes de assumir universitários de sexo masculino. Assim, em Oxford, longe de ter sido uma desvantagem, de certo modo se poderia dizer que foi uma vantagem."

"Quando os colégios femininos se tornaram mistos – e essa foi a objeção a tornar misto que grande número de nós teve – soubemos que aquela era uma área protegida que iria ser destruída. Naturalmente, você poderia dizer que igualmente imensos outros campos seriam abertos pelos colégios masculinos. Isso aconteceu até certo ponto, mas não tanto como se desejaria. Sem dúvida, não há igualdade."

Warnock também nega que muitas das instituições e práticas acadêmicas, tais como o seminário, que envolve oposição, seriam particularmente adequadas para os homens.

"Jamais conheci pessoas tão opositivas quanto as mulheres filósofas. Sem dúvida não penso que elas sejam criaturas tímidas que não conseguiriam falar alto em um seminário. Longe disso, elas freqüentemente dominam a cena. Eu, de fato, diria o contrário. As mulheres são mais faladeiras. Não vejo nisso sintomas de uma configuração masculina."

"Tome novamente meu próprio caso. Não penso ter sofrido a menor discriminação, mas se o que fiz é de valor mais modesto, então penso que esse seja um julgamento absolutamente justo. Não penso que alguém já me tenha julgado indevidamente severa por causa de meu trabalho. De fato, não realizei muito trabalho e não o realizei muito bem. Penso a meu respeito como um verdadeiro membro de segunda ou terceira classe em minha profissão. Penso que grande número de mulheres encontra-se nessa posição, por uma ou outra razão, não desonestamente, mas essa é a posição à qual pertencem."

Mesmo quando Warnock admite que as mulheres estão em desvantagem, ela recusa aceitar que isso se deva a qualquer sexismo institucional. Por exemplo, ela diz que "as profissões acadêmicas são concedidas sobre a força das publicações dos candidatos, porque o campo é tão forte. E é um fato deplorável que as mulheres jovens publiquem menos que os homens jovens porque estão ocupadas pelo fato de ter filhos. Elas podem alcançar isso mais tarde, mas exatamente no tempo em que estão procurando por profissões sua lista de publicações é, em geral, menos vistosa. O que a mulher não faz é tirar disso a conclusão de que as profissões deveriam ser concedidas a partir de diferentes critérios, ou de que a academia deveria ser mais amigável. Para Warnock, as diferentes exigências sobre os homens e as mulheres significam exatamente que eles progridem de modo diverso em suas carreiras".

"Penso que não há dúvida que as mulheres, por causa de suas vidas freqüentemente divididas – tendem a ser excelentes em assuntos que tomam menos tempo e provavelmente menos concentração. Sei que agora estou falando autobiograficamente. Você pode sair-se com muito mais tomar o que penso como "assuntos leves" na filosofia e por isso não tenha de empregar horas na biblioteca ou até horas sentada, e não ser perturbada enquanto trabalha para resolver um problema lógico ou matemático."

Warnock é muito desmoralizadora, contudo, a respeito das alegações das filósofas feministas de que as posições e os argumentos filosóficos são essencialmente centrados no gênero. "Acho que, como todas as posições pós-modernistas, das quais essa é um espécime, suas proposições são difíceis de provar ou desaprovar. De certo modo, poderia ser dito que é algo que se auto-rejeita, como contraditório, pois elas propõem essa visão, presumivelmente, como uma verdade que é verdadeira para todo o mundo e então, ao mesmo tempo, negam que haja alguma verdade que seja verdadeira para todo o mundo. Mas, ao mesmo tempo, elas querem alegar que o ponto de vista que estão expressando seja exatamente um ponto de vista particular, ou seja, um ponto de vista feminino, e acho isso uma espécie de proposição francamente desinteressante."

"Agarro-me a isso, mesmo que os céus caiam. Não é exatamente sobre filosofia que estou falando. Acredito que é verdadeiro para todos os assuntos intelectuais. Pode ser verdade que você possa encontrar diferenças entre abordagens femininas e abordagens masculinas, mas a meta da atividade intelectual é encontrar a verdade e não vou dar um passo sequer no caminho pós-modernista que diz não existir tal coisa como uma verdade. Tenho uma forte convicção a esse respeito."

Significaria isso que quaisquer diferenças que existam e que possam emergir empiricamente entre o modo como as mulheres e os homens abordam os assuntos seriam obstáculos, e não impedimentos absolutos no caminho para a verdade?

"Absolutamente. O que eles estão desejando é o mesmo. Esse é o ponto importante. Tanto para os homens como para as mulheres, o ponto é que eles estão procurando chegar às coisas corretamente. Alguém de fora, um sociólogo ou uma feminista, poderia encontrar uma abordagem diferente, mas que isso ocorra deliberadamente, para declarar que se produza algo que seja próprio apenas das mulheres, isso me parece não ser mais que intelectualmente ultrajante."

A questão de os homens e as mulheres fazerem abordagens diferentes da filosofia surge na introdução de Warnock a sua antologia, em que ela nota como muitas mulheres filósofas no pós-guerra especializaram-se na assim chamada filosofia aplicada, particularmente a ética.

"Penso que é o caso de que, com a notável exceção de Elizabeth Anscombe, a maior parte do trabalho feito pelas mulheres imediatamente depois da guerra foi no campo da filosofia moral, e na filosofia moral elas se tornaram gradualmente realistas pelo fato de que estavam preparadas para considerar o modo com que os valores morais são verdadeiramente expressos e qual é o assunto realmente tratado. Penso particularmente em Phillipa Foot, que escreveu diversos artigos sobre a violência, que não é o tipo de assunto pelo qual a maioria dos homens filósofos estaria preparada para se interessar."

Essa foi uma mudança radical a partir de uma forma muito imparcial de ética, que pareceu fazer o melhor não dizendo nada que pudesse interessar o mundo real, por exemplo, para filósofos que consideram as questões de ética da vida real como o aborto e a eutanásia. Por que as mulheres ficaram, no tempo, particularmente ligadas a essa abordagem revolucionária da filosofia moral?

"Bem, penso que elas alcançaram mais o senso comum no conjunto do que os homens e julgaram mais tedioso continuar sempre vasculhando sobre casos teóricos que consideraram mais ridículos. Sem dúvida, em Oxford havia uma escola de filosofia que em certo sentido era realista, porque pensava que você poderia de fato olhar o mundo e ver quais coisas estavam certas e quais erradas, mas o tipo de exemplos que essas pessoas apresentavam eram do tipo mais trivial. Estou pensando particularmente em Pritchard, que era um filósofo muito influente em Oxford logo antes da guerra, e cujos livros sobre filosofia moral estavam repletos de questões como: você tem direito às notícias da família?, você cumpriu seu dever postando a carta ou apenas quando a carta foi recebida pelo destinatário?, e daí por diante, a respeito de você mesmo ter postado a carta. Penso que pessoas como Phillipa Foot ficaram enfastiadas com isso e pensaram: 'Bem, vamos ver o que realmente acontece', e isso foi um impulso muito bom."

De novo, porém, o mais que Warnock concederá é que "as

mulheres se deram muito bem nesse tipo de trabalho". Qualquer sugestão de que haja mais que uma diferença de temperamento ou aptidão é rejeitada.

Dada essa resistência radical a qualquer sugestão de que haja qualquer coisa interessante a dizer sobre as mulheres filósofas em particular, por que Warnock editou uma antologia de mulheres filósofas em primeiro lugar?

"Pediram-me para fazer isso e aceitei porque estava precisando de dinheiro, que é meu costumeiro motivo para escrever ou editar livros. Mas adverti os editores de que de modo nenhum estava chegando com alguma tremenda solução e, naturalmente, fui muito criticada por não incluir toda a filosofia feminista, o que me parecia muito tedioso. Meus motivos, portanto, não foram muito elevados. Mas não percebi, antes de verdadeiramente realizar o trabalho, quão difícil era encontrar quaisquer correntes na filosofia genuinamente relacionadas com o gênero. Era sobre essa coisa mais deplorável a respeito da filosofia moral, em que alguém deveria dizer que os homens a teriam feito realmente bem. Eu não poderia encontrar nada, além disso."

Não é que Warnock não tenha achado as mulheres filósofas interessantes. Ann Conway, por exemplo, de fato produziu uma impressão.

"Penso que Ann Conway era tão louca que não se preocupava com o que as pessoas pensavam. Ela teve essas estupendas idéias que provaram ser muito semelhantes às de Leibniz e que podem de fato ter influenciado Leibniz, mas parecem ter vindo totalmente de sua própria cabeça. Ela era, de fato, original."

No conjunto, porém, Warnock não acha muitas de suas mulheres *filosoficamente* muito interessantes. Tome o caso de Mary Wollstonecraft, por exemplo, a grande militante e polemista dos direitos das mulheres.

"Ela realmente introduziu uma nova base, mas de modo confuso. Não tinha uma teoria geral da verdade, mas falou as coisas do modo como as via, o que significa tomar a causa, principalmente, da educação. Penso muito que grande parte das coisas em Wollstonecraft – e de novo penso que isso seja um ponto puramente histórico – destinava-se a ser aplicada igualmente a homens e a mulheres. O tipo de sociedade a que ela visava era um em que todos deveriam ser educados igualmente, mas a nova forma de educação seria um tipo de revolução tanto para os homens como para as mulheres. Assim, embora obviamente a educação das mulheres era defeituosa de um modo, a educação dos homens era igualmente defeituosa do outro, e ela pensou que a sociedade de igualdade social e educacional à qual visava seria revolucionária para ambos os sexos."

Se os filósofos têm o dever de falar a verdade do modo como a encontraram, e Warnock não encontra nenhuma verdade em muitas das reivindicações da filosofia feminista, mereceria ela a crítica de que tão grande número de filósofos homens foram poupados? Tornando-a nossa mais bem conhecida mulher filósofa, as credenciais feministas de Mary Warnock devem, talvez, ser consideradas mais que satisfatórias. Como disse, o único motivo pelo qual ela mantém as crenças é que "Eu não poderia encontrar nada mais".

Portanto, talvez fosse mais satisfatório terminar com o que Warnock realizou do que com as visões que ela repudia. Mary Warnock é uma dos três filósofos na House of Lords. Dois dos três são mulheres, sendo a outra Onora O'Neill. Ela fala algo a respeito da realização da geração de mulheres de Warnock que, embora possam não ter tido proeminência na academia, na vida pública elas tiveram um sucesso mais visível.

"Onora O'Neill e eu estamos muito fora do mesmo estábulo, embora ela esteja muito melhor na filosofia que eu" – diz Warnock. "Nós duas muito deliberadamente nos voltamos para o serviço público, de modo que somos nisso uma espécie de filósofo estatutário sobre todo um conjunto de comitês e comissões que visam a questões morais. Há um enorme aumento de questões na ética médica e nós duas em turno mais ou menos tornamos-nos uma espécie de "filósofos práticos". Penso que vejo Onora como minha sucessora, e em nossas carreiras acabamos tornando-nos curiosamente paralelas, uma como professora de Girton e a outra como diretora de Newnham. Dessa forma, penso que, se alguém pensar a nosso respeito daqui a cinqüenta anos, seremos pensadas como gêmeas idênticas."

E também como dois exemplos notáveis de como o sucesso chega de modo diferente para algumas mulheres filósofas quando comparadas a seus parceiros homens.

Antologia bibliográfica

Ethics since 1900, 3ª ed.. Oxford University Press, Oxford, 1978.
Imagination and Time. Blackwell, Oxford, 1994.
Women Philosophers (ed.). Everyman, London, 1996.
An Intelligent Person's Guide to Ethics. Duckworth, London, 1998.
A Memoir: People and Places. Duckworth, London, 2000.

16

O lado escuro

Ray Monk

Ray Monk teve uma carreira incomum para um filósofo. A graduação de primeira classe na University of York, seguida por uma tese M. Litt em Oxford sobre a filosofia da matemática de Ludwig Wittgenstein normalmente serviriam como precursoras para um doutorado e mestre superior. Monk, no entanto, não achou a carreira de vida como filósofo acadêmico muito satisfatória e, ao invés disso, optou por escrever uma aclamada biografia de Wittgenstein.

As retrospectivas foram quase universais em seu elogio pelo livro, que obteve o prêmio *Mail on Sunday* / John Llewellyn Rhys em 1990. Monk então dirigiu sua atenção para Bertrand Russell, publicando dois volumes biográficos em 1996 e 2000. Então, finalmente, entrou para a academia e agora é professor de filosofia na University of Southampton. Com o cargo de professor e três volumes de biografia das mais importantes figuras da filosofia britânica do século vinte no cinturão, Monk emergiu como a única figura de proa na filosofia britânica que não chegou a isso pelo caminho padrão.

Apesar de tudo, seu sucesso não foi sem custos. Seus relatos das vidas de Wittgenstein e de Russell mostram o lado bom e o lado mau de ambos, sem ser sensacionalista. Mas as críticas fizeram o pior com cada um dos livros: excelentes para Wittgenstein, mistas para o primeiro volume sobre Russell, e freqüentemente bastante cáusticas para o segundo. Não pouca lama foi jogada no caminho de Monk. Ao revelar o lado sombrio das duas figuras canônicas da filosofia, ele próprio viu o lado sombrio de muitos de seus contemporâneos.

Monk teve algum tempo para pensar sobre o que subjazia a essa reação "extremamente forte". Foi ajudado por alguns comentários que Colin McGinn fez em uma conferência sobre biografia, antes que o segundo volume sobre Russell tivesse sido publicado. Monk recorda: "Ele disse que quando descrevi Wittgenstein fazendo coisas que particularmente não admiramos – como bater em uma jovem até que seu nariz sangrasse, porque ela não entendia lógica – as pessoas não se incomodam muito com isso, porque se trata de um comportamento extremo do tipo que as pessoas, às quais é pedido para ler esses livros, jamais teriam. Elas são convenientemente sensatas, de maneiras suaves, pessoas acadêmicas que jamais sonhariam em bater em uma jovem pelo motivo de ela não entender lógica. Elas então lêem isso e não ficam incomodadas. Mas quando lêem sobre algumas das coisas que Russell fez, isso soa um pouco mais familiar. Você vê uma descrição de Russell saindo do leito com uma mulher a fim de escrever cartas de amor para outra mulher, e você pensa: 'espere aí, isso é o tipo de coisa que eu poderia fazer'. A explicação de McGinn, portanto, é que as faltas de Russell estão mais próximas das faltas das pessoas que lêem os livros do que as faltas de Wittgenstein. Penso que haja algo de verdadeiro nisso".

Com base nesse diagnóstico, as falhas de Russell estavam

demasiadamente próximas para não incomodar. "As pessoas não ficariam surpresas ao descobrir que Wittgenstein era movido por todo tipo de coisas que elas não são" – diz Monk. "Wittgenstein era um estrangeiro louco da Áustria. Mas Bertie Russell é um de nós, e não podemos alimentar a idéia de que ele fosse movido às raias da insanidade como Wittgenstein. O retrato de Wittgenstein como um homem extremado que não é muito parecido com o resto de nós, beirando a insanidade, concordava com as percepções das pessoas, quer o admirassem ou não. Mas representar Russell como impulsivo desse modo significava contradizer as expectativas das pessoas."

Monk também acredita que exista um elemento político em algumas críticas. "Se eu disser que esta obra política está mal escrita, que é uma obra sem valor, e acontece que ela advoga uma posição, caso as pessoas que a leiam advoguem a mesma posição, elas não irão separar a posição de sua apresentação mal feita. Se aprovarem, digamos, o desarmamento nuclear, elas irão aprovar a pessoa eminente que está advogando o desarmamento nuclear. Não ficarão incomodadas se a obra que apóia sua causa está bem escrita e bem argumentada ou não. Portanto, se então me adianto e pergunto, por exemplo, se alguém concorda com essa posição ou não, se essa não for uma forma boa de apresentação, a suposição será a de que me oponho a essa posição. Isso apareceu na resposta de Michael Foot ao primeiro volume. Ele escreveu uma introdução à autobiografia de Russell que continha um forte ataque a meu primeiro volume. A suposição com que ele parecia estar trabalhando era a de que eu era uma espécie de fanático conservador religioso, porque evidentemente eu não admirava, como ele, Russell como um conservador santo secular."

Uma terceira explicação para a hostilidade depende das expectativas das pessoas. "O que me interessava era que, no caso de

Wittgenstein, as considerações eram quase que universalmente de admiração, tanto das pessoas que gostavam como das que não gostavam dele. As pessoas que não gostavam de Wittgenstein disseram que Monk fizera um maravilhoso trabalho ao mostrar quão monstruoso era Wittgenstein, e as pessoas que o admiravam disseram que Monk fizera um trabalho maravilhoso ao mostrar quão santo era Wittgenstein. No caso de Russell, foi a imagem espelhada disso. As pessoas que não gostavam dele, como Anthony Howard, por exemplo, no *Observer*, acusaram-me de ser bajulador servil, de aceitar sem restrição a percepção que Russell tinha de si mesmo, e assim por diante. As pessoas que gostavam dele me acusaram de estar estabelecendo o dia para que alguém assassinasse seu caráter. Há, portanto, uma curiosa reversão na situação, e penso que isso tem a ver com o fato de que se você gosta ou não de Wittgenstein, o Wittgenstein que apresentei era o Wittgenstein de quem você pensa que gosta ou não. No caso de Russell, o Russell que apresento não é nem aquele de quem você não gosta nem aquele de quem você gosta."

Monk fica particularmente irritado com a sugestão de que ele estava começando a fazer um sério ataque verbal contra Russell. "Anthony Grayling acusou-me disso em sua opinião no *Guardian*. O que é completamente errado. Na verdade, a crítica de Grayling era particularmente desagradável. Ele disse que eu havia feito um grande avanço para isso e que eu até sabia como estava bancando o cheque de que eu detestava Russell. Isso de modo nenhum é verdadeiro. Algumas das coisas que me chocaram, a maioria, de fato, foram descobertas durante a pesquisa."

Apesar das irritações com as críticas injustas, Monk procura mantê-las todas em perspectiva. "Não se pode levar as críticas muito a sério" – considerava ele –, "particularmente as feitas para os jornais, porque lhes foi concedido muito pouco tempo para fazê-las. Alguém terá enviado esse grande e grosso livro e pedido em troca 800 palavras no prazo de três semanas. Eles receberam escasso tempo para ler o livro, e muito menos tempo para pensar uma resposta cabal para ele".

"A outra coisa sobre as críticas que se torna evidente pelas críticas feitas sobre meu livro é o efeito bola-de-neve. Com o livro sobre Wittgenstein tornou-se justamente a coisa a ser feita para elogiar o livro. Com o segundo volume sobre Russell, porém, o que se tornou mister fazer era salientar que não gostava de Russell e que se tratava de um livro tendencioso e não equilibrado, e assim por diante. Existe uma espécie de massa crítica. Quando repetido certo número de vezes, um crítico sente-se mais ou menos obrigado a reconhecer isso como uma verdade."

Um ponto levantado por alguns críticos que Monk seriamente alimenta é a possibilidade de que haja certo tipo de exasperação que perpassa o segundo volume sobre Russell. O leitor pode chegar a sentir que Monk, no fim, acaba perdendo um pouco a paciência com Russell.

"Espero que não, mas esse é provavelmente um comentário justo" – concede Monk. "Algumas das pessoas que defendem Russell não leram essa matéria. Disseram exatamente que ele foi um homem muito eminente, que sustentou posições a favor de causas em que acredito e, por isso, sua matéria não pode ser tão ruim como diz Monk. Mas, se você ler cerca de 2.000 artigos e vir que ele publica na terça-feira algo que contradiz na quarta-feira, então surge a exasperação. Alan Ryan censurou-me no *The Times Literary Supplement*, mas ele escreveu uma vida política de Bertrand Russell. Ele aí diz a mesma coisa, que não leu todos os artigos jornalísticos de Russell e que era uma tarefa desanimadora ler muitos deles como fizera, porque de fato não eram muito bons."

Pensaria Monk que suas biografias salientam a idéia de que os filósofos têm em geral habilidade para ver a verdade nos olhos, e têm certa objetividade a respeito das coisas? Essa capacidade sem dúvida parece faltar em Russell, conforme o relato que Monk faz de sua vida. Ele é retratado como capaz tanto de fraude como de dissimulação.

Monk não está convicto de que isso seja uma fraqueza particular dos filósofos. "Penso que isso é verdadeiro em relação a nós todos, pois geralmente é difícil trabalhar para formar uma duradoura, honesta e clara visão de si mesmo."

Mas não é o caso de que, embora os filósofos não tenham um problema especial a esse respeito, você poderia esperar que os filósofos fossem melhores que a média ao tratar disso? O fato de que não sejam piores que ninguém mais não é muito animador. Você esperaria que todo o seu treinamento e *modus operandi* os tornassem mais capazes de ter esse tipo de objetividade, e eles necessariamente parecem não ter.

"Você não esperaria isso exatamente, porque sabe que não é verdadeiro" – responde Monk. "Mas alguém poderia sentir que os filósofos deveriam ser melhores nisso. E penso que isso é o que Wittgenstein pensou naquelas observações que fez a Russell: "como posso ser um lógico antes de ser um ser humano decente?" Se ele está pretendendo pensar claramente a respeito da lógica, deve remover as coisas que acontecem no caminho do pensamento claro. Wittgenstein também disse que na filosofia o que se requer não é a inteligência, mas a vontade. O que se requer para ser honesto a respeito de si próprio é a vontade. O que faltou a Russell quando caiu em diversas formas de dissimulação? Não foi a inteligência, e sim a força de caráter."

A idéia de que a filosofia torna sua vida melhor ganhou força recentemente com o crescimento do aconselhamento filosófico e o sucesso do *The Consolations of Philosophy* (*As consolações da filosofia*), de Alain de Botton, e o acompanhamento de sua série televisiva *Philosophy: A Guide to Happiness* (*Filosofia: um guia para a felicidade*). Monk não está convicto da idéia de que a filosofia possa tornar você mais feliz na vida.

"É óbvio que isso não é verdade" – diz Monk, de modo incrédulo. "A filosofia não torna você feliz, e nem o poderia tornar. Por que a filosofia iria ser consoladora?"

Sugiro que o que de Botton e os conselheiros filosóficos poderiam estar fazendo é citar alguns trechos de filósofos e usando-os para deles tirar conforto. Eles, portanto, não estariam realmente fazendo filosofia, mas simplesmente fazendo uso de certas coisas na filosofia que poderiam ser consoladoras se você pensasse sobre elas de certo modo.

"Isso poderia ter um propósito" – replica Monk –, acrescentando: "se é que o tem, grande; mas, como diz você, isso não é filosofia". Mas até aqui seu ceticismo é evidente. Ele relata uma experiência recente, quando lhe pediram que tomasse parte em uma discussão radiofônica com o conselheiro filosófico Lou Marinoff. Marinoff falou a respeito de um programa via telefone do qual certa vez participou. "Ele foi interrogado pela mãe de alguns adolescentes" – recorda Monk –, "sobre como poderia fazer para que seus filhos vissem que as necessidades do lar fossem realizadas e que seria irracional esperar que ela fizesse tudo. Como poderia esperar que seus filhos pusessem seus quartos em ordem? Aplicando a filosofia a esse caso, disse Marinoff, você deveria lembrar a seus filhos do dito de Nietzsche que aquilo que não me mata torna-me mais forte".

Monk pára ao falar sobre esse assunto. Ele claramente pensa que não há mais nada que seja necessário dizer. A questão do valor do trabalho de um filósofo em particular não está esvaziada, porém. Mesmo que não torne você mais feliz, a filosofia deveria ser capaz de fazê-lo entender as coisas melhor. Em que isso permite que filósofos como Wittgenstein, cujo estilo é aforístico, digam o mínimo? O próprio Wittgenstein parece não ter tido dúvidas de que seu trabalho era importante, mas também difícil de entender. Ele diz coisas tais como a de que existem apenas uma ou duas pessoas que realmente entendem o que ele está dizendo. Isso, no mínimo, apresenta dois problemas: em primeiro lugar, como podemos saber se sua imperscrutabilidade não é sinal de que sua filosofia é confusa, em vez de profunda? Em segundo lugar, se sua obra for tão difícil de entender, por que há tal esforço em torno de Wittgenstein, com todas essas pessoas afirmando tê-lo entendido? Se você levar a sério a própria afirmação de Wittgenstein de que há muito poucas pessoas que o entendem, de que modo isso afeta a própria confiança de Monk em sua habilidade de ele próprio entendê-lo?

"Nem sequer por um momento acredito que se Wittgenstein estivesse vivo hoje ele me contaria entre as duas ou três pessoas que entenderam sua obra. Tenho profundo interesse, porém, por sua obra, e posso partilhar esse interesse com outras pessoas, de modo que não penso que o que estou fazendo seja completamente sem valor. Entendo completamente Wittgenstein? Provavelmente, não. Seria eu identificado por ele como alguém que o entendeu? Sem dúvida, não."

Dada, porém, essa falta de intelecção, de que modo alguém fica sabendo se a filosofia de Wittgenstein é difícil, mas profunda, ou então obscurantista e superficial?

"Na base da funcionalidade disso para você" – replica Monk. "Pareceu-me que em grande número de casos com a obra do segundo Wittgenstein a resposta é sim. Em questões mais ou menos técnicas, tais como forma lógica, mas também em questões mais gerais, parece-me que o anticientificismo que é uma paixão da obra do segundo Wittgenstein e de sua vida inteira é uma mensagem progressivamente valiosa em nossa cultura."

Uma questão levantada pela biografia filosófica é a de até que ponto a personalidade de um pensador pode ser separada das crenças ou das questões. Em um sentido pelo menos, conhecer o papel da personalidade não ameaça a idéia de verdade.

"Pode ser verdade que apenas certo tipo de personalidade se daria ao trabalho de gastar dez anos trabalhando sobre *Principia Mathematica*, com a paixão com que Russell o fez" – explica Monk. "Você poderia dizer: 'Olhe, Bertie, viva um pouquinho', pois isso é substituir alguma coisa, isso é um substitutivo para alguma coisa. E ainda poderia ser o caso de que o que ele diz seja verdadeiro. É uma busca da verdade, mas é uma busca da verdade de um modo ao qual apenas um tipo particular de personalidade se daria o trabalho."

Mas existe uma preocupação mais profunda. O bom raciocínio pode levar você a algumas conclusões surpreendentes. Diante disso, podemos fazer uma ou duas escolhas. Podemos dizer que esse é um argumento válido e perfeito, de modo que devemos aceitar a conclusão surpreendente, ou podemos dizer que alguma coisa deve ter dado errado com nosso raciocínio, que, embora pareçamos ter raciocinado corretamente, devemos ter raciocinado mal porque acabamos encontrando uma conclusão absurda. Aqui dizemos que o argumento não é perfeito, e sim uma *reductio ad absurdum*. Em cada caso individual, como sabemos se tivemos um argumento perfeito com uma conclusão surpreendente ou uma redução?

"Se é um argumento perfeito ou uma *reductio* dependerá de quão obviamente inaceitável é a conclusão" – é a primeira resposta de Monk. Mas não seria a preocupação levantada pela biografia filosófica – sobre quão obviamente inaceitável é a conclusão dependerá parcialmente de coisas como o temperamento – que poderia parecer ameaçar a auto-imagem da filosofia como disciplina objetiva?

"Talvez" – diz Monk. "A carreira de Russell exibe exemplos disso. Russell na verdade desenvolveu um argumento que ele pensava ser perfeito, no sentido de que apenas as coisas que podemos ver, apenas as coisas que podemos conhecer, apenas as coisas das quais temos conhecimento direto são as coisas que literalmente estão dentro de nossas cabeças. Muitas pessoas pensariam que uma vez que você tivesse chegado a isso, algo de muito errado teria acontecido com seu raciocínio."

"Há outro exemplo na filosofia da linguagem na década de trinta do século passado. Russell desenvolveu uma teoria causal do significado e foi desafiado por Braithwaite, que perguntou por que, se a teoria causal é verdadeira, não sou causado a pronunciar a palavra 'vaca' sempre que vejo uma vaca? A resposta de Russell a isso foi que, não sei como é com você, mas sempre que vejo uma vaca, sinto um movimento involuntário em minha laringe. É um traço característico do estilo de Russell o fato de ele querer aceitar absurdidades porque a questão parece levá-lo a isso, e ele pensa que isso é uma virtude – a rejeição do senso comum. Como ele certa vez salientou, o senso comum é a metafísica dos bárbaros. Isso é uma coisa temperamental? Sim, mas seria uma tarefa difícil explicar os meios pelos quais seria uma coisa temperamental. Sem dúvida, porém, as pessoas variam em relação ao que estão preparadas para engolir com base em um argumento."

"Penso também que isso exibe uma diferença interessante no modo como as pessoas argumentam. Wittgenstein, certa vez, comentou sobre algumas conferências que Broad deu em Cambridge, em que ele se estendeu sobre estilos de filosofia. Ele caracterizou o estilo kantiano, dizendo: 'nós conhecemos certas coisas sobre o mundo, não há dúvida; agora vejamos o que se requer de nós a fim de conhecer essas coisas'. Wittgenstein fez um comentário a respeito e disse: sim, esse é o método certo. Russell teria dito que é justamente o método errado. Se você começar a partir de coisas que não podem ser falsas, procederá validamente e terminará com coisas que não podem ser falsas."

Ao decidir, porém, por qual desses métodos devemos adotar, parece que não somos deixados com nenhuma outra coisa além daquilo que sentimos combinar melhor conosco. Não existe um modo de arbitrar entre eles.

"Não sei se não existe um modo de arbitrar, mas sem dúvida ele não pode ser baseado em um argumento válido, porque o que estamos discutindo aqui é a base da própria validade. Não estou certo de que devamos imediatamente recuar e dizer que é justamente uma coisa temperamental. Pode ser que haja algum tipo de raciocínio que o persuadiria a adotar um método típico de Wittgenstein ou de Kant em vez de um método típico de Russell, que tenha abruptamente deixado de ser um argumento válido. Claramente, quando alguém está discutindo quais critérios de validade adotar, defender um argumento válido significa estar solicitando a questão."

"Mas isso não poderia colocar um ponto final em todas as formas de raciocínio. Uma coisa que é importante ter em mente, no tipo de coisas sobre as quais estamos falando, é que uma arma limitada é um argumento válido e como é raro que estejamos persuadidos a acreditar em alguma coisa ou adotar alguma coisa sobre a base de um argumento válido."

Apesar de a leitura das biografias de Monk reduzir muito a confiança de alguém no julgamento dos grandes pensadores, ela sem dúvida não desvaloriza o trabalho deles.

"A vantagem da filosofia é que alguém não precisa aceitá-la na base da confiança. Apenas leia a obra. O valor de *Principles of Mathematics* (*Princípios da matemática*), como uma contribuição para a filosofia, de nenhum modo fica abalado pelo fato de que em sua idade avançada Russell escreveu uma enorme quantidade de coisas sem sentido a respeito do impacto que os Estados Unidos estavam tendo em negócios internacionais. O fato de ele ser muito fraco em negócios internacionais não abala o que ele tem a dizer sobre a relação entre a lógica e a matemática. Não é como se essas coisas estivessem completamente separadas, mas exatamente que uma não providencia uma base para julgar a outra. Alguém poderia dizer, penso eu, que a fraqueza de caráter que se revelou em sua disposição de publicar um monte de tolices sobre política não está totalmente separada dos lados de sua personalidade que lhe possibilitaram trabalhar com tal impressionante concentração sobre a lógica e a matemática."

É traçando essas mútuas relações entre vida e pensamento que torna as biografias de Ray Monk tão interessantes de se ler e, evidentemente, também para escrever. Aqueles que pensam que apenas as idéias dos filósofos contam e que suas vidas são irrelevantes deveriam repensar essa questão.

Antologia bibliográfica

Ludwig Wittgenstein: The Duty of Genius. Jonathan Cape, London, 1990.
Bertrand Russell, Volume 1: The Spirit of Solitude. Jonathan Cape, London, 1996.
Bertrand Russell, Volume 2: The Ghost of Madness. Jonathan Cape, London, 2000.

V
Metafísica

17

Livre-arbítrio

Ted Honderich

Em 35 anos na University College London, o professor emérito Ted Honderich escreveu uma obra importante sobre uma ampla série de tópicos filosóficos. Nela estão incluídas a suposta justificativa das punições, causação, John Stuart Mill, terrorismo, igualdade, monismo anômalo, conservadorismo, conseqüencialismo, subjetividade da mente, consciência como existência, relação cérebro-mente, e natureza das ações. Escreveu também uma notavelmente honesta e criticamente aclamada autobiografia: *Philosopher: A Kind of Life*, (Filósofo: Um Tipo de Vida). Ele talvez seja, no entanto, mais conhecido por sua obra sobre o determinismo, e por pensar que o determinismo é verdadeiro. Dessa forma, começo perguntando o que ele considera ser o determinismo.

"O determinismo, conforme o entendo" – responde Honderich –, "é a doutrina de que cada um dos eventos ou episódios de nossa parte mental ou consciente, incluindo toda decisão, escolha e ação, é o efeito de certo tipo de seqüência causal. A seqüência projeta-se para trás por longo caminho no tempo antes da decisão, escolha ou ação e qualquer pensamento a seu respeito. A seqüência também é do tipo de uma causação padrão. Nela, cada evento é um efeito real – um evento necessário, por assim dizer. Sem dúvida, não um evento meramente tornado provável por antecedentes. É algo que tem de acontecer, uma vez dados os antecedentes. O determinismo, assim definido, não é em si próprio a doutrina de que não somos livres – essa questão não é abordada em sua definição".

Para uma pessoa não familiarizada com o debate entre o livre-arbítrio e o determinismo, talvez não fique imediatamente claro por que o determinismo não envolve a afirmação de que não somos livres. Portanto, pergunto a Honderich, o que pensar disso.

"Bem, sentiu-se como uma questão aberta se a liberdade é ou não inconsistente com essa doutrina do determinismo" – replica Honderich. "Há filósofos – e em certo tempo pareciam ser maioria na filosofia de língua inglesa – que assumiram a visão de que o determinismo e a liberdade são logicamente consistentes, e que o determinismo pode ser verdadeiro, e que mesmo assim podemos ainda ser perfeita e inteiramente livres. Portanto, é uma boa idéia – de qualquer forma conveniente – deixar qualquer menção da liberdade fora de uma definição do próprio determinismo."

A posição filosófica de que o determinismo e a liberdade são logicamente consistentes é normalmente chamada de "compatibilismo". Essa posição depende de distinguir entre o que Honderich chama de ações voluntárias e ações originadas. O que, pergunto, está envolvido nessa distinção?

"O tipo de liberdade que é um acúmulo de voluntariedade em cima disso: uma ação livre é uma que flui dos desejos, da personalidade e do caráter do agente, mais que alguma outra coisa contra essas coisas. O agente não está em uma jaula, não é vítima de um homem com uma arma, não é escravo de uma compulsão interna que ele não quer ter. Ele está agindo de tal modo que suas ações em sentido claro fluem de si próprio. Uma ação livre, conforme essa definição, é natural e logicamente consistente com o determinismo. O determinismo não diz que não existam ações que fluem do agente. Ele diz justamente que existe *algum* fundamento causal que fixa o resultado. Uma ação livre, na visão dos compatibilistas, é exatamente aquela que tem certo tipo de fundamento causal – interno e fundamental no agente, por assim dizer, em vez de externo."

"Quanto à originação" – continua Honderich –, "ela provém da tradição oposta na filosofia que mantém que uma ação livre é inadequadamente definida pelos compatibilistas. Para os não-compatibilistas, uma ação livre é uma ação voluntária, mas também muito mais que isso. É uma ação que tem certa gênese, certo início, algo mais difícil de ser definido. Em certo sentido, sabemos o que os não-compatibilistas consideram ser a originação. Ela é o agente que chega a uma decisão, escolha ou ação de tal modo que o determinismo não é verdadeiro a esse respeito e, além disso, a decisão, a escolha ou a ação permanecem sob o controle do agente. Acima de tudo, a originação é o início de uma decisão ou escolha que torna o agente responsável por ela – moralmente responsável em certo sentido forte. As ações livres, se não forem apenas voluntárias, mas também originadas, são sem dúvida inconsistentes com o determinismo. Se o determinismo é verdadeiro, nenhuma dessas ações livres existirá".

A noção de originação, portanto, parece ser a de que as ações livres não são determinadas, mas permanecem sob o controle do agente e o agente é moralmente responsável por elas. É extremamente difícil, porém, imaginar ao que tais ações poderiam assemelhar-se, de modo que tal conceito fosse coerente?

"Muitos filósofos disseram que existe a maior dificuldade a respeito de chegar a uma clara concepção de originação" – admite Honderich. "Parte da dificuldade é que uma decisão originada, se é que exista alguma, é uma ação que poderia ter sido diferente no mesmo instante em que é feita. Se eu decidir esta manhã escrever algo de insultuoso a respeito de Tony Blair, posso nesse momento decidir agir de modo diferente. O que isso significa é que o passado poderia ter sido exatamente como estava estabelecido até o momento e posso, apesar de tudo, decidir de modo diferente. Esse exemplo contém dentro de si uma proposição muito alarmante, segundo parece – que soaria: *não existe uma explicação cabal da decisão que eu tomo de fato*. Você deveria considerar tal coisa nas circunstâncias do presente e do passado. Mas em ambos esses lugares, como você exatamente ouviu, tudo poderia ter sido o mesmo e eu poderia ter decidido de modo diferente. Portanto, em um sentido claro, parece não haver possibilidade de qualquer explicação, seja qual for a decisão tomada."

Honderich não acredita, porém, que a originação seja uma noção inútil.

"Além de tudo" – diz Honderich –, "posso defini-la como a causa de uma decisão de tal maneira que o modo da decisão não é determinado, e ainda que ela está sob o controle do agente, e além disso de modo tal que ele é realmente responsável por ela. Eu não disse *nada* ao dizer isso. Não disse nada de incoerente. É admissível que eu tenha explicado como pode haver essas decisões, mas eu disse algo que parece fazer sentido. Naturalmente, o que temos aqui é uma idéia ou concepção de uso comum. As pessoas regularmente pensam, depois que algo de muito ruim aconteceu, talvez viciosamente, que a pessoa poderia no momento final não ter feito a coisa, deixando as coisas exatamente como estavam. Portanto, a idéia de originação, mesmo que encerre um mistério, existe. Pode-se dar um sentido a ela, e parece que ela está enraizada na cultura comum – de qualquer modo na cultura ocidental como a conhecemos".

Naturalmente, uma coisa é aceitar que essa noção é coerente, e outra sustentar que ela é verdadeira ou plausível. Um problema particular é que é difícil ver como os agentes poderiam fugir da rede de causalidade que parece existir em relação a todos os outros fenômenos no mundo natural.

"Concordo com você que não existe originação" – responde Honderich –, "mas isso não me obriga a pensar que não exista nenhuma concepção de originação. Sem dúvida, pode haver falsas concepções – incluindo algumas importantes – e sem dúvida *pode* haver concepções que são parcialmente misteriosas. Há um número imenso. O que você e eu pensamos é que o determinismo é verdadeiro, mas somos minoria. A maioria das pessoas inclina-se a pensar que o determinismo é falso. Falam de livre-arbítrio e têm em mente alguma coisa semelhante à originação, da qual estamos falando – um tipo qualquer de imagem no decorrer dessas linhas. Há também um imenso número de indivíduos informados que ouviram falar da teoria quântica, a física do século vinte. Eles pensam que ela refuta o determinismo".

A defesa do livre-arbítrio pela teoria quântica é popular. Fundamenta-se na afirmação de que a indeterminação que parece existir no nível dos eventos quânticos de algum modo repousa na possibilidade de escolhas não-determinadas. Mas Honderich não está convencido disso.

"Minha própria resistência a essa idéia de que a teoria quântica falsifica o determinismo tem certos lados, entre os quais os dois seguintes."

"Em primeiro lugar, se o indeterminismo realmente existe – eventos não-causados, eventos que não são efeitos – então eles realmente estão em micro-nível, abaixo do nível, por exemplo, dos eventos cerebrais que se realizam com escolhas e decisões. Mais importante ainda, eles não se traduzem acima, para o macro-nível. Assim é nossa experiência. Não vemos pequenos eventos miraculosos, eventos fortuitos, como talheres levitando. Deveríamos ter essa evidência se os micro-eventos miraculosos chegassem ao máximo. Portanto, uma primeira resistência à questão para a teoria quântica é que se o determinismo é verdadeiro, ele seria irrelevante."

"Uma segunda resistência é ao fato de haver verdadeiramente algum desses eventos em questão, mesmo no micro-nível. Todos os livros populares sobre a teoria quântica, alguns deles da autoria de físicos famosos, dizem uma coisa. É que não se pode transportar antigas afirmações da física clássica para dentro da física contemporânea e recente. Uma das coisas que não se pode transportar é uma concepção da natureza das coisas que antes da teoria quântica costumava-se dizer que era causada ou determinada. Por exemplo, dizia-se que se o termo 'partícula' for usado em uma interpretação da teoria quântica, não se deve supor que uma partícula é um pequeno pedaço de matéria na concepção newtoniana. No fim, é muito incerto, e naturalmente isso é admitido por grandes expoentes da Teoria Quântica, *o que* coisas são se não forem efeitos. Freqüentemente elas são consideradas como probabilidades ou possibilidades ou ainda proposições."

"O ponto essencial aqui é que parece que as coisas que dizemos não serem efeitos, são coisas que o determinismo jamais diria que fossem efeitos. Nenhum determinista sensível disse que os números – digamos os números 4 e 5 – são efeitos, ou que as proposições são efeitos. Eles são pensados como objetos abstratos e ninguém supôs que um determinista é obrigado a dizer que são efeitos. Ora, esse único fim de uma equação é efeito de uma outra. O determinismo claramente se pronuncia apenas sobre *eventos*, ou certo tipo de *eventos*. Em poucas palavras, repetindo, é muito possível que as coisas que são afirmadas na teoria quântica como não sendo eventos de fato não são de nenhuma forma eventos e, por isso, não são importantes para o determinismo."

A importância do livro de 1988 de Ted Honderich, *A Theory*

of Determinism: The Mind, Neuroscience, and Life-Hopes (*Teoria do determinismo: a mente, neurociência e esperanças vitais*), e a primeira edição de seu sumário introdutório, *How Free Are You?* (*Quão livre é você?*), traduzido em sete idiomas, não foi apenas o fato de que ele atacou o determinismo. Ele também prolongou o debate para além, entre compatibilismo e incompatibilismo.

"Acredito que de fato provei que ambos são falsos" – diz Honderich. "É permitido que todo filósofo tenha seu momento de glória? O meu está aqui."

Ele explica por quê. "Aquilo a que minha matéria chegou pode ser colocado em termos de esperanças vitais, certas atitudes dirigidas ao futuro. Todos nós as temos. Elas são grandes esperanças sobre o cálculo dos resultados de nossas vidas. Têm a ver com nossas ações futuras e o que brotará dessas ações. O mais importante, contudo, é que essas atitudes particulares aparecem de duas formas. Você pode descobrir as duas formas em si mesmo."

"A respeito do futuro posso sentir de um mundo que o torna brilhante. O ponto essencial é que posso ter uma atitude em relação a ele como algo em que terei aquilo que quero, em que estarei fazendo aquilo que quero. Acabarei encontrando a pessoa certa, ou dinheiro, ou então a saúde, ou qualquer outra coisa. Não irei querer estar sozinho, ou em uma prisão ou doente em um leito, e daí por diante. As coisas irão colocar-se de acordo com meus desejos, necessidades, personalidade e natureza. Além disso, caso me encontre nesse modo de sentir, posso sentir que o determinismo pode mostrar-se como verdadeiro, e não apresentará mais obstáculos. Todos nós temos esse tipo de esperança, ou no fim podemos chegar a isso."

"Do outro lado, quase todos nós temos ou podemos chegar a uma forma bem diferente de esperança. É chegar ao efeito de que estamos tornando-nos progressivamente aptos a rebelar-nos contra o passado, superar nossa personalidade, superar nossas fraquezas, e derrotar as coisas que nos retiveram – de algum modo e em alguma extensão. Nossos futuros não são descritos, à espera de serem lidos, fixados de antemão. Além do mais, essa é uma esperança que será destruída, caso pensemos que o determinismo é verdadeiro."

"Que tenhamos ou possamos ter essas duas atitudes mostra que temos tanto a concepção das ações livres exatamente como voluntárias, e também a concepção das ações livres como voluntárias e originadas. A primeira concepção está, claramente, no primeiro tipo de esperança, e a segunda está no segundo tipo. Essas duas idéias estão dentro de nós. Se isso for verdade, então tanto o compatibilismo como o incompatibilismo serão falsos. Os dois são falsos porque concordam em uma coisa – que cada um de nós tem uma única concepção estabelecida a respeito de uma ação livre. Veja Hume no século dezoito. Veja van Inwagen no século vinte. Os compatibilistas dizem que nossa idéia é voluntariedade e os incompatibilistas dizem que é voluntariedade, mais a originação. As duas são apostas."

"Há também um outro tipo de prova evidente de que temos as duas idéias" – continua Honderich. "Há uma prova comportamental pública. Pense nas declarações e códigos de direito – um corpo de direitos humanos ou direitos legais de algum tipo. O que eles tentam assegurar é que as pessoas sejam espontâneas em suas vidas – não obrigadas ou coagidas por outras pessoas. Esses códigos almejam liberdades que nada têm a ver com originação. Mas outras práticas que temos, algumas delas na lei, claramente têm a ver com originação ou livre-arbítrio. E damos a nós mesmos uma posição superior em relação ao reino animal, ou ao resto do reino animal, em parte graças a esses meios."

Mas não há absolutamente nenhum problema sobre o determinismo e a liberdade? Honderich concorda nos dois livros de que havia, e também ele próprio se ocupou com isso.

"Se o compatibilismo e o incompatibilismo são ambos falsos,

o problema real do determinismo sem dúvida não é o de que nossa idéia compartilhada de liberdade seja única, pois temos duas. O problema real do determinismo é conviver e de algum modo emergir da situação em que chegamos a duas concepções de liberdade e elas entram em importantes atitudes e práticas que temos – nossas esperanças vitais e, além disso, uma boa realização."

Se Honderich estiver certo sobre o fato de termos duas concepções de liberdade e também as várias atitudes a elas ligadas, admiro-me então de por que acontece de não vermos que temos certos tipos de atitudes – por exemplo, atitudes retributivas – em relação a máquinas não-biológicas. Depois de tudo, é pelo menos discutível que máquinas não-biológicas satisfaçam os critérios para a voluntariedade. E também o determinismo parece transformar-*nos* em máquinas biológicas, caso isso seja verdadeiro. Portanto, por que, quando uma máquina funciona para nos beneficiar grandemente, não sentimos certo tipo de gratidão, por exemplo?

"Concordo que não temos certas atitudes em relação às máquinas. Quando elas nos beneficiam, não temos certos desejos de fazer o bem para elas em troca, mesmo apenas dizendo obrigado. Não temos a contrapartida dos desejos retributivos que temos quando uma pessoa nos cura. Sigo a explicação curta, ou a primeira parte da explicação: é que essas máquinas não são conscientes. Alguma coisa não deveria ter sido consciente para ser voluntária ou para originar alguma coisa?"

Para Honderich, o problema real de tentar viver com o determinismo envolveu três respostas possíveis: *desânimo, intransigência* e *afirmação*. Pergunto-lhe o que elas envolvem.

"Desânimo é uma resposta ao determinismo que pode ter a ver com as esperanças vitais, reivindicações ou sentimentos de conhecimento, sentimentos pessoais, aprovação ou desaprovação moral, e daí por diante. Desânimo é a resposta de que, se o determinismo é verdadeiro, essas coisas desmoronam. Minhas esperanças vitais devem entrar em colapso, e daí por diante. Não posso estar confiante naquilo que costumei chamar de meu conhecimento. Não posso empenhar-me em gratidão ou ressentimento. Não posso considerar que as pessoas sejam responsáveis."

"Intransigência é a resposta de que, se o determinismo for verdadeiro, posso ainda perseverar tenazmente – com minhas esperanças vitais, meus sentimentos pessoais e daí por diante."

"A primeira dessas respostas provém da concentração sobre a concepção de liberdade como não apenas voluntariedade mas também originação, que é inconsistente com o determinismo. A intransigência vem da concepção de liberdade como voluntariedade."

"Inclinando-se a essas duas respostas não existe uma coisa feliz. Você está em um tipo de situação conflitiva no ponto de partida."

"O que é preciso é dar a resposta da *afirmação*, que você poderia pensar que se resume em dar largas a desejos que não podem ser satisfeitos se o determinismo for verdadeiro, e estar satisfeito pelo fato de que outros desejos ainda podem ser satisfeitos. Algo melhor pode ser dito ao longo dessas perspectivas. A afirmação poderia ser a resposta de que a vida pode ser grande e satisfatória. Assim como, para se entregar a outros desejos, o melhor caminho para que isso aconteça é chegar a acreditar no determinismo."

Essa foi a solução de Honderich para o problema real do determinismo na primeira edição de *How Free Are You?* e seu grande predecessor. Em sua recente autobiografia, porém, ele confessa achar difícil abandonar a idéia de que ele tem mais responsabilidade por sua vida do que é permitido pelo determinismo. Reconhece que tem agudos sentimentos de responsabilidade e um sentido de sua vida – ao menos iguais aos sentimentos e ao sentido ligado a uma crença na originação.

"A solução, porém, não é voltar para o indeterminismo" – insiste

Honderich. "Pode ser. Outra coisa que pode acontecer quando você pensa em sua vida passada é que você pode tornar-se *mais* convicto do determinismo. Parece-me que necessitamos de uma visão de nossas vidas realmente diferente, uma visão radicalmente diferente. Temos de esquecer de pensar a respeito de originação. Existe alguma *individualidade* a respeito de cada uma de nossas vidas que tem uma base em algo mais, algo totalmente diferente."

"Deve haver uma base na natureza de nossa consciência, de algum modo nossa consciência perceptiva – estar consciente de repente do aposento em que você se encontra. Se alguma coisa chamada consciência como existência é verdadeira, cada um de nós é um tipo de construtor, ou em parte construtor da realidade. Isso é muito individual, não é?"

"E poderia ser que houvesse um tipo de explicação daquilo que fazemos que seja diferente de qualquer coisa sobre a originação e consistência com o determinismo, e que não seja a história do compatibilismo. Ela tem a ver com um paradoxo a respeito da explicação causal. Podemos corretamente pensar que a presença do oxigênio seja necessária para você escrever a fatal carta de resignação, assim como suas idéias a respeito do insulto – ambas são condições requeridas. Mas algumas vezes as idéias são mais explicativas. Pode ser que poderíamos atingir algo além disso em relação com o sentido de nossas vidas. Nós, de algum modo, fazemos o percurso de nossas próprias vidas."

Antologia bibliográfica

Punishment: The Supposed Justifications. Penguin, Harmondsworth, 1971.
Philosopher: A Kind of Life. Routledge, London, 2000.
How Free Are You?. Oxford University Press, Oxford, 2002, 2ª ed.
The Determinism and Freedom Philosophy website:
http://www.homepages.ucl.ac.uk/~uctytho

18

Realismo

John Searle

John Searle é, sem dúvida, um dos mais eminentes filósofos de nosso tempo. Foi presidente da American Philosophical Association, o Reith Lecturer da BBC, Guggenheim Fellow, e duas vezes ganhou um Fulbright Award. Atualmente é professor de filosofia da mente e da linguagem na University of California, em Berkeley, e passou seus anos de formação na década de 50 do século passado em Oxford. A influência do filósofo da linguagem, de Oxford, J. L. Austin, inventor do termo "atos da fala", é evidente no título do primeiro livro de Searle: *Speech Acts: An Essay in the Philosophy of Language* (*Atos da fala: um ensaio na filosofia da linguagem*). Embora sua filosofia possa ter suas origens na linguagem comum da filosofia de Austin em Oxford, porém, em seu objetivo e ambição ela cresceu, tornando-se algo muito maior. A linguagem foi exatamente o começo.

Quando Searle voltou-se para a filosofia da mente, ele apareceu com aquilo que talvez seja o mais famoso contra-exemplo na história – o argumento do espaço chinês – e, com um soco intelectual, infligiu tanto dano à então dominante teoria do funcionalismo, que muitos gostariam de defender que ele jamais se recuperou. Mais recentemente, ele tentou estabelecer o que chama de novo ramo da filosofia – a filosofia da sociedade.

Ultimamente, Searle teve certa preocupação de juntar os diversos estratos de sua filosofia nos últimos cinqüenta extraordinários anos. Sempre foi possível traçar as continuidades em seu pensamento, mas em seus livros recentes, como *Mind, Language and Society* (*Mente, linguagem e sociedade*) e *Rationality in Action* (*Racionalidade em ação*), o próprio Searle esteve construindo as ligações e apresentando sua obra como um sistema coerente.

Mind, Language and Society: Philosophy in the Real World (*Mente, linguagem e sociedade: Filosofia no mundo real*) é sua segunda tentativa de escrever para um público maior. Depois veio o sucesso, tanto crítico como comercial, de seu *Minds, Brains and Science* (*Mentes, cérebros e ciência*), de 1984, que se baseou em suas conferências Reith.

"Gosto de comunicar minhas idéias" – diz Searle. "Há três razões. Uma delas é uma tremenda disciplina intelectual. Descobri isso quando estava dando as conferências Reith. Em geral sinto que se você não consegue falar claro nem você mesmo pode compreender. Assim, parcialmente, isso beneficia a mim mesmo. Isso me obriga a um tipo de disciplina necessária para tornar minhas idéias o mais claras possível."

"A segunda coisa é que isso nos capacita a atingir um público mais amplo. Penso que as questões mais excitantes do mundo são as questões filosóficas, e que não há motivo pelo qual não deveríamos contar ao público em geral a respeito da excitação que temos ao fazer filosofia. Se você puder escrever um livro que seja totalmente claro, então pode fazer a travessia até o público em geral."

"O terceiro ponto é que a fraqueza intelectual em suas próprias idéias é muito mais óbvia. Você se tornará capaz de fazer melhor progresso se puder ver a força e as limitações de sua própria visão, mas não pode fazer isso se tudo for afirmado de modo obscuro."

Contudo, Searle admite que, se você escrever para um público popular, "você também irá pagar um preço, o que me aborrece. As pessoas irão atacar as conferências Reith, nas quais poderão torcer coisas de todos os lados para seguir sua própria interpretação, ao passo que, se elas forem vistas em meus trabalhos mais longos, como *The Rediscovery of the Mind* (*A redescoberta da mente*), poderão perceber que estavam compreendendo-me mal. Portanto, você paga um preço por falar as coisas com simplicidade, isto é, torna-se mais fácil compreender mal os profissionais".

Mind, Language and Society (*Mente, linguagem e sociedade*) reuniu pela primeira vez os diversos aspectos do pensamento de Searle e, ao fazer isso, deu uma clara representação de seu realismo – uma crença na existência real de um mundo independente de nós. Sua motivação geral para isso é a convicção de que "você faz um terrível erro na filosofia se sair por aí negando coisas que são obviamente verdadeiras e se sair dizendo coisas que são obviamente falsas, e parece-me obviamente falso dizer que o mundo real existe apenas pelo fato de pensarmos sobre ele ou pelo fato de o construirmos. Na verdade, penso que a negação é um tipo de má-fé, um tipo de vontade de poder. É a idéia de que algo ou outra realidade é responsável por nós, mais do que termos de responder ao mundo real. Quando discuti com Richard Rorty, Richard não queria dizer que ele nega a existência do mundo real, mas, sobre esse ponto específico, ele disse: 'Por que deveríamos ser responsáveis por alguma coisa? Isso está acima de nós'".

O realismo de Searle é muito forte quando ele considera a existência do mundo externo.

"Em meu último livro, estou na maior parte preocupado em defender uma visão que chamo de 'realismo externo'" – explica Searle –, "a idéia de que há um mundo real que existe independentemente de nossas percepções, nossos pensamentos, sentimentos e atitudes. Você poderia pensar que fosse tão óbvio que nenhuma pessoa sadia negasse isso, mas há todo um exército de pessoas fora daqui que nega isso".

Isso pode soar como um simples apelo ao senso comum, mas Searle insiste "que esse nunca foi meu modo de pensar. Suponho que o senso comum diria que o mundo é plano e que todos nós temos uma mente e um corpo. As duas coisas são falsas. É exatamente pelo fato de, para dizer a verdade, termos estado neste planeta por certo tempo, e haver algumas coisas que conhecemos. Uma das coisas que sabemos, por exemplo, é que todos os nossos processos mentais são causados por processos no cérebro. Esse é o tipo de ponto de partida que assumo quando trabalho na filosofia da mente. Da mesma forma, quero partir com a idéia de que se entabularmos uma conversa, você e eu, e concordarmos, por exemplo, de que vamos nos encontrar em certo lugar para ter uma conversa, assumimos como garantida a existência de uma realidade que existe independente de nós. Não digo que seja uma crença do senso comum. Ao contrário, insisto que isso é algo que existe anteriormente à crença, isto é, que a pressuposição de uma realidade que existe independentemente é o que chamo de pressuposição de fundo. Ela não é algo que está acima do alcance, assim como a questão de que o projeto do genoma humano irá ter ou não tal ou tal efeito".

"A questão, portanto, é, bem, o que você faz com todos os desafios a essa visão? Eu os critico. Não defendo a idéia de que haja uma realidade, assim como critico as críticas contra ela, e saliento que ela desempenha certo papel em nossa pressuposição de fundo, porque é ela que assumimos como garantida quando entabulamos um discurso."

Mas isso é dizer que a existência real do mundo externo é uma pressuposição ou teoria de fundo, um modo conveniente de deixá-la fugir do anzol ter de argumentar em seu favor?

"Não completamente" – replica Searle – "porque é quase impossível argumentar em seu favor. Ofereço-lhe um argumento transcendental. Mostro que você não pode entabular um discurso normal sem essa pressuposição. Portanto, se pensa que o discurso normal é significativo do modo como o supomos ser, então você já está comprometido com essa pressuposição. Esse é um tipo de argumento transcendental: assumir que nosso discurso normal funciona do modo como o tomamos para funcionar, e daí se segue que o realismo externo deve estar certo".

"Para definir precisamente isso, tomemos exemplos. Você e eu fazemos um acordo de nos encontrarmos em certo lugar e em certo tempo. Não poderíamos fazer isso e não poderíamos ter nossa compreensão normal disso a menos que assumamos que haja um lugar no espaço e no tempo que seja independente de nós, e que possamos encontrar-nos nesse lugar particular. Isso é realismo externo."

Portanto, como Searle trata das críticas contra o realismo externo? Esse desafio é perspectivismo, a visão de que podemos apenas falar sobre a realidade a partir de uma perspectiva. Searle parece olhar isso não como um devastador desafio ao realismo, mas apenas como um banal truísmo.

"Certo" – concorda Searle. "Penso nesses sujeitos que fazem uma óbvia falácia quando inferem do fato de que todo conhecimento é feito a partir de um ponto de vista, de certa perspectiva, de modo que então a única coisa que existe são as perspectivas. Isso não funciona. Quero dizer, você vê esta mesa a partir de seu ponto de vista, eu a vejo a partir de meu ponto de vista, mas há uma mesa que existe simplesmente, não a partir de um ponto de vista."

Mas isso não é o ponto crucial do argumento de que a mesa a partir de nenhum ponto de vista é incognoscível?

"Bem, penso que esteja certo. Tradicionalmente, o argumento que a maioria das pessoas encontrou para negar o realismo, sem dúvida na tradição filosófica em que você e eu fomos educados, é um argumento epistêmico. Como diz Berkeley, se a matéria existir jamais a poderemos conhecer; se ela não existir, tudo permanecerá o mesmo. Ela é uma entidade epistemologicamente incognoscível. Quero dizer, não, ela não é totalmente incognoscível. Essa é exatamente certa concepção errônea da natureza da percepção – assumimos que, se a matéria existir, jamais poderemos ter qualquer acesso perceptivo a ela. E, naturalmente, podemos."

"Há uma objeção mais profunda que faço a toda essa tradição: penso que nossa obsessão com a epistemologia foi um erro cometido durante 300 anos. Descartes estimulou-nos a isso e temos de sair da idéia de que a principal meta da filosofia seja responder ao ceticismo. Há todos os tipos de questões muito mais interessantes. Não levo o ceticismo a sério. Levo-o a sério do mesmo modo como levo a sério os paradoxos de Zenão – eles são belos quebra-cabeças. Mas quando ouço falar dos paradoxos de Zenão, não penso: 'Ó meu Deus, que o espaço e o tempo não existam'. Penso: 'Esse é um paradoxo interessante; vamos resolvê-lo'. Isso é o que sinto a respeito dos paradoxos céticos. Não sinto que mostrem que o mundo real não exista ou que não possamos sequer conhecê-lo. Fico muito admirado, de certo modo, de que tenhamos empregado 300 anos levando a sério esse ceticismo."

"Meus amigos que são epistemólogos sérios pensam que eu esteja desafinado quando o ceticismo está em questão. Pensam que há nele alguma verdade profunda que eu esteja perdendo. Não vejo isso. Penso que eles sejam quebra-cabeças e paradoxos interessantes, mas, uma vez que deixemos de aborrecer-nos com eles, podemos deixar isso de lado e ir trabalhar sobre as partes construtivas sérias da filosofia. As partes da filosofia verdadeiramente excitantes são as partes construtivas, nas quais queremos construir uma teoria: uma teoria da mente, uma teoria da linguagem e, em meu caso, uma teoria da realidade social."

Um desafio posterior provém da "subdeterminação de teorias pela evidência". Searle não poupa palavras em sua análise dessa questão.

"A coisa costumeira na filosofia é quando você vai de algo insípido para algo absurdo. O ponto insípido é perfeitamente legítimo, ou seja, que tendo sido dada alguma soma de informações, há teorias alternativas e inconsistentes que serão consistentes com toda a evidência. Portanto, não há nenhum algoritmo, dada a evidência, que lhe poderia dizer qual seria a teoria correta. Você usa a evidência justamente como um meio de testar sua teoria, mas a evidência não fixa a teoria, porque você pode ter diferentes teorias que são consistentes com o todo da evidência."

"Essa é uma forma de consideração. Quando um grande número de pessoas, porém, quer fazer o próximo movimento e quer dizer, bem, que não há verdadeiramente nenhum problema. Há exatamente a evidência. Não existe nenhum mundo real sobre o qual haja evidência."

Searle cita como um "egrégio exemplo disso": o famoso argumento de Quine sobre a indeterminação. Quine argumenta que não há nenhum fato a respeito da questão sobre significados, porque sempre existe uma brecha entre a evidência daquilo que alguém quer dizer quando faz uma declaração e o que ela poderia significar. Quine usa o exemplo de alguém falando sobre um coelho. Quando ouço alguém dizer "veja aquele coelho", o termo "coelho" poderia referir-se ao coelho como um ser cuja existência se estende do nascimento até a morte ou poderia referir-se apenas a esse particular estágio de vida do coelho, presente quando faço a declaração. Ambas as interpretações de meu termo "coelho" são consistentes com a evidência fornecida por minha declaração.

Searle acredita que Quine está "confundindo a subdeterminação da teoria da evidência com a idéia de que a teoria não é verdadeiramente sobre o que o fato é. Naturalmente há uma questão de fato a respeito do que quero dizer, sobre a questão de eu querer dizer 'coelho' ou 'estágio na história de vida do coelho', e o caso conclusivo que Quine jamais considera como o caso da primeira pessoa. Isto é, sei exatamente que quero dizer 'coelho' e não 'estágio na história de vida de um coelho' quando digo 'coelho'. Eu não poderia sequer afirmar a teoria da indeterminação de Quine se não pudesse fazer essa distinção".

Dadas essas inclinações fortemente realistas, o título de outro de seus livros, *The Construction of Social Reality* (*A construção da realidade social*), é surpreendente. Como pode um realista falar sobre alguma realidade que está sendo construída? A descrição que Searle faz da realidade social nesse livro, retomando em *Mind, Language and Society*, revela um realista mais sutil do que alguns pronunciamentos mais agressivos que Searle poderia sugerir.

"O elemento-chave na construção do tipo de realidade social em que estou interessado" – explica Searle – "é que os seres humanos têm a capacidade de impor funções sobre as coisas. O resultado é que essas coisas não podem desempenhar a função sem a aceitação coletiva ou o reconhecimento das coisas como tendo certa importância. Um exemplo óbvio é o dinheiro. Ele funciona apenas porque nós o aceitamos – aceitamos esses pedaços de papel e pedaços de metal como dinheiro. O modo como eles diferem, por exemplo, de um muro, é que um muro pode desempenhar sua função em virtude de sua estrutura física – ele é demasiado alto para transpô-lo. Mas se você traçar uma linha no chão e disser 'esta é a fronteira', a fronteira só poderá realizar sua função se for aceita ou reconhecida como uma fronteira. Digo que esse é o elemento-chave para a compreensão da realidade institucional: há uma classe de fatos objetivamente existentes no mundo que são apenas os fatos que são porque nós coletivamente os reconhecemos como tais, e isso inclui tanto primeiros-ministros, como governos, matrimônio, propriedade privada, universidades, professores, conferências e a língua nativa. Todos eles são muito importantes em nossa vida, mas todos são casos de 'funções-de-importância' – casos em que o fato pode desempenhar sua função apenas em virtude da aceitação ou do reconhecimento coletivo".

A descrição de Searle das funções de importância parece não ser problemática, mas qual é a aquisição acrescentada quando se diz que elas são objetivas? O que acrescenta se uma pessoa disser: "Aceito tudo o que você diz a respeito de como temos dinheiro, mas quero dizer: isso é subjetivamente real, e não objetivamente real?"

"Quero distinguir entre dois diferentes sentidos da distinção entre objetivo e subjetivo" – replica Searle. "Há um sentido ontológico em que, por exemplo, as montanhas têm um modo objetivo de existência e os sofrimentos têm um modo subjetivo de existência. Isso é objetividade e subjetividade ontológica. Mas também há uma distinção epistêmica entre subjetividade e objetividade. Por exemplo, penso que Wittgenstein foi um filósofo melhor que Russell. Bem, nisso há certo elemento subjetivo. Penso que Wittgenstein morreu na Inglaterra, e isso é epistemicamente objetivo. Portanto, em acréscimo à distinção entre subjetividade e objetividade ontológica, você tem uma distinção epistêmica, objetividade e subjetividade epistêmicas."

"Agora, eis a questão fundamental: os fatos institucionais têm um componente ontologicamente subjetivo. Eles são apenas os fatos que são porque pensamos que eles são. Mas isso não os impede de serem epistemicamente objetivos. É um fato objetivo, epistemicamente falando, que este pedaço de papel em minha mão seja uma nota de cinco reais. Ou seja, não é exatamente uma opinião minha de que ele seja uma nota de cinco reais. Se eu for a uma loja e quiser comprar alguma coisa com ela, eles não dirão: "bem, pode ser que você pense que isso seja dinheiro, mas quem se importa com o que você pensa?" – portanto, ele é epistemicamente objetivo. Contudo, naturalmente, o fato de que esse papel funciona como dinheiro tem um elemento nele que é ontologicamente subjetivo. Quero insistir, portanto, que a objetividade epistêmica é perfeitamente consistente com a subjetividade ontológica."

Isso implica que existe uma idéia falsa de objetividade da qual temos de nos libertar, isto é, dizer que algo é objetivamente o caso, significa que ele deve continuar a ser indiferente ao que fazemos?

"Exatamente" – confirma Searle –, "porque há um componente ontologicamente subjetivo na existência de toda realidade institucional: dinheiro, propriedade, matrimônio, governo e tudo o mais".

Searle é evangélico a respeito de expandir o estudo dessas áreas. "Isso é fascinante para mim, em parte porque penso que essa seja uma área negligenciada na filosofia. A maioria dos filósofos tem esse inventário estúpido de problemas que herdaram da leitura de quem quer que seja e quero dizer que todos esses problemas existem fora daquilo que não foi tratado por escrito por quem quer que seja. Se pretendermos fazer uma descrição coerente da realidade, deveremos chegar a considerar como a realidade social e institucional se adapta a nossas teorias abrangentes a partir da física."

"Penso que precisamos inventar um novo ramo na filosofia, que eu gostaria de chamar de filosofia da sociedade. Já temos alguma coisa chamada de filosofia social e política, mas isso tende a ser verdadeiramente a respeito de filosofia política. Penso que exatamente como temos uma filosofia da linguagem e uma filosofia da mente, deveríamos ter uma filosofia da sociedade, e uma filosofia social e política cairia fora dela muito naturalmente, como requer a metodologia das ciências sociais. Mas a questão básica da filosofia da sociedade é a ontologia e a estrutura lógica da realidade social, assim como a questão básica da filosofia da linguagem é a ontologia e a estrutura lógica dos atos da fala e outros fenômenos lingüísticos. Essa filosofia ainda não existe. Estou tentando fazê-la nascer."

Talvez o mais surpreendente aspecto de *Mind, Language and Reality* é um pequeno comentário que ele goteja fracamente no final do livro, ou seja, que ele quer construir uma teoria *geral* adequada. Historicamente, as teorias gerais tendem a estar associadas com os metafísicos, os racionalistas e particularmente com os idealistas. Searle é mais um empírico, um pragmático, um realista. Esses tipos de filósofos tenderam a preferir uma abordagem analítica, não-sistemática, particularmente no século vinte.

"Quando eu estava em Oxford" – diz Searle –, "o termo *não-sistemático* era um elogio. O que queríamos eram pequeninos resultados. Éramos suspeitosos dos grandes resultados. Mas penso que isso se devia ao fato de que os filósofos que queriam grandes resultados fizeram um mau negócio. Não penso que isso pertencesse à natureza da questão e não concordo com o fato de os filósofos empiristas terem se oposto às teorias gerais. Penso de fato que Hume teve uma teoria geral, Locke teve uma teoria geral, e até Berkeley, a seu modo, teve uma teoria geral. Portanto, penso que na vida intelectual você jamais deveria ficar satisfeito com migalhas e fragmentos de informação e de compreensão. Você quer saber como tudo se compõe. Essa é uma das grandes realizações da civilização ocidental".

"Minha própria visão, e sem dúvida não sou um estudante, é que essa foi a maior invenção dos gregos – a idéia de uma teoria. As teorias atuais que são produzidas são provavelmente na maioria dos aspectos bastante fracas, mas a idéia de que você teve um conjunto sistemático de proposições, logicamente relacionadas uma com a outra, poderia ser significativo para todo um campo, é uma idéia maravilhosa. Os elementos de Euclides é uma das teorias dos clássicos. Aristóteles está repleto de teorias. É isso que quero. Quero uma teoria no sentido clássico, grego, aristotélico."

Dessa forma, Searle também está regenerando a teoria geral para o realista, remetendo-a a seu lar natural, pois, sem dúvida, é o realista que mais deveria esperar que os diversos componentes da compreensão se conjugassem.

"Eles se saíram melhor" – diz Searle.

Antologia bibliográfica

Minds, Brains and Science. Harvard University Press, Cambridge, MA, 1984.
The Rediscovery of the Mind. MIT Press, Cambridge, 1992.
The Construction of Social Reality. The Free Press, New York, 1995.
Mind, Language and Society: Philosophy in the Real World. Basic Books, New York, 1998.
Rationality in Action. MIT Press, Cambridge, MA, 2001.

19

Para além do realismo e do anti-realismo

Jonathan Rée

Existe uma caricatura dos filósofos dizendo que eles gastam seu tempo argumentando se coisas como mesas e cadeiras existem. Isso é apenas uma caricatura, mas em todo caso há um elemento de verdade quando chegamos à discussão a respeito do realismo e do anti-realismo. Dizendo cruamente, os realistas – ou, mais precisamente, os *realistas externos* – pensam que o mundo existe, independentemente de nossas percepções e de nossos pensamentos a seu respeito, e também que podemos seguramente conhecer a respeito do mundo. Os anti-realistas, por diversas razões, duvidam dessas duas proposições.

O debate filosófico sobre o realismo e o anti-realismo – que envolve argumentos sobre, por exemplo, a experiência dos sentidos, a linguagem e a natureza do conhecimento – é complexo e esotérico. Nos últimos tempos, porém, como Jonathan Rée salienta, ele encontrou uma expressão mais pública na preocupação que os cientistas têm sobre o modo como seus esforços são tratados pelas humanidades.

Com efeito, essa é uma preocupação de longa data. Foi em 1959 que C. P. Snow deu sua famosa conferência sobre "As duas culturas", na qual expressou desânimo diante da divisão entre as artes e as ciências, e a hostilidade com que os praticantes de cada uma viam a outra. Pareceu-lhe que "a vida intelectual da sociedade ocidental inteira... [estava] gradualmente se dividindo em dois grupos polarizados". Ele considerava isso prejudicial, tanto cultural como politicamente.

Mais de quarenta anos depois, a divisão e a hostilidade permanecem. Elas vieram à tona poucos anos atrás com o *affaire Sokal*. Inspirado por aquilo que ele considerava como a obscuridade e a ambigüidade de muitos textos pós-modernistas, o físico Alan Sokal enganou o jornal *Social Text*, fazendo-o publicar um artigo ostensivamente sério sobre a "física pós-moderna", que era de fato uma paródia esperta. Ele continuou isso com o livro *Intellectual Impostures* (*Imposturas intelectuais*), em parceria com Jean Bricmont, que era asperamente crítico da obra de alguns dos nomes mais em moda nas humanidades. Sua motivação, disse ele no *The Philosophers' Magazine*, teve a ver com um desafio ao surgimento de um "relativismo pensado de modo babaca" e com a exposição do "grande abuso de terminologia tirada das ciências naturais nos escritos de autores franceses, americanos e ingleses".

Sokal não é o único cientista que se lamenta das falhas das humanidades. Vinte e oito anos antes, Peter Medawar advertiu em *Science and Literature* (*Ciência e literatura*) que ele "poderia citar evidências dos inícios de uma sussurrante campanha contra as virtudes da clareza. Um escritor estruturalista no *The Times Literary Supplement* sugeriu que os pensamentos que são confusos e tortuosos em razão de sua profundidade são mais apropriadamente expressos em prosa, que é deliberadamente menos clara. Que idéia absurdamente ridícula!" E Richard Dawkins, em uma crítica ao *Intellectual Impostures* no jornal *Nature*, estimula as pessoas a "visitar o gerador pós-modernista (http://www.cs.monash.edu.au/cgi-bin/postmodern). É uma fonte literalmente infinita de nonsense aleatoriamente gerado e sintaticamente correto, distinto das coisas reais apenas por serem mais divertidas para ler... Os manuscritos deveriam ser submetidos ao 'editorial coletivo' do *Social Text*, em espaço duplo e três vias".

Naturalmente, os representantes das humanidades, por sua vez, não ficaram em silêncio. Dizem que Derrida rejeitou Sokal com as palavras "o pobre Sokal". Richard Dawkins, nas páginas do *Nature* (*Natureza*), foi acusado de falhar em "tomar a medida dos textos e das pessoas sobre as quais ele fala, tanto as que ele favorece como as que não favorece". E Pascal Bruckner, no jornal *Independent*, insistiu que o *Intellectual Impostures* demonstrou o "total mal-entendido" que existe entre a cultura anglo-saxônica, "baseada em fatos e informação", e a cultura francesa, "que depende da interpretação e do estilo".

É no contexto dessas trocas de idéias ácidas que Rée, nos poucos últimos anos, publicou certo número de ensaios e artigos, que afirma que a "guerra das ciências" se baseava mais em mal-entendidos que em discordâncias reais, sobre o status do conhecimento científico. Por que, pergunto, ele não foi relativamente afetado pelo ruidoso conflito entre os supostos "amigos" e "inimigos" da ciência?

"Uma razão pela qual não fui afetado pelo melodrama" – replica Rée –, "é que, historicamente, as pessoas não tiveram absolutamente nenhum problema com a idéia de que a ciência seja um fenômeno social. Cientistas como J. G. Crowther e J. B. S. Haldane ficaram muito irritados com a idéia de que a ciência fosse o produto de vários tipos de relações sociais e que tais relações sociais tivessem tornado possível produzir o conhecimento que era verificável e confiável. Eles celebraram os estudos históricos da ciência como meios de explicar o progresso heróico da ciência em relação à verdade. Agora, se você imaginar a si próprio para trás nessa situação, então você ficará lembrado de que não há necessariamente um conflito entre os estudos sociais da ciência e uma crença no verdadeiro conteúdo da ciência".

Rée, no entanto, tem um senão. "Parece-me que esses cientistas, que pensam que não exista conflito entre ciência e história, tiveram uma noção de progresso científico que penso ter sido artificial – uma noção na qual verdadeiramente ninguém mais deveria acreditar. O modelo deles sugeria haver uma destinação preordenada que a pesquisa científica iria atingir. Mas penso que uma pessoa pode ter uma idéia muito forte de progresso científico, sem supor que esteja predeterminado qual será a melhor forma de conhecimento que dele emergirá. Portanto, minha opinião é a de que há grande número de caminhos possíveis nos quais a ciência poderá progredir no século vinte e um, e todos eles seriam um progresso, mas nenhum deles seria o único caminho possível em que o progresso poderia ser feito."

A importância do "senão" de Rée é que sugere a existência de uma camada anti-realista em seu pensamento. De modo particular, parece que em sua concepção o progresso da ciência não é governado pela natureza dos objetos da pesquisa científica. Um crítico, porém, poderia responder que, embora seja de fato impossível predizer como a ciência irá progredir, é o caso, no entanto, de que seu progresso será obrigado pela natureza dos objetos que ela investiga. E, mais ainda, que há certos modos de olhar o mundo, certas teorias, que estão efetivamente mortos como, por exemplo, o lamarckismo – a crença de que é possível herdar características adquiridas. Perguntei a Rée se esse era um ponto que ele deveria aceitar e se ainda assim ele sentia que, por esse motivo, não havia nenhuma contradição entre a objetividade das afirmações da verdade científica e o fato de que a ciência é um fenômeno social e histórico.

"Sim, penso que deveria aceitar esses pontos" – replica Rée. "Mas uma de minhas propostas para continuar esse debate é que deveria haver uma suspensão tanto do termo 'objetivo' como do termo 'relativismo'. Quero dizer que é ridículo pensar que acrescentar o termo 'objetivo' torna uma verdade de algum modo mais verdadeira. Há uma distinção muito importante entre proposições que são verdadeiras e proposições que são falsas. Mas não sei qual distinção posterior se pretende ao acrescentar o termo 'objetivo'. É apenas um lance retórico que prejudica todo o debate. O que as pessoas precisam entender é que apenas as verdades disponíveis a nós são as verdades de contextos históricos específicos, mas nem por isso elas seriam menos verdadeiras."

Em sentido sociológico, a afirmação de que as verdades são necessariamente históricas não é problemática. Levanta, no entanto, a questão dos critérios para avaliar as afirmações verdadeiras. Pergunto a Rée se ele teria algum pensamento determinado sobre quais seriam esses critérios.

"Penso" – diz Rée –, "que não há uma utilidade geral em responder a isso. Quero dizer que há distinções livrescas entre correspondência, coerência e pragmatismo, esse tipo de coisa, mas parece-me que elas não acrescentam muito. Penso que você precisa perguntar com mais detalhes sobre como comunidades particulares trabalham métodos para atingir os tipos de proposições verdadeiras sobre as quais querem entrar em acordo".

O problema desse tipo de resposta é que a ausência de critérios gerais para avaliar afirmações verdadeiras parece sugerir os tipos de relativismo que os cientistas acham tão exasperantes. Se a reivindicação é que tanto as verdades como os critérios para distinguir a verdade são constituídos por discursos particulares, então, sem acrescentar algum ingrediente extra, como é possível distinguir proposições verdadeiras de proposições falsas?

"Bem" – responde Rée –, "suponho que eu deveria primeiro dizer que alguém deveria ser cauto antes de decidir que alguma coisa é falsa. É necessário estabelecer conversas com as pessoas que acreditam aparentemente em proposições falsas para determinar exatamente o que elas acreditam, e então, depois que você entendeu isso, você bem pode achar que há alguma coisa de verdadeiro na crença delas. Penso que um dos efeitos laterais de ter trabalhado sobre a idéia de verdade objetiva é que as pessoas tendem a ficar demasiadamente impacientes para investigar a possibilidade de que possa haver alguma coisa que possam aprender de coisas diante das quais, em primeiro lugar, elas ficam chocadas. Mas, naturalmente, isso não quer dizer que não haja algumas crenças que sejam totalmente falsas".

De novo, porém, se os critérios para distinguir a verdade são eles próprios constituídos dentro de um discurso, o que nos permite privilegiar alguns desses critérios de modo que possamos significativamente dizer que algumas crenças *são* totalmente falsas?

"Penso que é por isso que Rorty, que é muito sábio sobre essa questão, diz que você deveria falar mais de intersubjetividade que de objetividade" – replica Rée. "A questão não é sobre realidades diferentes e como elas se ligam, mas concepções diferentes, vocabulários diferentes, e como eles se ligam. O que você precisa fazer é experimentar, tentando ter conversas com as pessoas e ver se pode negociar algum tipo de conexão entre o modo como você está falando sobre coisas e o modo como elas fazem. À medida que essa estratégia não for satisfatória, isso se deve ao fato de nossa condição epistemológica ser insatisfatória. Quero dizer que o fato é que pode sempre vir à luz que as coisas que julgamos como originalmente verdadeiras podem de fato ser problemáticas de modos completamente inesperados."

"Eu disse que há dois termos que deveriam ser postos em suspenso" – continua Rée –, "e o segundo deles é o termo 'relativismo'. Parece-me que as pessoas que se apresentam como amigos da ciência, usam o termo 'relativismo' para descrever uma posição que elas vêem como totalmente oposta à noção de que pode haver tal coisa como o progresso científico. Se o relativismo for isso, porém, então não conheço ninguém que acredite nisso. Uma tática alternativa é dizer 'certo, nós todos deveríamos ser relativistas', porque me parece que quando verdadeiramente pensamos sobre o que o termo relativismo significa, então ele aparece como uma teoria de como você chega à verdade e de como fica sabendo que chegou a ela. E é simplesmente uma questão de debate desleal sugerir que ser um relativista é ser alguém que não acredita que haja uma coisa como a verdade. Um relativista é alguém que procura ser explícito sobre os diversos critérios pelos quais a verdade é medida em diferentes contextos".

Tudo isso parece perfeitamente razoável. É importante, naturalmente, que as pessoas que fazem afirmações conflitivas sobre a verdade procurem estabelecer pontos de ligação, a fim de examinar suas respectivas crenças e sistemas de crença mais de perto. Também é ao menos discutível que as verdades científicas são por sua própria natureza provisórias. Depois, é o caso de que as verdades são construídas dentro de discursos particulares e, nesse sentido pelo menos, elas são contextuais. Uma dúvida preocupante, porém, permanece. E trata-se da mesma questão de antes. Se a validade das afirmações verdadeiras pode *apenas* ser estabelecida em termos de critérios, que são eles próprios internos a discursos particulares, o que acontece quando uma pessoa que não está acostumada com o discurso científico recusa aceitar, apesar de todas as tentativas de persuasão, algumas das verdades estabelecidas da ciência – por exemplo, que a terra tem mais que 6.000 anos, ou que ela não é plana? Parece que a lógica do tipo de posição delineada por Rée significa que não é possível privilegiar a versão científica da verdade sobre a versão não-científica. Contudo, sem dúvida, ele não pode estar satisfeito com o resultado.

"Bem, a verdade" – admite Rée, fazendo uma pausa –, "é que não me sinto verdadeiramente capaz de dar uma resposta interessante à questão, tal como você a coloca. Mas, admiro-me pelo fato de você a colocar em termos de crenças que são tão idiotas de modo a tornarem-se escassamente inteligíveis. Tudo bem, se isso fosse no caso de algo como a negação do Holocausto, em que há um genuíno desacordo e verdadeiramente não uma discordância sobre critérios. Parece-me que, enquanto é inegavelmente exasperador encontrar pessoas que teimosamente recusam aceitar aquilo que você considera ser uma evidência bastante conclusiva, não é agradável receber a pergunta 'O que você vai fazer a respeito do fato de que não pode mudar a cabeça deles?' – em certo momento você tem de sacudir seus ombros e simplesmente dizer 'De fato, não posso'".

Há razões, no entanto, para colocar a questão em termos de crenças "idiotas". Primeiramente, muitíssimas pessoas acreditam em coisas que em termos científicos são muito bizarras – por exemplo, uma pesquisa de opinião sugere que cerca de um terço é de americanos rejeitam a idéia de evolução humana, e outro terço é de indecisos. Em segundo lugar, quanto mais bizarras as crenças, mais se torna claro o que está em jogo quando alguém se compromete com uma concepção que mantém que os critérios da verdade estão apenas dentro de discursos particulares. De modo específico, isso traz em agudo foco o fato de que essa concepção não permite fundamentos definitivos para rejeitar proposições que nós, apesar de tudo, estamos certos de que são falsas. Portanto, pergunto a Rée o que ele exatamente diria a alguém que insistisse que a terra é plana ou que as sereias viviam no fundo do mar?

"O que você tem a dizer é que, tão longe quanto posso ver – e sempre posso estar errado – essas crenças são idiotas. Penso que o fenômeno que você está indicando é exatamente o fato de que as pessoas podem entrar em discordâncias onde é extremamente difícil fazer qualquer progresso. Mas penso que essa é exatamente nossa condição epistemológica partilhada, e não vejo que defender aquilo a que você chegou é a verdade absoluta e o que aquilo a que elas chegaram não poderá ajudar na questão. Gostaria de usar o exemplo de crenças idiotas como meio de levar você diretamente a meu slogan, que é: 'Não ser nem realista nem anti-realista'."

"Veja" – continua Rée –, "tudo o que os 'amigos da ciência' querem dizer sobre as extraordinárias realizações e progressos das ciências naturais, tanto em termos de conhecimento como em termos de técnica, todas essas coisas podem ser ditas por alguém que descreve a si próprio como um 'relativista', e não há um sentido inteligível de relativismo que pudesse levar você a negar a realidade do progresso científico".

Desse modo, que dizer então sobre a estrutura última do mundo externo? A natureza contextual de todas as afirmações verdadeiras significa que essa estrutura está sempre além de nosso alcance?

"Bem" – diz Rée –, "penso que não haja nada de mais satisfatório que invocar a dica de Rorty, que já mencionei. Ela consiste em dizer que não há uma diferença real entre falar de modo otimista a respeito de chegar a conhecer mais sobre a estrutura última do mundo, e falar de modo mais pessimista sobre as possibilidades de incluir mais pessoas em uma conversação. Parece-me que os dois modos verdadeiramente chegam à mesma coisa. Assim, a questão torna-se: como fazer com que os discursos particulares das ciências especializadas estejam em relação com outros discursos científicos e com discursos que se encontram fora da ciência?"

"Se você estiver conversando com alguém que está aborrecido por lhe terem tirado a estrutura última do mundo, então você precisa fazê-lo ver que o que ele está procurando encontra-se além do que qualquer possível concordância no futuro poderia fornecer sobre como ver o mundo. Eles continuam dizendo que o que querem é objetividade, mas verdadeiramente não precisam dela e, portanto, a questão é preencher a brecha e dizer: 'você está aborrecido por ter sido privado de algo a que de fato não havia chegado, e você não poderia saber se havia chegado'. Essa coisa pela qual ele está aborrecido por lhe ter sido tirada é uma quimera."

"Imagine que estejamos falando com um cientista" – continua Rée –, "aborrecido pelo fato de que seu trabalho não é levado a sério – penso que estaremos tendo todo o respeito com o qual um cientista poderia sonhar que devíamos ter pelo empreendimento científico se dissermos que, em relação aos discursos humanos, a ciência aumenta o conhecimento e o controle que temos sobre as coisas que nos interessam. Naturalmente, você pode dizer: 'bem, ele faz isso porque nos conta a verdade sobre a estrutura objetiva do mundo' – e isso é ótimo, você pode dizer isso, mas dificilmente essa será uma grande aquisição ontológica".

Mas se isso é o que Rée pensa que acontece nos discursos científicos – que eles nos mostram verdades sobre a estrutura objetiva do mundo – então, seguramente, essa seria uma posição realista, e não algum tipo de posição que fica no mais ou menos?

"Sim" – admite Rée. "Isso é o que estou dizendo, exceto pelo fato de que penso que o termo objetivo é um desperdício de espaço. Ou você está procurando contrastar a estrutura objetiva do mundo com sua estrutura subjetiva? Se eu fosse você, não faria isso. Mas, ao invés de não ser nem realista nem anti-realista', talvez diria: 'não ser nem um anti-realista nem um anti-anti-realista!'."

Antologia bibliográfica

"Rorty's Nation", Radical Philosophy. N. 87, jan-fev. 1998.

VI
Linguagem

20

Questões de linguagem

Simon Blackburn

Um jovem filósofo britânico, a ponto de completar um PhD e fazendo fantasias sobre uma futura carreira gloriosa, poderia desejar realizar muitas coisas. Tornar-se um professor em Oxford não pareceria demasiada ambição, e uma cadeira nos Estados Unidos, seguida de outra em Cambridge, sem dúvida seria razoável um pouco mais à frente. Alguém poderia desejar editar um jornal acadêmico e, portanto, por que não se tornar editor do *Mind*, o mais famoso de todos? Escrever um livro de texto ou dois também seria uma boa idéia; portanto, por que não um que se tornasse o texto padrão para ao menos duas décadas? Naturalmente, alguns livros sérios poderiam ser editados no decorrer de uma série de artigos de jornal. E, à frente de tudo, um par de best-sellers populares poderia ser lançado para coroar tudo o mais.

Muitos têm tais sonhos. Simon Blackburn vivenciou todos eles. Seus livros filosóficos sérios incluem *Essays in Quase-Realism* (*Ensaios sobre o quase-realismo*) e *Ruling Passions* (*Paixões dominantes*), que lutam com os tópicos fundamentais da metafísica e da moral. Seus best-sellers são *Think* (*Pensar*) e *Being Good* (*Ser bom*), introduções respectivamente à filosofia geral e moral. Graças à clareza e lucidez dos textos de Blackburn e, ajudados por uma apresentação elegante, eles levaram o nome de Blackburn para além da academia.

Blackburn, o filósofo magistral, e Blackburn, o experiente escritor, estão muito perfeitamente unidos em seus livros de texto. Seu *Oxford Dictionary of Philosophy* (*Dicionário Oxford de Filosofia*) mostrou a amplitude de sua erudição. Mas, indiscutivelmente, sua maior realização pedagógica é *Spreading the Word* (*Difundindo a palavra*). A Rainha Branca de Lewis Carroll alardeou a Alice que ela poderia acreditar em seis coisas impossíveis antes do café da manhã. Não nos é contado se uma delas seria que ela poderia tornar o cânon da filosofia da linguagem interessante e ao mesmo tempo acessível, mas muitos poderiam dizer que isso seria elegantemente adequado.

Blackburn deve ter tido um momento de rainha branca quando empreendeu escrever *Spreading the Word*. Ele permanece um texto favorito para inumeráveis professores e estudantes e, embora não tão divertido quanto as aventuras de Alice através do espelho, ele faz um longo caminho para tornar um assunto árido e obscuro interessante e atraente para os que estão fora do campo. Também foi importante por introduzir diversas frases e imagens apreciadas por estudantes e professores, tais como o problema "enfrentar o elefante ou recuar"; "predicados tortuosos" e "comunidades petrificadas": a linguagem como uma orquestra sem regente ou sem partitura. A decisão de usar tais expressões e imagens vívidas foi autoconsciente, mas também, como explica Blackburn, "é parcialmente o modo como penso e ensino. Sempre achei mais fácil ter exemplos ou uma imagem concreta, algo que torne claro o pensamento de alguém. Sou como Berkeley – sinto-me incomodado com a abstração". Não é o modo de Blackburn escrever, no entanto, que torna a filosofia da linguagem interessante.

"Uma das razões pelas quais ela pode ser interessante" – explica Blackburn – "é que grande parte do que se chama filosofia da linguagem é na verdade filosofia da mente, ou filosofia da metafísica, ou filosofia da verdade. Isso não está verdadeiramente confinado à linguagem, no sentido em que um lexicógrafo estuda a linguagem; é a linguagem como é usada, e então não existe uma distinção nítida entre falar sobre a linguagem com a qual falamos sobre mentes, e mentes".

Mas o assunto não é de interesse apenas para outros ramos da filosofia. Ele tem implicações muito mais amplas. "Se você começa tornando-se cético sobre a linguagem, então uma confusão total instaura-se. Todos os 'ismos' do pós-modernismo poderiam ser vistos como um tipo de celebração do ceticismo a respeito de significados determinados."

Esse é o tipo de ceticismo que sustenta o fato de que jamais podemos estar seguros de que queiramos dizer a mesma coisa com nossas palavras como as outras pessoas o fazem. Se isso for verdade, então poderemos todos estar falando de modo desencontrado. Ele também problematizaria a noção de verdade, desde o modo como devemos julgar se o que você diz é verdadeiro, uma vez que não podemos sequer estar certos do que você quer dizer?

A questão filosófica no cerne disso tem a ver com o modo pelo qual usar corretamente as palavras é uma forma de seguir a regra. "O problema que penso que Kripke corretamente identificou foi levantado pelo último Wittgenstein" – explica Blackburn. "Se eu der a você certa quantidade de tempo de aprendizagem, digamos, uma hora, com essa função matemática, o que garantirá, no caso, que no fim do dia, quando você disser 'agora entendi' e alguém mais disser 'agora entendi', que você seguiu a mesma regra? Por que você deveria usar explicações para introduzir uma regra, que diverge depois no modo como o outro a usa? Se nada assegurar isso, o que você então deveria fazer para a correção de futuras aplicações?"

Na visão de Blackburn, essa é uma das mais prementes questões na filosofia da linguagem hoje. "Penso que se trata de uma guerra que você não pode permitir que cético vença."

Um aspecto curioso da filosofia da linguagem é que sua importância para a filosofia anglo-americana no século vinte está em proporção inversa a seu interesse para o mundo mais amplo. Os filósofos que questionam a respeito do significado de "significado" são o arquétipo dos acadêmicos em destaque. Portanto, como aconteceu a "reviravolta lingüística" na filosofia? Por que o século vinte foi o século da filosofia da linguagem?

"Sobre por que aconteceu como aconteceu, não estou certo" – admite Blackburn. "Essas questões históricas sempre são difíceis. Penso que há uma camada muito mais antiga na filosofia a respeito da concentração sobre a linguagem, e você poderia defender que Platão, Berkeley e muitos escritores do século dezenove, como Bentham, deram contribuições muito significativas para a filosofia da linguagem. Portanto, penso que tem havido uma leve tendência a exagerar o grau dessa reviravolta. É coisa perene na filosofia para alguns filósofos ter pensado que o que nos desaponta aqui são as palavras, o alcance de nossas palavras e nossa compreensão de nossas palavras. Caso possamos apenas chegar ao que é correto, então as coisas se tornarão mais corretas. Portanto, gostaria de colocar um pequeno ponto de interrogação sobre o tipo de história que diz que tudo começou com Frege em 1879. Algumas pessoas como Michael Dummett dizem que há uma fenda que separa o que aconteceu depois e o que aconteceu antes. Eu pessoalmente não veria as coisas desse modo."

Apesar dessas reservas sobre como a reviravolta lingüística é concebida, Blackburn é o primeiro a concordar que, no mínimo, de fato, a filosofia da linguagem tornou-se proeminente no último século. Blackburn pensa que isso tem a ver com um tipo de otimismo que envolveu esse campo de Frege em diante. Muitos filósofos pensaram que, na divisa da substituição da "forma antiga de uma vaga metafísica" por uma filosofia rigorosamente formalizada, que tivesse em seu cerne uma linguagem logicamente perfeita, iriam remover as imprecisões do discurso comum. Desde que transpuséssemos os problemas filosóficos da linguagem comum para essa linguagem purificada da lógica, as soluções para as questões filosóficas sem dúvida se seguiriam, assim como a noite segue ao dia.

Como observa Blackburn, porém, "esse otimismo, aproximadamente, permaneceu apenas até a Segunda Guerra Mundial". Portanto, o enigma principal não é como a filosofia da linguagem chegou a ocupar o lugar central na primeira parte do último século, e sim como permaneceu durante a segunda parte, quando o ceticismo sobre a determinação do significado veio à tona, por meio de pessoas como Quine, Wittgenstein e Sellars.

Talvez uma das razões pela qual a preocupação permaneceu é que depois que você tiver levado a sério a idéia de que você chegou a ser claro sobre o que as palavras significam, antes de começar a fazer filosofia, parece que você precisa dar alguma resposta às questões filosóficas que envolvem a linguagem, antes de poder continuar com o resto da filosofia.

"Poderia parecer esse modo" – diz Blackburn – "e penso que essa é uma auto-imagem que alguns filósofos analíticos, sem dúvida alguns que se concentraram na questão do significado, por vezes têm. Você sabe, o trabalhador subordinado que está eliminando completamente o lixo intelectual que impede a compreensão. Sinto que há algo de falso nessa auto-imagem. Primeiramente, se você olhar para outros empreendimentos que procuram e adiantam a compreensão, seja a ciência, a história ou qualquer outra coisa, eles não parecem estar impedidos pela falta de uma boa filosofia da linguagem – eles vão em frente e o fazem. Portanto, a idéia de que nós, filósofos, vamos em frente com nossa espécie de equipamento de mineiros, ao passo que outros podem caminhar sobre o campo, isso não me parece estar exatamente certo".

Além do mais, muito de boa filosofia foi realizado sem que respostas cabais tivessem sido alcançadas na filosofia da linguagem.

"Sem dúvida. Para ser justo, chega-se a dizer que a auto-imagem otimista da filosofia da linguagem começou a parecer muito doente nos últimos vinte anos, e o centro de gravidade deslocou-se para a filosofia da mente."

Um problema maior, portanto, continua sem solução na filosofia da linguagem. Como navegamos entre a Cila da linguagem como sistema totalmente determinado e quase-científico, do qual podemos prestar contas de modo totalmente formal, e a Caribde da linguagem como algo totalmente indeterminado, uma mistura pós-moderna de "qualquer coisa vai bem"?

"Penso que isso é um problema filosófico maior" – diz Blackburn. "Navego entre elas, mas penso que ninguém o resolveu." Blackburn fala a respeito do "mingau holístico" com que nos sobrecarregamos. "Se é isso que a linguagem é, então se torna muito difícil ver você próprio como uma criação da razão, uma criatura que segue caminhos racionais para chegar racionalmente a conclusões sólidas, e você chega ao ceticismo pós-moderno, que é totalmente uma questão de persuasão e não há distinção entre retórica e investigação. Penso que nos afastamos do ceticismo extremado, mas penso que não existe uma filosofia da linguagem que lhe diga como ou por onde começar. Portanto, essa é um grande desafio diante da questão."

Um problema é talvez que muitos filósofos procuram apresentar uma análise do que o significado é em termos de uma fórmula precisa, mas tão logo você comece a pensar o quão variada e rica é a linguagem, isso imediatamente soa como sem esperanças. Pode ser que precisemos de uma abordagem mais não sistemática dos problemas, abordando questões tais como o sentido e a representação, tomados individualmente, e não como parte de uma filosofia da linguagem, única e global.

"Penso que há algo de verdade nisso" – concorda Blackburn. "Olhe os grandes sucessos que você pode registrar na filosofia da linguagem. Você chegou à teoria das descrições, que é um tipo muito particular de fenômeno que Russell selecionou, de modo que foi um sucesso muito restrito, embora ele fosse pensado com um paradigma da filosofia em geral. Se você pensar em Austin e em *How To Do Things With Words* (*Como fazer coisas com palavras*), de novo Austin considerou o que você pode fazer com a linguagem, novamente com muito sucesso. E então, naturalmente, você pode considerar alguém como Chomsky, iluminando o modo pelo qual temos esse extensivo repertório lingüístico fora de um ponto de partida finito e mais restrito. Portanto, deve ter havido muitos insights e desenvolvimentos que tivemos e eles teriam acontecido sempre em um sentido mais particular. Uma das coisas frustrantes a respeito da filosofia da linguagem é que individualmente ela não nos levou a nenhuma compreensão mais próxima do que é distintivo sobre nós mesmos como usuários da linguagem. Sobre isso há algo interessante. Você pode estar certo. Isso pode acontecer porque, no nível da generalidade, não há nada interessante a dizer."

Um dos aspectos mais úteis de *Spreading the World* está bem no início, em que Blackburn apresenta um triângulo com locutores, linguagem e o mundo em cada um de seus pontos. Esse diagrama simples ajuda a perceber grande quantidade de sentido do lugar da filosofia da linguagem.

"O uso inicial que fiz desse diagrama" – explica Blackburn – "é salientar três diferentes pontos de partida para a filosofia. Você pode dizer que a primeira coisa a fazer é compreender a nós mesmos, como faz Hume, por exemplo; você pode então dizer que a primeira coisa que você chegou a fazer é compreender nossa linguagem e, assim, fazer a filosofia da linguagem; ou pode pensar, não, o que você chegou a fazer é estabelecer a natureza do mundo, as coisas que nos envolvem e, depois disso, nossa própria natureza, e a natureza da linguagem se manifestará. Essa, em essência, é a abordagem científica – o resto é obra de colecionador. Essa seria, portanto, a questão inicial".

Blackburn também usa o triângulo para explicar uma questão metodológica que existe no cerne do assunto. "Nosso propósito é compreender todos os três pólos desse triângulo. A *crux* metodológica é de onde você parte, se você está obsessionado pelas relações de palavra-com-palavra ou pelas relações de pessoa-com-pessoa."

O diagrama ilustra como as preocupações particulares do tempo de alguém não são perenes, e também como as relacionar com outras abordagens em outros tempos, que podem parecer muito diferentes.

"Penso que está certo" – diz Blackburn. "A menos que tenha uma concepção generosa do que pode estar preocupando alguém, você torna isso de fato muito terrivelmente tendencioso e em certo sentido uma abordagem provinciana para a história da filosofia. É notável que algumas pessoas parecem ter pensado que alguém como Locke ou Hume verdadeiramente pretendia escrever um documento atrasado do século vinte para *Análise* – eles estariam fazendo isso terrivelmente mal. Isso, naturalmente, é ridículo."

Como alguém que procura tornar a filosofia da linguagem tão clara quanto possível, Blackburn não tem o que tratar com aqueles que afirmam que a obscuridade de alguns de seus escritos é resultado inevitável da dificuldade do assunto.

"É difícil e seus excelentes praticantes tendem a escrever textos muito difíceis, por vezes tecnicamente difíceis. Mas penso que suas dificuldades foram compostas por certo orgulho em sua dificuldade."

Não queremos citar nomes, mas os astutos leitores deste livro podem ser capazes de identificar o filósofo que Blackburn diz "não ser público por colocar sua prosa dentro de uma forma mais clara, mais lúcida e concisa. Kant, de modo notável, diz a respeito de seu próprio texto que há livros que não poderiam ser tão claros se não tivessem sido tão longos. Penso que isso é puro refúgio". Mas ele está pronto a elogiar aqueles que escreveram bem sobre o assunto, principalmente Russell, Ryle e Austin.

Blackburn também diz, no entanto, que uma razão pela qual a filosofia pode parecer sem importância é que os acadêmicos trabalham sobre minúcias das questões, e então relacionar isso com as questões de interesse geral torna-se difícil.

"Penso que provavelmente é característica de quase todas as pesquisas humanas" – diz Blackburn. "Tome alguma pesquisa na área de ciências sociais, por exemplo. Os psicólogos descobrem que os homens por vezes são infiéis, e você ficaria admirado de ver como os homens adultos podem gastar seu tempo com isso. Naturalmente, porém, com freqüência isso acontece, porque alguma estatística detalhada tenha ficado à espera em relação com algum tipo de programa de pesquisa."

"Não há problema o fato de que o estilo da filosofia analítica, especialmente a filosofia da linguagem, levou a minúcias que vêm à tona. É difícil dizer, penso, se essas minúcias estão suficientemente relacionadas com a pesquisa intelectual mais ampla a fim de justificar a atenção que costumaram cobrar."

Blackburn publicou dois livros bem aceitos por um público leitor. *Think* (*Pensar*) é uma introdução geral à filosofia e *Being Good* (*Ser bom*) uma breve introdução à ética. Uma vez que *Spreading the Word* (*Difundindo a palavra*) procurou mostrar a significação mais ampla da filosofia da linguagem para a filosofia, e esses livros procuram mostrar a significação mais ampla da filosofia para a vida comum, seria possível destacar o homem médio e considerar o que a significação mais ampla da filosofia da linguagem significa para a pessoa média, um pedestre?

"Hume diz que o filósofo vive longe dos negócios, e isso é verdade" – replica Blackburn. "Não posso sair por aí e afirmar que ao ler Austin você ganhará tais ou tais benefícios em sua vida diária. Esse não é o modo como ele funciona. Como digo na introdução a *Think*, penso que você pode assumir um fundamento elevado ou fundamentos mais pragmáticos em relação a essas coisas. O fundamento elevado chegou a ser justamente o que é uma das grandes literaturas do mundo. Se você ignorar Atistóteles, Hume e Wittgenstein, isso é como ignorar Shakespeare, Jane Austen ou George Eliot, e isso poderia ser considerado tão vergonhoso como, do mesmo modo, a ignorância da grande literatura o seria. Um fundamento muito mais interessante e pragmático é que verdadeiramente penso que, a menos que as pessoas tenham alguns instrumentos para refletir sobre a linguagem que usam, elas seriam capazes de estar comportando-se inconscientemente, e o comportamento irrefletido é freqüentemente um comportamento que fica à mercê de forças que não compreendemos. Portanto, penso que tomar consciência do estado de sua linguagem é um instrumento muito importante para tomar consciência do estado de sua cultura neste tempo, na história e na política."

De modo interessante, o próprio Blackburn não faz uma clara divisão entre esses textos introdutórios e sua produção extensa e acadêmica.

"É curioso" – explica Blackburn. "Não faço uma distinção em minha própria mente entre elucidar o assunto para mim mesmo ou para outras pessoas e contribuir para isso. Por alguma razão eles parecem ser a mesma coisa. Escrevo artigos que aparecem em *Mind* (*Mente*) e suponho que coloquei um chapéu profissional e que não escrevi do mesmo modo; todavia, mesmo assim a coisa não fica claramente dividida. Escrevi um texto que foi publicado em 1995 e chamava-se "Tartaruga prática de corrida", que é sobre Lewis Carroll e o paradoxo da tartaruga. Isso foi originalmente escrito como peça de comédia para uma conferência sobre Lewis Carroll. Mas ele se tornou uma questão séria e chegou até o jornal."

"Há um sentido no fato de que escrevi *Spreading the Word* para mim mesmo, porque estive ensinando essa matéria durante anos e pensava que não existisse um bom livro introdutório naquele tempo. Encontrei-me de novo e novamente explicando a estudantes o que estava acontecendo e pensei que fosse tempo de colocar isso por escrito. Era parcialmente um exercício de autoavaliação: compreendo verdadeiramente isso?"

É a conexão entre explicar e fazer filosofia um produto do fato de que, ao apresentar uma questão, você é forçado a formulá-la de algum modo e, ao fazê-lo, seu fator de persuasão ou de defeito torna-se evidente?

"E você chegou a ter seu cérebro filosófico trabalhando porque, se você procurar apresentar, por exemplo, a linguagem do pensamento de Fodor, e usar um argumento contra ela como artifício didático, então posso estar mais seguro de ter feito a coisa certa. Portanto, então você está filosofando."

Estou lembrado de algo que John Searle disse em uma entrevista: "Se você não puder dizer a coisa claramente, você próprio não a entendeu".

"Penso que isso está certo" – diz Blackburn. "Fui pego por

Bernard Williams, talvez corretamente, por ele ter citado, na introdução a *Spreading the Word*, Quintiliano, que disse: 'não escreva de modo que você possa ser entendido, mas de modo que você não possa ser mal-entendido'. Williams fez um estalido com os dedos diante disso e disse que era um ideal impossível. Você pode sempre ser mal-entendido, e naturalmente ele está certo. Mas penso que o ponto chave da observação de Quintiliano não é 'escrever de modo a evitar qualquer mal-entendido possível', e sim lembrar que isso é difícil e que é sua tarefa tornar a coisa tão fácil quanto puder."

Filósofos da linguagem, tomem nota disso.

Antologia bibliográfica

Spreading the Word. Oxford University Press, Oxford, 1984.
Oxford Dictionary of Philosophy. Oxford University Press, Oxford, 1994.
Ruling Passions. Oxford University Press, Oxford, 1998.
Think. Oxford University Press, Oxford, 1999.
Being Good. Oxford University Press, Oxford, 2001.

21

Verdade e significado

Michael Dummett

A filosofia britânica no século vinte tem diversas características que não a tornam estimada pelo público mais amplo. A filosofia analítica, conforme a chamou a tradição dominante, era difícil e distante dos interesses da vida diária. Devendo suas origens ao trabalho de Frege, Russell e Whitehead, ela tratou de questões técnicas referentes às matemáticas, à lógica e ao significado. Essas questões não são apenas difíceis para os não-iniciados encontrarem interesse nelas, mas sobre elas em geral se escreveu em um estilo que era impenetrável aos não-filósofos. No mínimo se requeria uma compreensão da lógica simbólica básica. O efeito foi o de fazer a filosofia parecer distante, técnica, difícil e entediante.

Em um universo paralelo onde todo mundo ficasse excitado pelas preocupações da filosofia analítica, o professor Sir Michael Dummett poderia ser um *superstar*. Suas especializações combinam exatamente com a descrição dada acima de distante, técnica, difícil e – para alguns – entediante filosofia analítica. O próprio Dummett não é nada dessas coisas. Ele, pessoalmente, não é difícil nem entediante. Esse genial, delicado e inveterado fumante setuagenário é um agradável e bem-humorado conversador, que freqüentemente pontua métodos com cordialidade, tossidelas e sorrisos silenciosos. Também não é distante das preocupações da vida diária, pois se dedica todo o tempo e incansavelmente a ser um militante e ativista em favor dos direitos dos refugiados. Mas não há como escapar do fato de que os textos filosóficos de Dummett são difíceis ou, partindo da espinhosa questão, do fato de saber se é a parte filosófica ou a escrita que tornam sua leitura um verdadeiro trabalho.

Para apreender o sentido da obra de Dummett, a pessoa deve ter algum tipo de compreensão do projeto que a ela subjaz. Em primeiro lugar, é importante reconhecer que, mais freqüentemente do que não, Dummett está explorando idéias, sugerindo caminhos para avançar, mais do que oferecendo um produto acabado. Em sua conferência de despedida, ele notou que seus propósitos ficam "frustrados quando sua obra é interpretada equivocadamente como advogada de uma filosofia ampla e severamente definida".

"Penso que isso é quase certo" – concorda Dummett, quando é confrontado com essa caracterização de sua produção. "Costumou-se esperar que os filósofos produzissem um sistema. Isso era bem conhecido na Alemanha. Cada professor tinha seu sistema, e esperava-se que os estudantes o estudassem e o aceitassem. Há uma ótima história que ouvi sobre um homem chamado Salmon, que deu uma palestra muito interessante sobre Husserl no rádio, décadas atrás. Ele era um homem que havia gastado grande parte de sua vida estudando filosofia. Pelo que sei, ele nunca produziu nada. Estudou em Oxford, em Paris e, finalmente, em Friburgo, com Husserl. Ele descreveu sua chegada à casa de Husserl, apresentando-se como seu novo estudante. Husserl atendeu pessoalmente à porta, perguntou-lhe o que desejava, voltou para dentro de casa e retornou, carregando uma pilha de livros e dizendo: 'Hier sind meine Werke' [aqui estão minhas obras]. Esperava-se que o estudante fosse embora e lesse todos os livros antes de voltar. Bem, eu prefiro desaprovar essa tradição."

"Russell, naturalmente, teve um sistema filosófico em vários pontos de sua vida, mas ele o mudava continuamente. Isso é melhor."

Essa falta de uma "filosofia de Michael Dummett" é particularmente pertinente em seus escritos sobre o realismo – a questão de existir ou não uma realidade cognoscível independente de nossa experiência. "Quis explorar o que chamei de anti-realismo ou aquilo que agora chamo de justificacionismo como uma alternativa ao realismo" – recorda Dummett. "Explorei o que significa ser um anti-realista, não tanto por desejar adotá-lo como minha filosofia, embora em algumas ocasiões me senti fortemente inclinado a agir dessa forma. Mas não principalmente por essa razão. Foi principalmente pelo motivo de que eu desejava assegurar-me se era uma posição viável, e quais seriam as conseqüências do anti-realismo, tanto dentro da filosofia da linguagem como dentro da metafísica."

A questão do realismo pode parecer distante do tema da linguagem e do significado, mas Dummett diz: "É óbvio para mim que a filosofia da linguagem e a metafísica caminham intimamente ligadas". Como nas obras de Putnam, é impossível em Dummett ver onde sua filosofia da linguagem termina e sua metafísica começa.

"A noção de verdade é o ponto em que a teoria do significado está ligada à metafísica" – explica Dummett. "Teorias diferentes do significado, concepções diferentes do significado, caminham com diferentes concepções de verdade. Todo mundo praticamente percebe que as noções de significado e de verdade estão intimamente ligadas, e é por isso que existem continuamente livros com 'verdade e significado' ou 'significado e verdade' em seus títulos".

Dummett exemplifica a ligação com a citação de Wittgenstein no ponto de partida do *Tractatus*, em que ele diz que o mundo é constituído por aquilo que os fatos obtêm, e não pelas coisas que nele se encontram.

"Fatos são verdadeiras proposições" – explica Dummett. "Você não pode ter a noção de um fato sem uma noção da verdade. E a concepção de verdade que você tem depende, de modo muito amplo, das proposições que você pensa que são verdadeiras. Por exemplo, os fatos reconhecidos pelas pessoas que pensam que não existe verdade nas declarações feitas no tempo futuro são diferentes dos fatos reconhecidos pelas pessoas que pensam que o futuro é tão determinado como o passado. Portanto, é aqui que ocorre a ligação, entre a teoria do significado e a metafísica."

Alguns defenderam que o conceito de "verdade" não é analisável, que é uma espécie de "conceito primitivo" que desafia a definição em termos de outros conceitos, mais claros ou mais simples. Dummett rejeita essa possibilidade.

"Não penso que a 'verdade' seja uma noção primitiva. Não penso que possa haver uma explicação da noção de verdade dirigida a satisfazer todo mundo, seja qual for a concepção de significado que você tenha. Diferentes concepções do significado têm diferentes concepções da verdade. Portanto, penso que, dada uma concepção particular, você pode explicar em relação a essa visão o que a verdade é, mas não pode encontrar uma explicação que deixará todo mundo satisfeito."

O que Dummett está dizendo é que, pelo fato de as noções de verdade e de significado estarem intimamente ligadas, o significado de "verdade" deve ser relativo à teoria do significado que você adota, e isso significa que ela não pode ser uma noção primitiva, porque uma noção primitiva não poderia depender da teoria do significado que você adota.

Podem-se ver nessa troca de idéias algumas das razões pelas quais Dummett não é fácil de ler. Quando alguém está de fato explorando um terreno que tem tantas fronteiras indefinidas entre territórios relacionados, é fácil ficar perdido. Talvez um modo de manter as próprias posições é pensar que a obra de Dummett é uma tentativa de definir as distinções e os conceitos corretos que precisam ser usados para falar a respeito da linguagem. Embora este seja de alguns modos uma caricatura crua tanto de Dummett quanto da tradição analítica dentro da qual ele trabalha, ela fornece uma espécie de bússola para nos guiar à medida que o lemos.

Tome, por exemplo, o ponto de partida de grande parte da obra de Dummett, a filosofia de Gottlob Frege. Frege introduziu a distinção entre sentido e referência no significado. Dizendo simplesmente, a referência de uma palavra ou expressão é a coisa que ela representa, e o sentido é como a concebemos, como a compreendemos.

O problema existe, e não é fácil. Isso é o que acontece quando você pede que Dummett explique como ele entende a referência. Se isso não for coisa familiar, você é advertido a ir lentamente; conserve-o e ele fará sentido.

"A noção de referência – *Bedeutung*, termo mal escolhido por Frege – parece-me, com efeito, ser exatamente a de valor semântico. Ou seja, a teoria semântica é uma teoria sobre a determinação como verdadeira ou, diversamente, de sentenças de acordo com sua composição fora de palavras e frases; o valor semântico de um constituinte de uma sentença é aquele por meio do qual ele contribui para determinar a verdade ou, de outro modo, da sentença inteira. É por isso que Frege toma como garantido que tudo o que realmente contribui para determinar a verdade ou a falsidade de uma sentença deve ter uma *Bedeutung*, deve ter algum valor semântico. Portanto, penso que seria completamente errado pensar, embora ele freqüentemente tenha usado uma linguagem que poderia induzir alguém a acreditar nela, que ele pensou que tudo tem uma espécie de nome e permanece em relação a algum elemento da realidade, do mesmo modo que um nome está em relação a seu portador. Penso que esse seria um total mal-entendido de toda noção."

Depois de esclarecer o termo "referência", tomemos o de "sentido".

"O que Frege chegou a perceber muito claramente foi que você não pode explicar nos termos dessa noção – a noção de valor semântico, a noção que é necessária para uma teoria semântica – o que é a compreensão de uma sentença, a compreensão do pensamento expresso pela sentença. Você pode explicar isso mais facilmente citando Kant. Kant disse que todo objeto nos é dado de um modo particular. Não temos contato com o objeto como tal. Nós o concebemos de um modo particular, ou o percebemos de um modo particular. Penso que Frege essencialmente generalizou isso. Não só cada objeto, mas também cada propriedade, cada relação nos é dada de um modo particular. Quando você está preocupado com a teoria da semântica, então o objeto é tudo o que você quer, porque uma vez que você fixa o objeto que um termo singular denota, você exauriu sua contribuição para determinar o valor verdadeiro do todo. Mas não explicou como concebemos o objeto, como compreendemos o termo que se refere ao objeto, de modo que essa é a essência dessa distinção."

Isso é Dummett falando e não escrevendo, de modo que se poderia pensar que as coisas se tornam mais claras em uma página impressa. Aqui está, no entanto, uma citação tomada casualmente de um dos textos publicados de Dummett:

"Para Frege, a referência de uma expressão é uma entidade extralingüística, e na semântica informal, ou teoria-modelo, que foi desenvolvida a partir de suas idéias, uma interpretação associa com cada constante individual, predicado etc., da linguagem uma entidade não-lingüística de um adequado tipo."

De modo claro, estamos aqui em águas filosóficas profundas. Essa entrevista está de fato procurando jogar para você um colete salva-vidas, e não empurrá-lo para o fundo.

Talvez por parecer primeiro tão simples e então chegar a algo tão horrivelmente complexo, a distinção entre sentido e referência é uma das partes mais difíceis da obra de Dummett de procurar destrinchar cuidadosamente a anatomia da linguagem. Algumas outras distinções são mais fáceis de compreender. Por exemplo, Dummett segue Frege ao distinguir entre a sentença e o pensamento, em que o pensamento não é idêntico a nenhuma sentença dada que o expressa.

"Um pensamento, que é o que outros filósofos chamam de proposição" – explica Dummett –, "é algo que para Frege deve ser verdadeiro ou falso. Ele não é verdadeiro para você e falso para mim, não é verdadeiro em um tempo e falso em outro tempo. Então, naturalmente, de tempos em tempos, ele menciona coisas que poderiam tentar que você dissesse que ele é verdadeiro em um tempo e falso em outro. Estas são as sentenças que contêm elementos indexados: 'está muito frio *hoje*', e daí por diante. Portanto, ele diz mais vagamente, quando essas sentenças são expressas, que a própria sentença não é suficiente para expressar o pensamento. O tempo da expressão, por exemplo, entra na expressão do pensamento. Esse é um relato um tanto vago de tudo isso. Penso que ele também é inadequado".

Dummett vê parte da dificuldade ao elaborar como determinamos o que o pensamento é, uma vez que muitas expressões que expressam um pensamento são ambíguas. "Há um excelente exemplo, que pela primeira vez li em Putnam, mas que foi tirado de David Lewis, sobre o termo 'plano'" – continua Dummett. "Ele depende do contexto de quão plana uma coisa deve ser para que corretamente seja chamada de plana. Seguindo em frente, você poderia dizer que a região é muito plana, mas isso não significa que nela não há variações. Por outro lado, se for uma mesa de bilhar, isso chega a estar bastante de acordo com os padrões. Com todas essas coisas, julgamos o que alguém quer dizer a partir de todo tipo de indicações, incluindo o que ele provavelmente quis dizer, o que provavelmente está dizendo, e penso que não há um modo pelo qual seja possível circunscrever o contexto de tal modo que ele pudesse determinar uma interpretação única. A interpretação é uma questão de selecionar qual pensamento, no sentido de Frege, uma pessoa expressava ou afirmava como verdadeiro. E assim ela determina as condições para a verdade. Mas penso que o fato de que não haja um modo de estabelecer exatamente as regras para qual interpretação deva ser adotada, esse é um motivo forte para dizer que a verdade está ligada a pensamentos ou proposições e não a sentenças."

Os leitores que pensam que isso tudo é desinteressante podem ficar surpresos ao saber que Dummett concorda com isso. "Penso que a questão de saber se a verdade deve ser atribuída a pensamentos ou a sentenças é uma questão estéril, porque se você estiver preocupado com uma teoria do significado, você terá chegado a ter algo que se liga a sentenças – estará tentando explicar o significado de sentenças, de modo que terá chegado a falar sobre sentenças. Mas tudo o que uma teoria do significado pode fazer é mostrar a série de interpretações possíveis. Como você vai selecionar a interpretação correta é algo que nenhuma teoria sistemática pode fazer."

A distinção entre um pensamento e qualquer expressão particular ou sentença que o expressa pode parecer direta. Mas, se você aceitar a distinção e também mantiver, como faz Dummett, que "os pensamentos são por sua própria essência comunicáveis", então haverá um enigma. Não há nenhum problema com a idéia de que as sentenças ou as expressões são comunicáveis, uma vez que a linguagem é um meio público. Se os pensamentos e as sentenças não são idênticos, porém, e os pensamentos forem essencialmente privados, isso não tornará problemática a idéia da comunicabilidade essencial dos pensamentos?

"Não, penso que não" – diz Dummett. "Para começar, nas conversas atuais, tais como a que estamos tendo, se você apresentar, como as pessoas freqüentemente fazem, uma interpretação errada daquilo que você disse, involuntariamente, que não tencionava, e isso se tornar claro pela minha resposta, você poderá explicar. Naturalmente, isso é mais difícil quando se trata de um texto escrito, mas penso que Frege sonhou com uma linguagem perfeita, na qual essas dificuldades jamais pudessem ser levantadas. Nela não haveria ambigüidade, nada de vago, nenhuma necessidade de qualquer interpretação. Bem, isso é um sonho. Não possuímos tal linguagem e penso que nem poderíamos ter essa linguagem. Isso, no entanto, não inibe a comunicação dos pensamentos. Isso requer comunicação, para ser algo que empenha a inteligência tanto daquele que ouve como a daquele que fala."

"As palavras são coisas muito flexíveis. Colocadas juntas elas perdem boa parte de sua flexibilidade, mas não completamente, não tanto a ponto de excluir alguma necessidade de interpretação. Não estou usando 'interpretação' do modo como Davidson o faz. Para Davidson, a interpretação do ouvinte constrói uma teoria global do significado para aquele que fala, selecionando entre as interpretações possíveis, as interpretações que a linguagem nos permite fazer com base na probabilidade e assim por diante. Isso não é tudo o que quero dizer. Ele seria muito ridículo se estivesse dizendo isso, você percebe. Você faz isso sem pensar, exclui interpretações que poderiam fazer com que qualquer pessoa notasse o ridículo."

Este é um tipo de "argumento transcendental": um argumento que parte dos fatos da experiência e mostra que é preciso ser verdadeiro para que essas experiências sejam possíveis. Nesse caso, o argumento procede do fato de que sejamos capazes, em conversa ou por escrito, de perceber que demos a interpretação errada ou que lemos erradamente o pensamento expresso nas palavras que a pessoa disse, até a conclusão de que a comunicação dos pensamentos deve ser possível. Ele mostra que há tanto uma distinção entre o pensamento e a sentença particular e também que o pensamento é, apesar de tudo, comunicável.

"Sim" – concorda Dummett, antes de remoer algumas das repercussões da idéia. "Outro dia eu estava muito perplexo com o quanto meu próprio pensamento fora formado por Frege, quando estava lendo um artigo no *European Journal of Philosophy*. Ele elogiava o autor por rejeitar aquilo que chamou de ligação pensamento-linguagem, ou algo parecido. O autor sustentava que você poderia ter pensamentos sem conceitos, não exatamente pensamentos não verbalizados, mas pensamentos que não poderiam ser expressos na linguagem, porque não envolviam conceitos. Refletindo, ainda penso que essa é uma idéia idiota, mas eu estava imediatamente trazendo isso à baila porque estava, como se estivesse, sendo trazido à baila por Frege. Ele foi uma espécie de tutor para mim, e para ele, o que esse homem quis dizer com 'conceitos' era o que Frege queria dizer com 'sentido', e os sentidos são constituintes do pensamento. Os pensamentos são essencialmente complexos. Não consigo ver como você possa ter um pensamento que não seja complexo, e que aquilo de que ele se compõe são sentidos. Você pode pensar muito isso, sem pensar de sentidos como sentidos de palavras ou de expressões."

"Frege foi além e pensou que não conseguimos ter pensamentos não expressos ou sem que sejamos capazes de expressá-los. Mas ele também pensou que fosse possível em princípio que outros seres tivessem pensamentos sem expressá-los. Essa é outra questão. Mas que os pensamentos sejam complexos e que tenham constituintes, e que tais constituintes sejam aquilo que esse homem estava chamando de conceitos, de modo que não pode haver um pensamento que não envolva quaisquer conceitos – tudo isso me pareceu axiomático. Ainda penso que é certo, refletindo sobre isso, mas era para mim tão axiomático que o recitei enquanto lia."

As pessoas que nada sabem da vida mais ampla de Dummett podem ficar surpresas ao saber que ele recentemente escreveu um livro sobre imigração e refugiados. Em contraste com seus textos acadêmicos, abstratos e muito técnicos, ele é surpreendentemente prático, claro e acessível.

"A maioria de meus textos filosóficos foi dirigida a filósofos" – diz Dummett, à guisa de explicação para o forte contraste. "Sempre estive muito consciente disso. Não lamento, mas foi o que aconteceu. Esse livro é muito mais destinado não aos filósofos, de modo que naturalmente o escrevi de modo muito diferente. Estou muito feliz por ter tido a oportunidade de escrever esse livro, porque é algo que foi minha preocupação por muitos e muitos anos."

A história do despertar de Dummett para essas questões é fascinante.

"Eu estava no exército, dois anos durante a guerra e dois anos depois da guerra. Depois da guerra eu estava em Malayz, onde havia um regime militar. Um grande número de pessoas sofreu muito, mas enquanto eu estava lá, o governo colonial voltou atrás e assumiu que voltariam a como as coisas tinham sido antes da guerra. Ou seja, eu já havia percebido que o governo colonial continuava apoiado em um mito da superioridade branca, e voltou atrás e tentou comportar-se do modo com o qual estavam acostumados antes da guerra. Como resultado dessa experiência, quando eu era muito jovem, formei um ódio muito profundo contra o racismo."

"Isso não me afetou muito neste país até que fui para os Estados Unidos em 1955. Quase a primeira coisa que aconteceu depois que cheguei foi o assassínio de Emmett Till, um adolescente negro que vivia em Chicago e que voltara ao Mississipi para visitar sua avó, e aí foi linchado por ter olhado de forma impertinente para uma mulher branca. Esse foi o primeiro episódio, e todas as espécies de exemplos de racismo na América passaram por meu caminho. Então gastei o verão de 1956 em Montgomery, Alabama, quando o boicote dos ônibus estava em plena atividade. Portanto, minha repugnância pelo racismo foi muito provocada pela experiência de estar nos Estados Unidos, extremamente racista naquele tempo."

"Mais tarde fiquei envolvido aqui. Fundamos uma pequena organização em Oxford para combater a discriminação racial na cidade, e tivemos algum sucesso, gosto de dizer. Mais tarde envolvi-me com uma organização nacional chamada CARD, a Campaign Against Racial Discrimination (*Campanha contra a discriminação racial*). Fiquei envolvido nisso porque eu era contra a discriminação racial e o racismo em geral, mas então declarei estar agindo da parte da CARD nos casos de imigração em Heathrow Airport. Em 1967, tomei parte no estabelecimento de um novo grupo chamado Joint Council for the Welfare of Immigrants (*Conselho unido para o bem-estar dos imigrantes*), que existe até hoje."

Teria a experiência de escrever um livro como *On Immigration and Refugees* (*Sobre a imigração e sobre os refugiados*) feito Dummett querer fazer algo de semelhante, mas com a filosofia da linguagem e a matemática? Tem ele algum interesse em escrever sobre esses tópicos para uma audiência diferente?

"Nunca pensei em fazer isso" – diz Dummett. "No momento estou muito sobrecarregado. Aqui estou, afastei-me há dez anos e tinha a idéia de que quando me retirasse, isso poderia ser ótimo, e que escreveria sobre tudo o que desejava escrever, em qualquer tempo livre eu escreveria. De nenhum modo aconteceu isso. Todo o tempo recebi convites para lecionar aqui e ali, ou dar conferências, de modo que grande parte do tempo estive escrevendo sobre assuntos que não havia escolhido, até esgotar o prazo. Portanto, poderia ser mais agradável fazer o que você está sugerindo, mas tenho de confessar que não pensei sobre isso e, no momento, eu não poderia provavelmente encontrar tempo para isso."

De modo que, se você quiser ler Michael Dummett sobre linguagem e sobre significado, não há outra opção no momento, a não ser colocar seu equipamento de mergulho e começar seriamente. Boa sorte!

Antologia bibliográfica

Frege: Philosophy of Language. Duckworth, London, 1973.
Truth and Other Enigmas. Duckworth, London, 1978.
Frege and Other Philosophers. Clarendon Press, Oxford, 1991.
Origins of Analytical Philosophy. Harvard University Press, Cambridge, MA, 1994.
On Immigration and Refugees. Routledge, London, 2001.

22

Fora de nossas cabeças

Hilary Putnam

"Não faço nenhum segredo de mudar minha mente sobre uma ou duas questões importantes." É um reconhecimento bastante normal, mas para quem fala essas palavras a questão de mudar a mente tem uma força peculiar. Hilary Putnam escreveu sobre um grande âmbito de tópicos, abrangendo a metafísica, a filosofia da linguagem e a filosofia da mente. Foi líder de vários dos mais influentes movimentos da filosofia no século vinte. Putnam foi o patrono fundador do funcionalismo – a posição de que os estados mentais são estados computacionais, uma posição que acabou por repudiar. Ele é também responsável por um dos poucos memoráveis motes da filosofia recente: "Pense como quiser, 'os significados' não estão exatamente na *cabeça*!" – tirado de seu texto fundamental "The Meaning of 'Meaning'" (*"O significado de 'significado'"*). Esse texto sumarizou a teoria do externalismo semântico, que apareceu mais tarde.

Sua obra tornou-se, dessa forma, uma leitura essencial para qualquer pessoa séria sobre o debate contemporâneo em todas essas áreas. Até hoje alguns ainda o conhecem mais por mudar sua mente.

Algo que confunde em Putnam, que pode citar rapidamente uma longa lista de livros e textos que escreveu um quarto de século atrás, é o fato de ele ainda permanecer de prontidão. Ele também aponta para colegas, como Jerry Fodor, que deu algumas belas reviravoltas sem ficar sobrecarregado por uma reputação de inconstância.

Ficar fixado nesse aspecto da obra de Putnam é equivocar-se, por dois motivos. Em primeiro lugar, não mudar a própria mente dificilmente é uma virtude em si mesma. "Jamais pensei que fosse uma virtude adotar uma posição e procurar ser famoso como uma pessoa que defende essa posição" – diz Putnam –, "como criador de certa marca registrada, ou alguém que vende *cornflakes*". Putnam relembra Carnap, com quem trabalhou em Princeton por um ano. "Lembro-me como ele freqüentemente dizia: 'Eu costumava pensar assim e assim; *agora* penso assim e assim'. Lembro-me disso com muita admiração."

Mais importante, contudo, é que os leitores que se fixam demasiadamente naquilo em que Putnam mudou sua mente estão em perigo de perder as constantes. O próprio Putnam diz: "Muito do aparato de que dependo em meu próprio raciocínio não mudou". Esse aparato é mais evidente quando alguém olha a espinha dorsal de sua filosofia, que compreende sua obra sobre a linguagem e sobre o significado.

A filosofia da linguagem de Putnam repousa sobre duas afirmações-chaves, conhecidas como externalismo semântico e holismo semântico. O último está mais intimamente associado com ele e resume-se à linha do "pense como quiser". O que o externalismo semântico, no entanto, exatamente acrescenta?

"Eu diria que ser um externalista sobre o significado é dizer que o mundo externo ao cérebro ou mente desempenha uma parte muito maior para decidir o que nossas palavras significam que a tradição enfatiza. Por exemplo, o fato de que haja apenas um líquido que se parece com água e que congela em todo lugar perto do ponto de congelamento e ferve em todo lugar perto do ponto de ebulição e que satisfaz a sede e daí por adiante – o fato de que o mundo provê exatamente *um* líquido que faz tudo isso tem muito a ver com a fixação daquilo que queremos dizer com a palavra 'água'. Chamo isso de contribuição do meio ambiente."

"A outra coisa é que os filósofos por longo tempo filosofaram como se a linguagem fosse um instrumento que uma pessoa poderia usar isoladamente. Penso que ela é um instrumento como um couraçado ou uma fábrica que precisa do conjunto de um grande número de pessoas para ser usado. Portanto, como externalista, posso dizer que posso chegar a usar a palavra 'ouro' corretamente, apesar do fato de que ficaria muito inseguro se estivesse em uma ilha deserta e aí houvesse pedaços de metal brilhante e amarelo e a pergunta fosse: são ouro de verdade? Eu não poderia dizer isso a você, mas normalmente poderia recorrer a um expert que pudesse certificar."

Essa segunda característica do externalismo semântico é o que Putnam chama de "divisão do trabalho lingüístico". Embora essa seja uma tese filosófica, Putnam acredita que exista um enorme objetivo para que a pesquisa empírica mostre substancialmente como isso funciona de fato.

"Eu disse no início e ainda penso que exatamente como isso funciona não é algo a ser estabelecido *a priori*" – explica Putnam. "As pessoas deveriam sair e ver, e eu tive algumas conversas, não tantas quanto gostaria, com antropólogos que encontraram a divisão do trabalho lingüístico até nas sociedades mais primitivas. Um exemplo de que me lembro e que foi dado por um antropólogo é que na tribo com a qual ele estava trabalhando, os homens e as mulheres tinham diferentes competências no uso dos nomes de pássaros. Os homens, que caçavam pássaros, distinguiam muito mais espécies, o que faz perfeito sentido. Presumivelmente uma mulher poderia referir-se a um desses pássaros, apesar de ela própria não conseguir identificá-los, porque ela poderia usar seu marido ou algum outro caçador como um expert".

Em suma, o externalismo semântico trata de ver como existem fatos importantes e externos a nós – tais como o modo como o mundo verdadeiramente é e o modo como a comunidade lingüística funciona – na fixação dos significados das palavras.

A outra doutrina referente à linguagem, à qual Putnam adere, é o holismo semântico. Putnam tem um problema com essa frase porque, conforme ele salienta: "Precisamos lembrar que o termo foi inventado, pelo que sei, por um inimigo". Esse inimigo é Michael Dummett, que usou a frase para descrever Quine. "Tivemos a sorte de por vezes tê-la usado como distintivo de honra" – diz Putnam.

O distintivo, porém, foi danificado por uma caracterização do holismo semântico feita por Dummett e rejeitada por Putnam. "Eu sempre tive de dizer que se ele fosse de fato definido do modo como Dummett o define – a visão de que toda mudança em suas crenças é uma mudança no significado de todas as suas palavras – essa, sem dúvida, é uma visão que eu jamais sustentei ou que Quine, quando ele se permitiu falar sobre o significado, jamais sustentou."

Portanto, qual é a caracterização correta do holismo semântico, aquele com o qual Putnam concorda? "Nós, holistas, dizemos que a interpretação é uma questão holística. Ou seja, o fato de que você razoavelmente tome uma palavra para significar pode sempre ser mudado quando você vê mais texto, mais aquilo que a lingüística chama de 'corpo'. Nesse sentido, nenhuma quantidade finita de corpo – não é o fato de que a palavra seja usada aqui, e aqui, e aqui, e aqui – pode infalivelmente mostrar o que a palavra significa. A menos que você saiba que ela nunca é usada de algum modo adicional do qual não esteja informado, você não pode excluir a possibilidade de ter de redefini-la."

"Há exemplos muito simples disso. Alguém que ouviu uma pessoa que fala alemão usar a palavra *Stuhl*, ou uma pessoa que fala francês usar a palavra *chaise*, naturalmente diria: 'Oh, vejo o que ela significa, ela significa exatamente cadeira'. E esse é o significado que a maioria dos dicionários fornecem. Mas, eventualmente, você descobrirá, se for americano – não estou certo do uso britânico – no uso americano uma *armchair* é uma cadeira, mas não é uma *chaise* em francês, e sim uma *fauteil*, e não é uma *Stuhl* em alemão, e sim uma *Sessel*. Esse é, segundo penso, um exemplo muito simples do modo como as atribuições de significado são falíveis."

"Penso que o holismo sempre me pareceu evidente. Um de meus três maiores interesses no colégio era a análise lingüística, era o primeiro departamento no mundo. De fato, não era sequer um departamento, mas uma seção do departamento de antropologia dirigido por Zelig Harris, e o único outro estudante universitário que conheci no departamento era Noam Chomsky, que eu já conhecia desde o curso colegial. Portanto, éramos os dois estudantes universitários de análise lingüística em 1944-1948 em Penn. Qualquer um que tenha visto um corpo a partir do campo lingüístico sabe – eu próprio não entrei no campo, mas meu trabalho universitário para Harris foi sobre o Nahuatl, a língua asteca, e, naturalmente, uma vez que você trabalhe com um corpo real, então o holismo de significado se impõe a você. Há diversas descrições de significado tais como a de Fodor, segundo a qual cada palavra tem um significado, um significado que é fixado por sua conexão causal com uma 'propriedade', mas isso não tem nada a ver com o modo com que as palavras se comportam em uma língua real. O holismo de significado, portanto, pareceu-me muito óbvio."

A conexão entre externalismo e holismo está na importância da contextualidade para ambos. "O externalismo semântico é um tipo de dependência do contexto" – explica Putnam. "Digo que para conhecer o significado de uma palavra você tem de ver o contexto em que ela é usada, e não tanto o cérebro ou as imagens mentais de quem fala. Esse é um tipo de contextualidade. O holismo de significado diz que quanto mais o contexto puder reagir, melhor será a hipótese sobre o que uma palavra significa. Portanto, eles estão interligados por sua conexão mútua com a contextualidade, ao fato de que o significado de uma palavra é algo que ela possui, como diz Frege, no contexto de uma sentença, ou, como diz Wittgenstein em dois lugares, 'na corrente da vida', que é meu favorito princípio do contexto. Eu o chamo de princípio do contexto de Wittgenstein."

Essas duas visões permaneceram constantes no pensamento de Putnam por mais de um quarto de século. Mas isso não quer dizer que seu pensamento permaneceu em repouso. Em seu texto mais recente ele avançou a idéia de que "o significado é, em parte, uma noção normativa". O que isso realmente significa?

Putnam expressa dúvidas a respeito de a frase "o significado é uma noção normativa" ser "uma formulação feliz". Em essência, no entanto, o que Putnam quer dizer quando emprega essa terminologia é: "O que dizemos que uma palavra significa ou o que queremos dizer por meio de uma sentença em uma dada ocasião, isso é muito freqüentemente um julgamento sobre o que é mais razoável assumir que quer dizer, e isso é essencialmente normativo. Embora ele não use a palavra 'normativo', gosto muito do livro de Charles Travis, *Unshadowed Thought*. Ele muito freqüentemente usa a noção do que um juiz razoável diria. Essa me parece, mesmo em um sentido muito tradicional, uma noção normativa".

A questão crucial que aparece aqui é que se o significado é normativo – isto é, se ele depende em certa extensão do julgamento, mais que de "fatos" – diversas teorias populares sobre o significado são excluídas. Por exemplo, Putnam recorda o antigo *é* de 1970. "Naquele tempo as pessoas eram muito otimistas sobre a caracterização do significado das palavras, especialmente dos nomes, em termos daquilo a que estão causalmente ligados. Aqui a normatividade põe-se fortemente contra isso."

Putnam tem uma história favorita para ilustrar a normatividade do significado. Ele a tomou de uma piada que lhe foi contada pelo grande historiador da metalurgia, Cyril Stanley Smith.

A piada está centrada em torno da noção de flogisto, uma substância que se acreditava estar presente em todos os materiais combustíveis, mas que por muito tempo ficou dentro da lata de lixo da química. Putnam relembra Smith dizendo jocosamente que "*há tal coisa como o flogisto, e ele é o elétron de valência*. O fenômeno a que tanto o flogisto como o oxigênio eram invocados para explicar são fenômenos que envolvem elétrons de valência. Não dizemos, no entanto, que o flogisto é um elétron de valência, como Smith jocosamente 'propôs', mesmo que os fenômenos em que o flogisto era introduzido para explicar *são* causalmente ligados aos elétrons de valência; dizemos que não existe essa coisa chamada flogisto. Isso tem a ver com uma avaliação negativa do que seria melhor dizer: ou que a teoria era aproximadamente certa, embora equivocada sobre blablablá, ou simplesmente dizer que era errada, e que não existe essa coisa. Você não pode simplesmente olhar para quais causas você usa a palavra. Você também tem de ver o contexto global em que ela é usada".

Lendo e ouvindo Putnam falar sobre essas questões, a pessoa torna-se consciente de uma corrente geral em seu pensamento, distante tanto de visões que tratam a linguagem e o significado como fenômenos quase-científicos, e de tentativas de supersistematizar a filosofia da linguagem. Com a passagem do tempo, há mais ceticismo em relação à extensão em que alguém pode fornecer uma explicação sistemática total em vários aspectos da filosofia na obra de Putnam.

"Não penso que os significados sejam objetos científicos" – confirma Putnam. "Há uma enorme questão, portanto, se isso quer dizer que eles não existem. Em certo sentido, essa é a opinião de Quine – a de que podemos continuar falando de significados, mas eles verdadeiramente de nenhum modo existem. Isso leva a uma questão muito mais ampla, a de se o mundo pode ser descrito simplesmente usando o vocabulário da física de primeira classe ou da ciência rigorosa de primeira classe. Não penso que possa ser, mas que é uma questão verdadeiramente ampla."

Mais uma vez, no cerne de seu pensamento, nessas áreas está a contextualidade. Na parte mais antiga do século vinte, os positivistas lógicos, como Carnap, pensaram que você poderia ter significados independentes de um contexto porque, como Putnam propõe, "havia essa classe privilegiada de termos de observação – seus exemplos, no último texto que escreveu sobre isso, eram 'azul', 'toques' e 'mais cálidos que' – que possuem aquilo que ele chamou de 'significado completo', de modo que você poderia explicar o significado de qualquer sentença na linguagem (se ela fosse formalizada no estilo do positivismo lógico), de algum modo relacionando-as com essas sentenças de observação".

A idéia de termos de observação independentes de um contexto, porém, não provou ser muito sustentável. Putnam cita um exemplo de um contra-exemplo oferecido por Charles Travis. "Se eu for a uma papelaria e pedir tinta azul e ela parecer preta no recipiente, mas mergulho nela minha caneta e escrevo e certifico-me de que o texto é azul, então eu poderia normalmente dizer: sim, venderam-me tinta azul. Mas, em outro contexto, eu poderia não a chamar de tinta azul. Isso volta a toda a idéia de uma linguagem datada pelos sentidos e tudo isso. Penso que precisamos repensar o que é o significado. Penso que esperamos do positivismo lógico que o significado das sentenças deveria exibir muito pequena sensibilidade contextualizada. Palavras como 'eu' e 'isso' e o tempo verbal do presente introduzem certo elemento de sensibilidade contextualizada, mas isso é tudo."

"Agora certo número de filósofos, como Travis e eu, e Wittgenstein e Austin bem antes de nós, defenderiam que as sentenças normalmente não possuem condições de verdade independentes do contexto. É o significado da sentença ou das palavras mais o contexto que fixa as condições de verdade. Precisamos repensar o que é o significado. Isso é algo que verdadeiramente requisitei em "The Meaning of 'Meaning'" (*"O significado de 'significado'"*), de passagem, em que defendo que precisamos repensar qual seria a forma normal que um verbete de dicionário idealmente deveria usar para uma palavra."

Enquanto sua proposta requer, porém, mais trabalho na lingüística, na semântica e na lexicografia, Putnam lamenta-se pelo fato de que a "filosofia fica quase que totalmente afastada disso, dando muito mais significação para linguagem ideal, para lógica matemática e tudo isso".

Wittgenstein é uma figura que parece estar por trás de grande parte das correntes atuais na obra de Putnam. Seria errado, no entanto, ver que Putnam tenha-se tornado um maduro seguidor de Wittgenstein. "Em geral, não gosto dos limites que Wittgenstein coloca para a filosofia, ou que seus seguidores colocam para a filosofia, mas muitas de suas críticas das ciladas em que caímos parecem-me profundamente certas. Algumas delas provêm de uma crença deslocada de que a sistematicidade deva ser possível, o que ele chama de 'dever do filósofo'. Também acabei por prezar isso, pois fui tornando-me mais consciente da importância da noção de sensibilidade contextualizada, e agora vejo isso de fato percorrendo grande número de argumentos de Wittgenstein."

Onde ele está ombro a ombro com Wittgenstein é sobre a questão de quão "rigorosa" é a filosofia. "Penso que demos certa significação metafísica – e também sou um matemático, assim como um filósofo – à lógica matemática no século vinte, e penso que isso foi um erro. Penso que ainda sofremos com a idéia de que a formalização de uma sentença mostra-lhe o que ela 'verdadeiramente' diz. Talvez estejamos agora fazendo a mesma coisa com a lingüística de Chomsky. Estamos ainda sofrendo com a idéia de que esses formalismos nos mostram o que deve significar apreender alguma coisa. Aí estou de fato com Wittgenstein. Isso não deveria ser o que significa apreender alguma coisa na filosofia. De fato, aqui a filosofia não é única. Isso acontece periodicamente na sociologia, isso acontece periodicamente na economia, isso acontece periodicamente em todas as ciências sociais – acontece que temos esse sonho de que poderíamos controlar os formalismos a partir de alguma ciência exata e, então, *verdadeiramente* estaríamos progredindo."

Bastante excêntrico, Putnam acredita que parte da atração de alguns desses formalismos é a obscuridade. "Penso que parte da atração da lógica matemática é que as fórmulas parecem misteriosas – você escreve "Es" ao contrário!"

Outra figura pela qual Putnam teve contínuo respeito é J. L. Austin, cuja filosofia da "língua comum" influenciou enormemente em Oxford no pós-guerra.

"Lembro-me que decidi muito cedo que há duas teses diferentes que a pessoa deve distinguir. Uma é que a filosofia pode e deve na maior parte ser feita em linguagem comum, sobre o que concordo enormemente com Austin. A outra é que ela seja *sobre* a língua comum, no que não concordo. Penso que há uma tendência de não separar essas duas coisas."

"Assim, de um lado, a filosofia deveria ser feita em linguagem comum: quando você não pode afirmar uma questão filosófica, você tenta fazer isso sem uma evidente violação da linguagem comum, e isso é no mínimo um mau sinal. O fato de que nunca falamos de 'perceber diretamente' e 'não perceber diretamente', na linguagem diária do modo como os epistemólogos tradicionais o fazem, foi um sinal de que algo estava de fato muito errado na filosofia tradicional da percepção, algo já percebido no século dezoito por Thomas Reid, a propósito. Reid soa de modo semelhante a Austin quando vitupera contra os estranhos modos com que os filósofos falam sobre a percepção. Penso que esse seja um corretivo que a pessoa deveria aplicar a seu próprio pensamento."

"Mas, do outro lado, se algum outro filósofo usa uma expressão de um modo extraordinário ou viola seu uso ordinário, eu jamais concluiria *imediatamente* que ele ou ela estaria falando alguma coisa sem sentido. Então, a idéia da linguagem comum torna-se um tipo de camisa-de-força – sabemos o que é a linguagem comum, sabemos quando ela é violada e sabemos que quando ela é violada daí resulta algo sem sentido – e não aceito nenhuma dessas três afirmações."

Putnam está sempre interessado em ver os atrativos de posições que ele basicamente rejeita. Por exemplo, embora não seja mais um funcionalista, ele pode ver os méritos dessa posição.

"Afinal de contas, o que penso é que há um insight no funcionalismo, e você poderia chamá-lo de aristotelismo desontologizado. Uma vez que o funcionalismo significa que o que pensamos dos estados mentais como meios que organizamos para nos relacionarmos com o mundo, ele me parece correto. Levando em conta o externalismo, eu deveria dizer, com Gareth Evans, que há meios de relacionar-se com o mundo *que envolvem o mundo*, não exatamente os meios pelos quais nossos cérebros estão estruturados, mas 'transações com o meio ambiente', no sentido de John Dewey. Portanto, ainda penso que haja um insight no funcionalismo. Mas o engano foi a idéia de que você poderia captar esses meios por programas de computador. Bem, o modo como apresentei isso por muitos anos é que você pode voltar o argumento do funcionalismo contra a antiga teoria da identidade de Smart e de Place contra si próprio. O argumento do funcionalismo contra a antiga teoria da identidade cérebro-mente era que dado um assim chamado estado mental, como estar sofrendo, ou desejando alimento, ou admirando onde há um bom lugar para fazer um ninho – um dado estado mental pode ser percebido, e é percebido, em diferentes organismos em estados físicos muito diferentes. Os funcionalistas gostam de dizer que os estados mentais são 'composicionalmente plásticos'. Eles podem ser percebidos em mais de uma composição, o que significa que não são exatamente idênticos a alguma propriedade físico-química. Eu agora diria, e penso que isso foi antecipado por alguns dos pais da ciência computacional, que eles são também *computacionalmente* plásticos, que os estados mentais podem ser percebidos em muitos programas *diferentes* de computador. Esse é o motivo pelo qual toda a linguagem da identidade, ou da redução, foi um erro – foi um belo sonho e teve de ser experimentada – o sonho era reduzir os predicados da psicologia do vernáculo para predicados da ciência computacional ou ciência neurológico-computacional (*neurology-cum-computer science*). Isso me parece um sonho que não funciona, mas aprendemos imensamente pelas tentativas feitas."

    Em uma nota mais pessoal, na introdução a seu recente *Renewing Philosophy*, Putnam diz que é judeu praticante. Embora a ligação possa não ser óbvia, Colin McGinn, em sua crítica do *The Threefold Cord*, de Putnam, presta a Putnam o cumprimento indireto de que seu problema fundamental é que ele não pode tolerar ser tolerado.

"Isso é a pior coisa que se poderia dizer a meu respeito!" – sorri Putnam, cuja forma de escrever é de fato um antídoto bem-vindo ao estilo seco e mal-humorado de muitos de seus contemporâneos. Tanto o estilo como o reconhecimento de suas visões religiosas refletem algo de muito importante sobre como Putnam vê a filosofia.

"Penso que o filósofo até certo ponto deveria revelar-se como ser humano" – explica Putnam. "Isso é algo que James defende na primeira conferência sobre *Pragmatism* (*Pragmatismo*). Estou fazendo uma paráfrase dele, mas ele cita um verso de Walt Whitman, que diz: 'Quem toca este livro toca um homem'. Ele mostra que isso é o que ele quer que as pessoas digam sobre seu livro. Isso me parece correto."

"Penso que há uma coisa como a autoridade da, não a razão com R maiúsculo, mas aquilo que chamamos de inteligência" – acrescenta Putnam depois. "Todavia, também concordo com Dewey de que uma coisa sempre está situada, e que jamais é anônima."

E sobre esse ponto Putnam não está a ponto de mudar sua mente.

Antologia bibliográfica

Mind, Language and Reality. Cambridge University Press, Cambridge, 1975.
Reason, Truth and History. Cambridge University Press, Cambridge, 1981.
Renewing Philosophy. Harvard University Press, Cambridge, MA, 1992.
Pragmatism: An Open Question. Blackwell, Cambridge, MA, 1995.
The Threefold Cord: Mind, Body, and World. Columbia University Press, New York, 1999.

Índice remissivo

A

aborto 40-41, 115, 206
Academy of Medical
    Sciences 112
Adão 25
alelos 63
Alemanha nazista 89
American Anthropological
    Association 89
American Association for the
    Advancement of Science 90
American Philosophical
    Association 237
amor 104, 108-109
Análise 268
animais 167
    comportamento 48, 49
    experimentos sobre 86
    e humanos 71
    diferenças sexuais 47, 48

Anscombe, Elizabeth 163,
    165, 205
anticientificismo 219
antropologia 85, 154, 291, 289
Appleyard, Bryan 90
Aquino 150
    Summa Theologiae 151
argumento ontológico 150
Aristóteles 36, 43, 119, 168,
    175, 248, 297
    Ética a Nicômaco 175
as artes 131, 132
    eróticas 191
    e ciência 131, 132, 250
    importância das 187-198
ATCG 66
ateísmo/teísmo 44, 109, 110,
    112, 125, 126, 151
Austen, Jane 270
Austin, J. L. 237, 267, 269,

270, 295, 296
How To Do Things with Words 267
Ayer
   Language, Truth and Logic 165

B

Bakunin 23
Beatles 196
Bedeutung 277
behaviorismo 107
Bentham 264
Berkeley (filósofo) 242, 247, 262
Berkeley; University of California 237
Bíblia 152
Bioethics (jornal) 111
bioética 36, 92, 111, 116
Blackburn, Simon 261-272
   Being Good 261, 270
   Essays in Quasi-Realism 261
   Oxford Dictionary of Philosophy 262
   'Practical Tortoise Racing' 271
   Ruling Passions 261
   Spreading the Word 262, 267, 270, 271, 213
   Think 261, 270
Blackmore, Susan 65, 72
Blair, Tony 134, 177, 178, 180

Botton, Alain de
   The Consolations of Philosophy 217
   Philosophy: A Guide to Happiness 217
Braithwaite 220
Bricmont, Jean 77, 81, 82, 83, 85, 250, 270
British Medical Association 112
British Society for Philosophy of Religion 150
Broad 220
Brownmiller, Susan; *Against Our Will: Men, Women and Rape* 47
Bruckner, Pascal 251
Budismo 132
Butler 168

C

Cambridge University 199, 202, 220, 261
Campaign Against Racial Discrimination 284
Carnap 288, 294
Carroll, Lewis 262, 271
Catolicismo 154, 158
célula-tronco (embrionária) pesquisa 115
cérebro 53, 54, 65, 72, 92, 225, 238, 240
céu 128, 153
Chalmers, David; *The Conscious Mind* 94

Chief Medical Officer's
grupo de peritos sobre a
pesquisa 115
Chomsky, Noam 267, 291, 296
Chronicle of Higher Education
86
ciência 14, 201, 247, 250-
252, 252, 253, 257, 266
   e as artes 131, 132, 250
   e a ética 96, 97, 111-121
   e filosofia 14, 84, 85, 87,
89, 163
   e religião 99-100
ciência computacional 298
ciências sociais 247, 252, 269
Clack, Beverley 200
Clapton, Eric 196
classe 177, 178
Clifford, W. K. 129
clonagem 114, 116-117
Coleridge 193
Compatibilismo/
incompatibilismo 227,
231, 232, 235
comportamento 47, 48, 49,
52, 63, 89, 164
   de animais 50, 51
comportamento sexual 27,
47-59, 61, 212
Condorcet 91
conflito 173, 174, 175-176, 183
Confúcio 190
Congresso Mundial de
Filosofia 139

Conhecimento 13, 110, 129,
234, 235, 241
   científico 251, 257
   ver epistemologia
consciência 22, 72, 94-95,
193, 225, 235, 270
   ver mente
Consilience 13, 91, 94, 96
Conway, Ann 207
Corão 152
credos 156
crianças 27, 53, 56, 142
   diferenças sexuais 57,
58-59
Cristianismo 100, 106, 107,
108, 132, 135, 152, 156
Cristo 128, 134, 135, 154
   ressurreição de 128
crítica literária 191, 193, 250
Cronin, Helena 15, 47-59
   The Ant and the Peacock 48
   artigo em *Red Pepper* 48, 52
   feminismo 57
Crowther, J. G. 251
cultura 26, 52, 85, 92, 97, 98,
130, 168, 187, 228, 250
   influências culturais sobre
diferenças sexo/gênero
41, 42, 52-53
   cultura erudita/popular
187, 190-192
Cupitt, Don 12, 13, 125-
136, 153

The Sea of Faith 126
Taking Leave of God 133

D

Darwinismo 11, 14, 15, 19, 22, 24, 25, 33, 51, 61, 62, 65, 128, 130
   e comportamento sexual 51-56
Davidson 281
Dawkins, Richard 12, 13, 61-73, 91, 97, 163, 170, 250
   The Extended Phenotype 64, 68, 69, 70
   The Selfish Gene 64, 67, 68, 71
   The Third Way 72
Deleuze 82
Delius, Juan 66
Dennett, Dan 65
Derrida 251
Descartes 167, 242
desenvolvimento 50, 59, 69
determinismo 13, 56, 57, 62, 64, 91
   genético 56, 57, 61, 62, 64, 91
Deus 10, 25, 40, 125-136
   argumentos para acreditar 10, 149-160
   como construção humana 125-137, 153, 196
Dewey, John 298, 299
Diamond, Jared M. 90

diferenças sexuais 47-59
discriminação 199-203
influências na filosofia 166-167, 168
direitos dos animais 22, 32
DNA 64, 65, 69, 100
Dolly, a ovelha 116
Douglas, Ed 90
doutrina 136, 156, 225
Dummett, Michael 264, 273-285, 290
   On Immigration and Refugees 284

E

Eliot, George 270
embriões usados em pesquisa médica 114-115, 199
empirismo 131, 247
Engels 55
epistemologia 17, 152, 153, 157, 242, 254, 257, 292
estruturalismo 250
ética 12, 21, 33, 38-39, 118, 163, 168, 209, 251
   bioética 40, 92, 111, 116-117
   desenvolvimento 50, 135
   e evolução 24, 48-49, 163
   médica 38, 116-118, 144, 209

religiosa/leiga 44, 45
e ciência 90, 111-121
Euclides 184, 248
European Journal of Philosophy 282
eutanásia 40, 206
Evans, Gareth 297
evolução 24, 47, 50, 72, 100, 131, 137, 164, 256
   e ética 27-29, 164
   comportamento sexual 47-59
existência objetiva/subjetiva 245, 246
existencialismo 134, 169
experiência 131, 274
   estética 190
   de Deus 103-104, 127
experiência estética/ julgamento 190, 194

F

fé 10, 98, 103, 109, 128, 129, 133, 138, 152, 153, 239
feminismo 11, 33, 35, 39, 57, 199-204
fenótipos 63, 66, 69-70
feromônios 70
fertilização in vitro (FIV) 42-43
fideísmo 128, 152, 153, 157

filhos/pais relacionamento 27, 56, 142
filosofia analítica 269
filosofia aplicada 166
Filosofia grega 248
filosofia moral 12, 15, 21, 114, 116, 121-123, 206, 207
   ver ética
filósofos
   vida dos 211-222
   personalidades 7, 211-212, 213-214, 215, 217
física 99, 230, 250, 298
Flew 151, 155
flogisto 293
Foot, Michael 213
Foot, Philippa 163, 165, 206
Frazer, James; *Lhe Golden Baugh* 154
Frege, Gottlob 264, 273, 277, 278, 279, 280, 281, 283, 292
Freud 104
Fulbright Award 237
funcionalismo 238, 287, 297-298
funções-de-importância 245

G

Gaia 171
Gellner, Ernest 237

gêmeos interligados 120-121
gênero, *ver* diferenças sexuais
genes 61-73, 118, 170
genética 63, 96, 97, 112, 121, 125
Godlovitch, Ron 21
Godlovitch, Ros 21
Goebbels 189
Gould, Steven Jay 89
Grayling, Anthony 214
Guardian 29, 89, 214
'guerra darwiniana' 36

H

Haldane, J. B. S. 251
Hampshire, Stuart 173-185
   Justice in Conflict 173, 174
Hardy, Thomas 193
Harris, Prof. John 111-121
Harris, Zelig 291
Harvard University; Museum of Comparative Zoology 89
Healey, Dennis 78
Hegel, Georg 127, 129
história 235, 252
Hitler, Adolf 71, 189
Honderich, Ted 225-235
   How Free Are You? 231, 234
   Philosopher: A Kind of Life 225
   Theory of Determinism: The Mind, Neuroscience, and Life-Hopes 230

Howard, Anthony 214
Human Fertilisation and Embryology Act (1990) 115
Human Genetics Commission (HGC) 112
humanidade e ciência 163, 164, 253, 255
humanitarismo 135
Hume, David 15, 232, 247, 268, 270
Humphrey, Nick 170
Husserl, Edmund 274

I

idealismo 84, 85
Igreja 126, 133, 101, 151
Iluminismo 39, 91, 167
imaginação 187, 189
imigração 179, 283
implante 114
importância
   da arte 187-197
   da filosofia 211, 211
Independent 251
Independent Broadcasting Authority 199
individualidade 235
inferno 128
instrumentalismo 84, 95
International Association of Bioethics 111
Irigaray, Luce 78
Islamismo 152

J

James, William; *Pragmatismo* 299
Jesus 108, 152, 134, 154
  ressurreição of 128
Joint Council for the Welfare of Immigrants 284
Joyce, James; *Ulysses* 197
Judaísmo 135
Jung, Carl 104
justiça 172, 173

K

Kamin, Leon 90
  Not in Our Genes 90
Kant 119, 127, 133, 165, 175, 176, 194, 221, 269, 278, 219
  Crítica do Julgamento 194
Keshen, Richard 21
Krebs, John 70
Kripke, Sauf 263

L

Lacan, Jacques 78, 82, 83
Lamarckismo 252
Langer, Susanne K. 201
La Recherche 83
Le Monde 86
Leavis, F. R.; 'Reality and Sincerity' 191
Leibniz, G. W. 207
leis da natureza 106
Lewis, David 280
Lewontin, Richard 89
  Not in Our Genes 90
liberalismo 181, 182
linguagem 133, 138, 153, 165, 191, 237, 243, 249, 261
  significado 263, 264, 265, 267, 275, 276, 277, 280, 281, 285, 287
  metáfora 170
  filosofia da 29, 261-272, 277, 280, 285, 287-299
  teoria semântica 277, 278
  externalismo semântico 289-290, 292
  holismo semântico 290
  e pensamento 271, 278-279
linguagem corporal 71
lingüística 264, 267
livre-arbítrio 38, 106-108, 140-149, 173, 225-235
Locke, John 247, 268
lógica 255, 273
lógica positivista 165, 294, 295
London Review of Books 81
London School of Economics; Centre for Philosophy of Natural and Social Science 14, 23, 48

London Society for the Study of Religions 150
London University
    Heythrop College 150
    University College 173, 225
Lyotard 82

M

Mahler, Gustav; *Das Lied von der Erde* 197
Mail on Sunday/John Llewellyn Rhys Prize 211
mal 108, 109, 128, 129
    e bom 138-147, 183, 196
    mal natural 141-142
Malcolm, Norman 150
Manchester University 111
Mann, Thomas; *Dr Faustus* 197
Mao Tse-tung 190
Marinoff, Lou 217
Marxismo 23, 134, 167, 180
matemática 184, 204, 222, 263, 273, 295-296
McGinn, Colin 212, 298
McKinnon, Donald 165
Medalha Nacional de Ciência (EUA) 90
Medawar, Peter 250
    Science and Literature 250
memes 64, 67
metafísica 17, 119, 127, 220, 223, 247, 261, 263, 265, 275, 276, 296

Método filosófico 11, 14, 38, 40, 42, 175, 184, 221, 253
Midgley, Mary 163-172
Mill, John Stuart 225
Mind (jornal) 261, 271
Monk, Ray 211-222
Mail on Sunday/John Llewellyn Rhys Prize 211
Montgomery, Alabama 284
movimento pelos direitos civis 21
Mozart, Wolfgang 189
mulheres na filosofia 166, 199-209
Murdoch, Iris 163, 164, 166, 169, 170, 171, 172
música popular 195, 196

N

Nahuatl, linguagem asteca 291
National Health Service 113
naturalismo 15
Nature (jornal) 251
natureza 163
natureza humana 23, 57, 97, 180
New Scientist 73
New York Review of Books 79, 89, 90
New York Times 86
New York University 77
Newcastle University 163

Newton 230
Nietzsche, Friedrich 217
Nigéria 30

O

O'Neill, Onora 209-209
Observer (jornal) 86, 214
oração 99, 103-106
outra vida 109, 117, 118, 127, 128, 153, 154
Ockham, navalha de 108
Oxford 261
    University of 137, 163, 164, 165, 167, 173, 199, 202, 237

P

pais/filhos relacionamento 24, 41, 43, 141, 147
pecado original 100
pensamento 93, 94, 167, 169, 188, 225, 237, 240, 243, 263, 271
percepção 242, 294
personalidade 72
pesquisa médica 115
Philosophy (jornal) 164
Place, U. T. 298
Plantinga, Alvin 153
Platão 112, 127, 167, 168, 174, 264
política 174, 177, 181, 182, 213, 222, 270

pornografia 190
pós-modernismo 77, 130, 204, 250, 263
Princeton University (USA) 173, 288
psicologia 104
psicologia evolucionista 23
Pulitzer Prize 90
Putnam, Hilary 11, 275, 287-299
    'The Meaning of "Meaning"' 287, 295
    Renewing Philosophy 298
    The Threefold Cord 298

Q

Quine 10, 243, 244, 265, 290
Quintiliano 272

R

racismo 284
Radcliffe Richards, Janet 11, 35-45
    Sceptical Feminist 35, 36, 40
    Human Nature After Darwin 35, 36
Rahner, Karl 156
Rawls, John 175
razão 152, 155, 166-167, 174, 184
razões sexuais 43

realismo 17, 237-248, 249
  e anti-realismo 249, 252,
    257, 258, 275
Red Pepper (jornal) 48, 52
reducionismo 62, 73, 90-92,
    164, 167
Rée, Jonathan 249-258
refugiados 274
Reid, Thomas 297
Reith Lecturer 237, 238
relativismo 78, 79, 80, 83,
    84, 250, 253, 255
religião 8-9, 51, 62, 97, 99,
    100, 123, 125-126, 128,
    131, 136
  filosofia da 16, 17, 137,
    149-159
  e ciência 99-110
  e mulheres 200
religiões africanas 154
ressurreição 158
  de Cristo 128
Rolling Stones 196
Rorty, Richard 239, 254, 257
Rose, Hilary; artigo em *Red Pepper* 47
Rose, Steven 67, 90
  Not in Our Genes 90
Rushdie, Salman; *The Ground Beneath Her Feet* 194
Russell, Bertrand 211, 211-222,
    245, 267, 269, 273, 275
  Principia Mathematica 219,
    221

Ryan, Alan 215
Ryder, Richard 21
Ryle, Gilbert 165, 183, 269
  The Concept of Mind 183

S

Sartre, Jean-Paul 133-134
Scruton, Roger 187-197
  An Intelligent Person's Guide to Modern Culture 195
Searle, John 11, 92, 237-248
  The Construction of Social Reality 244
  Mind, Language and Society: Philosophy and the Real World 238, 239, 244, 248
  Minds, Brains and Science 239
  Rationality in Action 239
  The Rediscovery of the Mind 239
  Speech Acts: An Essay in the Philosophy of Language 238
seleção natural 49, 52, 53,
    54, 55, 58, 59, 62, 63,
    69, 95, 97, 100
senso comum 206
sentimentalismo 191-192
sentimento 156, 194
sexo, pais escolhem o de seus filhos 42-43
sexualidade 38, 50, 57, 58
Shakespeare, William 189, 270

Shell Oil Company 29-31
Singer, Peter 12, 15, 21-33
   Animal Liberation 22
   BBC: *Today* 22, 32
   Between the Species 22
   carta para o *Guardian* 29, 30
   Daily Express 22, 32
   Darwinismo 24, 25, 61, 62
   King's Centre for Philosophy 29, 30
   London School of Economics
   leitura: *A Darwinian Left?* 23
Should the Baby Live? 32
Smart, J. J. C. 298
Smith, Cyril Stanley 293
Snow, C. P.; 'The Two Cultures' 250
sobrevivência do mais forte 24
Social Text 77, 86
socialismo 127, 181-182
socialização 53, 54, 55
sociedade 238, 239, 250, 252
sociobiologia 89, 90
Sociobiology Study Group 89
sofrimento 93, 109, 137-147
Sokal, Alan 12, 13, 77-88, 250
   artigo em *Social Text* 77, 250
   debate Sokal 77, 87, 250-251
   Intellectual Impostures 77, 80, 250

Southampton, University of 211
Spinoza, Benedict 173
Stalin, Joseph 190
Stanford University (USA) 173
Stannard, Russell 10, 12, 13, 17, 99-110
   The God Experiment 99, 103, 106, 107, 108, 109, 110
Stebbing, L. Susan 201
Strauss, Richard; *Four Last Songs* 197
Sturrock, John 81
suicídio 41
Swinburne, Richard 127, 129, 137-147, 151
   The Christian God 137
   The Coherence of Theism 137
   The Evolution of the Soul 137
   The Existence of God 137
   Faith and Reason 137
   Is There a God? 137
   Miracles 137
   Providence and the Problem of Evil 137
   The Resurrection of God Incarnate 137
   Revelation 137

T

Tennyson, Alfred 193
teologia 100, 104, 106, 152, 157-158
teoria da decisão 27, 228, 229

Teoria Quântica 128, 229-230
Thatcher, Margaret 200
The Golden Bough 154
The Philosophers' Magazine 14, 16, 150, 200, 250
The Sea of Faith 126
Thornhill, Randy e Palmer, Craig; *Why Men Rape* 47
Ticiano 191
Till, Emmett 284
Time 90
Times Literary Supplement 215, 250
Tinbergen Legacy volume memorial 66
Travis, Charles 292, 294

V

valores morais 24, 125, 126, 127, 134, 169, 170, 174, 175, 177, 178, 187, 206, 261
van Inwagen, Peter 232
Vardy, Peter 10, 12, 149-159
  Puzzle série 149, 159
  Puzzle of God o 150
vegetarianismo 22
verdade 192, 204, 205, 215, 243, 249
  e fatos 293
  e significado 293, 294, 295
  objetiva/subjetiva 253, 254, 258
  científica 253, 256
vida após a morte, *ver* outra vida
vivissecção 22

W

Wagner, Richard 189
Warnock, Mary 111, 115, 199-209
  Intelligent Person's Guide to Ethics 200
  Mulheres filósofas 201, 209
Washington Post 47
Weinberg, Steve 79
Whitehead 273
Whitman, Walt 299
Williams, Bernard 272
Wilson, Edward O. 12, 17, 58, 89-98
  Consilience 13, 91, 94-96
  Sociobiology: The New Synthesis 89
Wittgenstein, Ludwig 153-154, 183, 211-221, 245, 263, 265, 270, 276, 292, 295
  Tractatus 276

Z

Zenão, paradoxos de 242
Zizeck 135

Índice

Introdução: Julian Baggini e Jeremy Standgroom 7

I. O LEGADO DE DARWIN 19
   1. Darwin e a ética: Peter Singer 21
   2. Darwin, natureza e hybris: Janet Radcliffe Richards 35
   3. Psicologia evolucionista: Helena Cronin 47
   4. Genes e determinismo: Richard Dawkins 61

II. CIÊNCIA 75
   5. Ciência e relativismo: Alan Sokal 77
   6. Ciência como a nova filosofia: Edward O. Wilson 89
   7. Ciência e religião: Russell Stannard 99
   8. Ciência, ética e sociedade: John Harris 111

III. RELIGIÃO 123
   9. O Deus não-realista: Don Cupitt 125

10. Liberdade e mal: Richard Swinburne 137
11. Filosofia da religião: Peter Vardy............................... 149

IV. FILOSOFIA E SOCIEDADE 161
   12. Murdoch e a moralidade: Mary Midgley 163
   13. Justiça e conflito: Stuart Hampshire 173
   14. A importância da arte: Roger Scruton 187
   15. Mulheres filósofas: Mary Warnock 199
   16. O lado escuro: Ray Monk 211

V. METAFÍSICA 223
   17. Livre-arbítrio: Ted Honderich 225
   18. Realismo: John Searle 237
   19. Para além do realismo e do anti-realismo:
       Jonathan Rée 249

VI. LINGUAGEM 259
   20. Questões de linguagem: Simon Blackburn 261
   21. Verdade e significado: Michael Dummett 273
   22. Fora de nossas cabeças: Hilary Putnam 287

Índice remissivo 301

Editoração, sistema CTcP, impressão e acabamento
GRÁFICA E EDITORA SANTUÁRIO
Rua Pe. Claro Monteiro, 342
Fone 012 3104-2000 / Fax 012 3104-2036
12570-000 Aparecida-SP